重庆理工大学优秀著作出版基金资助

AGRICULTURE

中国西部农业
现代化演进过程及机理研究

姜　松◎著

人民出版社

前　言

　　改革开放与体制转轨推动了中国经济增长与腾飞，要素集聚与技术进步协同助力中国经济阶段转变与跨越。历经经济高速发展与繁荣，我国经济正逐步向经济形态多样化、发展阶段高级化、分工体系复杂化、结构合理化、动力纷繁化等方向渐进演化，我国经济整体进入新常态。经济新常态意味着新起点、新机遇，也意味着新调整与新挑战，认知并适应新常态是未来相当长一段时间内我国经济社会发展的总体基调与大逻辑。新常态下"三农"问题仍是关键性、根本性、制约性问题。虽然，在党中央正确领导与政策叠加配合下，我国"三农"发展成就骄人、效果显著，奠定了前进与可持续发展的"底气"。但值得注意的是，在新常态下我国"三农"根植的内部和外部环境也发生了显著变化，农业资源需求刚性、农业生态承载与环境弱化及农业生产经营方式粗放等问题在农业发展实践中不断显现并放大，推动农业发展转型、综合竞争力提升仍然是新常态下亟待解决的问题。

　　针对经济发展过程中的突出矛盾，党的十八大及十八届三中全会高瞻远瞩提出了"坚持走中国特色新型工业化、信息化、城镇化、农业现代化道路，促进'四化'同步发展"的战略架构，"四化"同步成为新时期我国经济社会协调发展的核心内涵与注脚，这也表明推动农业发展转型与综合竞争力提升的关键仍是加快农业现代化建设。为此，2015年中央一号文件承袭2014年一号文件的主体脉络再次聚焦农业现代化建设，并从围绕建设现代农业，加快转变农业发展方式；围绕促进农民增收，加大惠农政策力度；围绕城乡发展一体化，深入推进新农村建设；围绕增添农村发展活力，全面深化农村改革；围绕做好"三农"工作，加强农村法治建设五大领域提出了依托改革创新破除体制机制弊端，加快农业现代化建设的32条建议。旨在通过改革创新，破除阻滞农业现代化发展的体制机制弊端，探索农业现代化可持续、协调发展的制度路径，明晰了新时期我国农业现代化发展的政策操作思路并指引了前进方向，战略意义重大，也体现了"四化同步"时代背景下，中央政府寻求推进农业现代化以实现中国梦和全面小康社会建设的蓝图愿景。

从现实发展实际来看，农业现代化仍旧是"四化"中的"短腿"，这不但体现了农业现代化的特殊性与复杂性，也直接影响着全面小康建设目标能否顺利实现、"四化"同步能否顺利推进以及现代化实现的时间表能否校准并达到预期，新常态下加速推进农业现代化发展是我国现代化建设的关键和"主攻域"。当然，这也是世界各国在现代化建设中的一般规律。此外，从区域层面来看，我国地域广阔，东部、中部和西部无论是在自然地理条件还是社会发展方面都存在显著差异，西部地区是我国"经济地图"中一个特殊区域与经济范畴，西部农业现代化水平及其实现程度普遍低于中国整体及沿海地区，这也长期困扰其经济、社会协调与可持续发展。

同时，在"四化"同步、协调推进的时代背景下，西部农业现代化不仅整体脱节，而且在局部地区甚至出现严重"反差"现象，亦充分体现了西部农业现代化演进过程的特殊性与复杂性。当然，西部农业、农村发展面临的诸多问题、挑战也无不与此相联系。因此，可以综合判断：我国农业现代化建设预期目标能否实现关键在于西部。显然，加快推进西部农业现代化演进步伐，走出滞后性困境已成为当前西部地区乃至国家宏观经济与现代化建设中亟待解决的关键问题，并已到了时不我待的地步。但纵览现有研究成果，关于西部农业现代化的专门性、系统性研究还并不多见，且大多从外部视角展开，关于农业现代化自身演进过程规律认知的研究还十分鲜见，尤其是通过实证分析揭示西部农业现代化演进滞后成因的研究还亟待补充，这也是研究深入和拓展的突破口。

虽然本书通过认知西部农业现代化演进中各因素间相互作用、相互牵扯的内在联系，把握了阻滞西部农业现代化演进的主因，明确了促进西部农业现代化发展的主攻方向和突破口，对于引导政府科学决策和理性发展行为具有重要理论与实践运用价值，但囿于相关资料占有并不全面、省际统计数据缺失等多重制约，在测度及相关实证分析中，部分变量难以实现操作化，只能进行取舍与替代，相关问题并未完全展开，有待改进与优化，这也是本书的不足。在以后的科研与学术道路中仍需学术同仁一道进行求知与探索，为推动我国农业现代化发展尤其是落后地区的农业现代化发展贡献绵薄之力。

目　　录

引　论

一、研究背景及问题提出

（一）研究背景

农业是国民经济的基础，这已经是被历史反复证明的客观规律，然而在我国农业经济的迅速增长却出现在农业改革以后①。自改革开放以来，约束农业发展的体制性障碍被消除，农业生产力被极大激活，农业经济取得了举世瞩目的成绩，粮食等主要农产品供应呈现超常规增长态势。1952—1978 年我国农业生产总值由 396 亿元增至 1117.5 亿元，年均增幅为4.07%。但 1978—2011 年我国农业生产总值年均增幅却高达 14.97%；我国粮食产量由 1978 年的 30476.5 万吨上升到 2011 年的 57120.85 万吨，年均增速达 1.86%②，尤其是 2003—2014 年我国粮食产量实现了"十一连增"。伴随着农业经济发展以及农产品供应水平的提高，我国农民收入增长亦取得了喜人成绩，并呈现城乡居民收入差距缩小的好迹象③。从收入总量方面来看：1978—2011 年我国农村居民家庭人均纯收入从 133.57 元上升到 2011年的 6977.29 元，年均增速达 12.34%。从结构层面方面来看，1978—2011

---

① 陈锡文：《走中国特色农业现代化道路》，《求是》2007 年第 22 期。林毅夫、沈明高：《关于我国科技投入的选择》，《科学学研究》1991 年第 3 期。

② 农业生产总值、粮食产量等数据均来自《中国统计年鉴》、国泰安数据服务中心 CSMAR 数据库以及中宏教研支持系统。

③ 尹成杰：《新阶段加快建设现代农业的思考与建议》，《农村工作通讯》2012 年第 15 期。

年农民工资性收入增幅为 11.24%，农民家庭人均经营性收入增幅为 14.61%，农民家庭人均转移性收入增幅为 25.81%，农民家庭人均财产性收入增幅为 10.16%[①]。比较来看，农民家庭收入增长最快的为经营性收入和转移性收入。2000—2011 年各项收入所占比重从 31.2%、63.3%、20%、35% 变动为 42.5%、46.2%、8.1%、3.3%。整体来说，中国农业发展成就显著，为全面建设小康社会建设和共同富裕打下了坚实基础。

总结 60 年来中国农业发展的经验，最重要的一条就是我党始终高度重视"三农"工作，巩固农业发展的基础地位[②]。以 1978 年 12 月党的十一届三中全会通过《中共中央关于加快农业发展的若干决定（草案）》为标志，我国开启了自上而下实施改革，放宽农村发展政策、搞活农村经济、强劲发展动力的序幕。1982 年中共中央制定和发出了第一个专门针对"三农"问题的一号文件《中共中央转批〈全国农村工作会议纪要〉》以及后来的《中共中央关于印发〈当前农村经济政策的若干意见〉》《中共中央关于一九八四年农村工作的通知》《中国中央关于进一步活跃农村经济的十项政策》《中共中央国务院关于一九八六年农村工作的部署》等都聚焦改革驱动，体现了从"控制"到"放活"的转变。尤其是自党的十六大以来，党中央坚持将解决"三农"问题作为全党工作的"重中之重"，党的十八大提出的"坚持走中国特色新型工业化、信息化、城镇化、农业现代化道路，促进'四化'同步发展"的战略以及 2004—2015 年连续十二年关注"三农"主题的中央一号文件，标志着我国进入"以工补农""以城带乡"的农业发展新时期。清晰的政策演变轨迹体现了中央持之以恒强化农业、惠及农村、富裕农民的坚定决心以及政府对工农关系演变、协调发展的深刻认知。

尽管我国"三农"发展取得了巨大成就，但我们也必须认识到在新时期"三农"问题仍然是制约经济社会发展全局的关键问题。实现全面建设小康社会的奋斗目标，最艰巨、最繁重的任务在农村，实现现代化建设大

---

① 由于数据获取原因农民家庭人均财产性收入增幅的样本跨期为 2000—2011 年。
② 陈晓华：《坚持走中国特色农业现代化道路》，《农业经济问题》2009 年第 10 期。韩长赋：《加快发展现代农业》，《人民日报》2010 年 11 月 22 日。

业，最艰巨、最繁重的任务在农业，如何推动农业可持续发展，已经成为宏观决策部门面临的一项重大抉择①。促进农业可持续发展关键在于依靠科技创新，推进传统农业向现代农业转变，实现农业现代化。这也是世界各国经济发展客观趋势的反映，符合当今世界农业发展的一般规律②。发达国家从 18 世纪末或 19 世纪初开始农业现代化进程，到 20 世纪六七十年代基本上完成了农业现代化③，如美国、欧盟、日本、以色列等已经实现了传统农业的现代化改造。一些新兴工业化国家，如韩国，现代农业建设也取得了不菲的成就，使农业产业体系成为高新技术的生长点、资本知识的汇聚点、城乡居民生活福利水平提高的贡献点，在工业化、城镇化和信息化进程中，实现了农业现代化同步发展和协调，提高了农业劳动生产率、土地产出率和商品化率。这不但证实了实现农业现代化的必要性和可能性，也表明农业现代化进程是无法逆转的必然趋势和潮流，为"后发"国家和区域指引了前进方向并提供了可兹借鉴的范本。

事实上，我国推进农业现代化建设最早始于 1954 年。周恩来总理在第一届全国人民代表大会上首次提出："如果我们不建立强大的现代化的工业、现代化的农业、现代化的交通运输业和现代化的国防，我们就不能摆脱落后贫穷，我们的革命就达不到目的。"1964 年十三届全国人大第一次会议上将其明确为"四个现代化"的思想，且在 1975 年四届人大第一次会议上明确了"四化建设"的时间表——"在本世纪内，全面实现农业、工业、国防和科学技术的现代化"。从区域层面来看，党的十五届三中全会颁布的《关于农业和农村工作若干重大问题的决定》提出了"东部地区和大中城市要率先基本实现农业现代化"的区域发展目标。经过多年的建设和发展，沿海发达地区农业现代化发展取得了不错的成绩。但整体而言"本世纪末

---

① 胡鞍钢、吴群刚：《农业企业化：中国农村现代化的重要途径》，《农业经济问题》2001 年第 1 期。韩长赋：《加快推进农业现代化　努力实现"三化"同步发展》，《求是》2011 年第 19 期。

② 陈锡文：《走中国特色农业现代化道路》，《求是》2007 年第 22 期。张晓山：《走中国特色农业现代化道路是历史发展的必然要求》，《农村工作通讯》2007 年第 12 期。

③ 傅晨：《广东省农业现代化发展水平评价：1999—2007》，《农业经济问题》2010 年第 5 期。

基本实现四个现代化"的战略目标并没有实现，农业现代化仍然是整个社会主义现代化的"短腿"[1]，且新的、结构性矛盾还不断涌现，对农业现代化发展提出新挑战，充分体现了农业现代化运动与演进的复杂性与特殊性。在新的发展时期深入开展农业现代化演进的研究以揭示阻滞农业现代化演进的成因仍是我国经济社会发展中不可回避且刻不容缓的重要课题。

（二）问题提出

加快推进农业现代化发展是世界各国在现代化建设中的一般规律[2]，农业现代化是现代化建设的重要内容和组成部分，是事关发展全局的重中之重，具有显著的战略意义。从现实发展实际来看，"全面小康"目标建设能否顺利实现、"四化"同步能否顺利推进以及现代化实现的"时间表"能否校准并达到预期，关键在于农业现代化。从这个层面来说，推动农业现代化发展将成为我国现代化建设的"主攻域"。我国地域广阔，东部、中部和西部无论是在自然地理条件还是社会发展方面都存在显著差异[3]。西部地区[4]是我国"经济地图"中一个特殊的区域与经济范畴。一方面，西部地区地域辽阔、地广人稀，农业自然资源丰富，尤其是自西部大开发战略实施以来，以政策联动为载体，各类先进要素"齐聚"西部，农业发展潜力被激活，农业现代化发展成果显著。据统计资料显示：2000—2011年西部农林牧渔总产值由5753亿元上升到21094.5亿元，年均增幅达12.53%，其占全国农林牧渔总产值的比重到2011年已经达到25.94%[5]。但另一方面，西

---

① 温铁军等：《值得反思的现代农业问题》，《中国农业经济学会第八次会员代表大会暨2007年学术年会论文集》，2007年。韩长赋：《大力推进农业产业化 促进城乡发展一体化》，《经济日报》2013年1月11日。

② 韩长赋：《加快推进农业现代化，努力实现"三化"同步发展》，《求是》2011年第19期。

③ 姜松、王钊：《农民专业合作社、联合经营与农业经济增长——中国经验证据实证》，《财贸研究》2013年第4期。姜松、王钊等：《粮食生产中科技进步速度及贡献研究——基于1985—2010年省级面板数据》，《农业技术经济》2012年第10期。

④ 按照《国务院关于实施西部大开发若干政策措施的通知》（国发〔2000〕33号）的空间划分，西部地区主要涵盖重庆、四川、贵州、云南、西藏、内蒙古、广西、陕西、甘肃、青海、宁夏、新疆12个省（区、市）。

⑤ 根据《中国统计年鉴》数据整理计算。

部历来是我国的"落后"地区，其经济和社会发展滞后严重"钳制"全国整体目标实现。西部农业现代化水平及实现程度也普遍低于中国整体及沿海地区①，农业现代化滞后性问题长期困扰其经济、社会协调与可持续发展。据此引申、判断，我国现代化建设目标能否实现预期关键在于西部，西部农业现代化建设将是我国现代化建设的"主战场"。同时，在"四化"同步、协调的时代背景下，西部农业现代化不仅整体脱节，而且在局部地区甚至出现严重反差现象，充分体现了西部农业现代化演进过程的特殊性与复杂性。当然，西部农业、农村发展面临诸多问题、挑战也无不与此相联系。显然，加快推进西部农业现代化演进步伐，走出滞后性困境已成为当前西部地区乃至国家宏观经济与现代化建设中亟待解决的关键问题，并已到了时不我待的地步。基于此，本书聚焦的研究问题是：西部农业现代化演进过程有何不同？哪些主要因素产生影响和如何影响西部农业现代化演进？本书正是基于对科学问题的认知而选题的。科学研究的必要性在于：通过认知西部农业现代化演进中各因素间相互作用、相互牵扯的内在联系，把握阻滞西部农业现代化演进的主因，从而可以明确促进西部农业现代化演进的主攻方向和突破口，不但可以为后续研究深化奠定逻辑起点和提供运用分析框架，而且为政府决策制定及战略选择提供支撑条件，对于引导科学决策和理性发展行为具有重要理论与实践运用价值。

二、研究目的及内容

（一）研究目的

本书试图通过借鉴一般理论及方法，结合西部农业现代化发展实际、区域比较剖析及实证分析，系统刻画西部农业现代化演进过程及其差异性，

---

① 黄祖辉、林坚等：《农业现代化：理论、进程与途径》，中国农业出版社 2003 年版。蒋和平、黄德林：《中国农业现代化发展水平的定量综合评价》，《农业现代化研究》2006 年第 2 期。蓝庆新、彭一然：《论"工业化、信息化、城镇化、农业现代化"的关联机制和发展策略》，《理论学刊》2013 年第 5 期。

解析西部农业现代化演进机理，为推动西部农业现代化演进提出可资借鉴的政策建议。具体目的如下：一是搭建一般理论分析框架，在理论层面揭示农业现代化演进"均衡条件"，为理论深化和经验实证提供素材。二是刻画西部农业现代化演进过程，揭示其与农业现代化一般规律的差异及表现形式。三是实证西部农业现代化演进主要影响因子，解析西部农业现代化演进机理，并探索推进西部农业现代化演进的主要途径及对策，力求提供科学决策依据。

（二）研究内容

根据本书的研究目的，研究内容主要包括以下几个部分：

1. 农业现代化演进的理论阐释

首先，对研究所涉及代表性、经典理论进行归纳、梳理与述评，将其作为研究理论主体基础和逻辑引申起点，以明确研究主攻方向和切入视角。其次，对农业现代化概念进行比较与理清，将其作为研究深入概念起点，并基于对世界几种主要农业现代化发展类型与模式认知与考究，建立农业现代化演进分析模型，以揭示农业现代化演进过程及其均衡条件。最后，在评析已有农业现代化量化分析指标与方法基础上，提出研究所筛选农业现代化核心指标和运用量化方法。

2. 西部农业现代化发展现状与综合测度

首先，从历史学角度，以政策梳理为主线，追根溯源，回顾了从计划经济时期、改革开放初期至经济全面转型时期，农业现代化发展历史变迁与轨迹，并对其进行简要评析。其次，从过程、结果两个维度，运用典型性、代表性单一量化指标，刻画西部农业现代化发展现状及主要成就。最后，基于单一指标分析局限性以及分析便宜性需要，进一步运用指标合成方法对单一指标进行合成与综合测度，为后文分析奠定基础。

3. 西部农业现代化演进比较与区域差异

基于指标合成与综合测度结果，从时序比较、横向比较、纵向比较等多层面比较分析，揭示西部农业现代化演进总体特点与区域差异，并在对未来农业现代化预测基础上，综合把握西部农业现代化演进趋势。

4. 西部农业现代化演进过程及其差异性

建立多种计量模型，从演进过程特征、演进状态及转移、演进阶段三方面系统刻画西部农业现代化演进过程。并分别将其同农业现代化一般规律进行比较，以揭示西部农业现代化演进过程同一般规律的差异性及表现形式。最后分析西部农业现代化演进过程差异性产生的后果。

5. 西部农业现代化演进主要影响因子实证

基于理论分析框架，进一步拓展、梳理了农业现代化演进主要的内生和外生影响因子，并选择量化指标设计实证分析模型。运用西部12省份平衡面板数据，从空间计量和门槛计量的双重维度，检验了主要影响因子的影响方向、影响程度，并通过实证结果比较揭示西部农业现代化演进差异性的影响因子。

6. 西部农业现代化演进机理解析

基于影响因子作用方向，将西部农业现代化演进机理层次细分为动力机制、约束机制及保障机制三层面，以此全方位解析西部农业现代化演进机理。

7. 推动西部农业现代化演进的主要途径与对策

综合前文分析结果，提出推动西部演进的主要途径、政策操作思路及主要对策建议。

三、研究思路及方法

（一）研究思路

本书遵循多视角、多层次、多维度的立体研究思路。一是从新时期推进工业化、信息化、城镇化与农业现代化"四化"同步的时代背景以及全面推进现代化建设和小康目标要求的战略框架中研究西部农业现代化演进

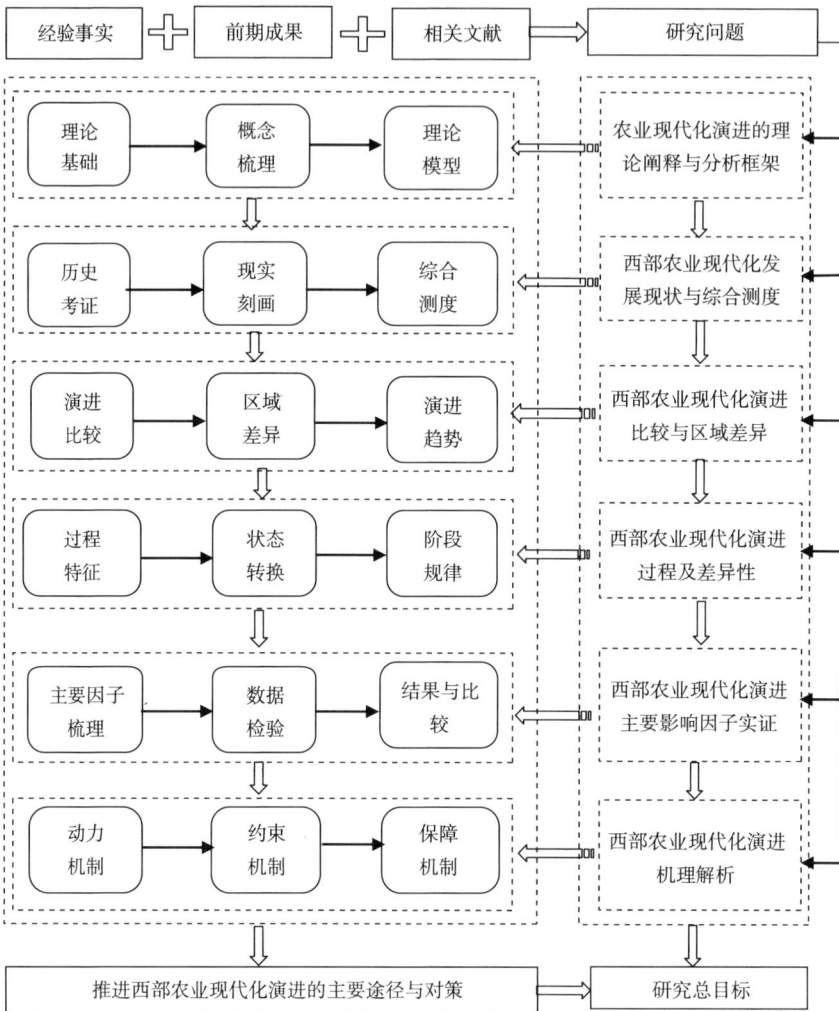

图 0 - 1　研究技术路线图

问题，将其看作是新时期攸关我国宏观经济发展全局、现代化和全面小康建设预期实现的亟待解决问题和主攻领域。二是借鉴一般理论和方法结合世界主要农业现代化类型及模式的一般理性认知，从新古典框架与内生发展框架的双重角度探究了农业现代化演进过程、条件，然后筛选农业现代化代表性、典型性量化指标并选择科学性、客观性较高方法。三是从历史与现实、单一指标与综合测度、时序比较与区域比较等维度透视西部农业现代化演进总体特点、区域差异及演进趋势。四是借鉴"收敛假说"、系统演进思想及 Logistics 成长曲线模型，从演进过程特征、演进状态及转移、演进阶段等多重维度揭示西部农业现代化演进过程同一般规律的差异性。五是基于理论分析框架，从内生和外生两层面实证各因子影响西部农业现代化演进的影响方向及程度，并基于实证结果比较揭示西部农业现代化演进差异的影响因子。六是从动力机制、约束机制及保障机制三层面系统解析西部农业现代化演进机理，并提出推动西部农业现代化演进的主要途径及对策。

（二）研究方法

本书采用规范分析与实证分析、定量分析与定性分析相结合的方法对西部农业现代化演进过程及机理进行了较为系统和全面的研究。规范分析主要体现在农业现代化演进分析框架中的内涵厘清与概念界定。实证分析则是围绕规范分析展开，体现在时序、截面与面板数据的"三维"统一视角。定性分析主要体现在比较分析法、历史分析法的结合。定量是基于数理模型展开的，分析数据充实可靠、研究方法客观公正、研究维度多层等。

具体的实证分析法主要体现在：在西部农业现代化演进的理论分析框架部分主要体现为数理模型方法等。在对西部农业现代化综合测度时主要运用了主成分分析方法以及指数分析方法。在对西部农业现代化演进趋势预测时主要运用了 ARIMA 模型方法。在分析西部农业现代化演进过程及差异性时主要运用了变异系数法、萨拉—伊—马丁模型、非参数 Kernel 核密度估计、马尔科夫链及 Logistics 逻辑成长曲线模型等。在实证西部农业现代化演进主要影响因子时主要运用了面板数据的平稳性和协整检验、空间计量与门槛计量等方法。

四、研究资料及数据处理

（一）研究资料

在分析西部农业现代化演进过程及机理时，所涉及研究资料涵盖以下几个方面：一是前人研究成果，包括专著、论文、研究报告等；二是国家相关政策，尤其是历年中央"一号文件"以及关于农业以及宏观经济发展方面会议决议等对研究政策脉络以及历史分析铺展具有清晰指引。三是数据资料。研究运用所有数据资料均来自权威统计部门，数据资料可信。数据来源大致可以归纳为三个层面。首先是统计年鉴。本书写作过程中所有数据均来自《中国统计年鉴》（历年）、《中国区域经济统计年鉴》（历年）、《中国统计摘要》（历年）、《中国城市统计年鉴》（历年）、《中国农村住户统计年鉴》（历年）、《中国科技统计年鉴》（历年）、《中国人口与就业统计年鉴》（历年）、《新中国五十年统计资料汇编》、《新中国五十五年统计资料汇编》、《新中国六十年统计资料汇编》、《中国农村统计年鉴》（历年）、《全国各省、自治区、直辖市历史统计资料汇编》（1949—1989）、《中国农产品价格调查年鉴》（历年）、《中国对外经济统计年鉴》（历年）、《中国农业统计资料汇编1949—2004》、《新中国农业60年统计资料》、《新中国五十年农业统计资料》以及各省、自治区、直辖市统计年鉴等。其次是相关专业统计数据库。国泰安 CSMAR 数据库、中宏教研支持系统（MCDB）、国研网统计数据库、中国经济社会发展统计平台、FAO 统计数据库、INFOBANK 统计数据库等。最后，空间统计与计量分析中所涉及的数字地图、经度和纬度数据均来自国家地理信息中心。

（二）数据处理

由于涉及数据较多、维度较多，单一软件无法完成如此庞大数据工程。强调多种数据分析软件集成应用是研究一大特色。在数据整理、汇总阶段运用的软件是 Microsoft Excel 2013；在对农业现代化发展现状与综合测度以及阶段识别判断时运用软件是 DEAP 2.0、SPSS 18.0；在分析西部农业现代化演进趋势、演进过程以及主要影响因子实证与机理时主要运用 E-views 6.0、Stata 10.0、Matlab 2012a、Vensim 等。

第一章 理论基础与研究述评

农业现代化问题一直是农业经济研究中的热点问题，在不同时期、不同阶段都有学者从不同侧面切入展开研究探讨，积累了诸多研究成果。对西部农业现代化演进问题的研究也应立足既有农业现代化理论寻求理论的支撑，充分借鉴前人的研究成果。本章的主要目的是对现有关于农业现代化相关理论进行梳理、整合与借鉴，奠定研究开展的理论基础，并通过国内外研究动态述评，探寻已有研究不足和本研究深入拓展的空间。

第一节 理论基础与借鉴

一、改造传统农业理论

20世纪50年代初，经济学家们提出了以工业为中心的发展战略，认为工业化是发展经济的中心，只有通过工业化才能实现经济腾飞，而农业是停滞的，农民是愚昧的，农业不能对经济发展做出贡献，充其量只能为工业发展提供劳动力、市场和资金。在此理论指导下，许多发展中国家致力于发展工业而忽视农业，由此招致了很多不良的社会经济发展后果。此时，一些有识之士对工业化的发展战略提出了疑问，转而强调农业问题。西奥多·舒尔茨（Theodore W. Schultz，1964）[①] 及其改造传统农业理论便是其中

[①] 西奥多·W. 舒尔茨：《改造传统农业》，商务印书馆2006年版。

翘楚。

舒尔茨为农业正名，反对轻视农业的看法，同时强调发展中国家的传统农业不能对经济发展作贡献，只有现代化的农业才能，而关键问题在于如何把传统农业改造为现代农业。对于传统农业的内涵与外延，舒尔茨驳斥从社会的文化特征、制度结构或者生产要素的技术特征来论述传统农业性质的观点，而认为传统农业是一种生产方式长期没有发生变动、基本维持简单再生产的、长期停滞的小农经济。其特征有三：一是技术状况长期内大致保持不变，二是获得与持有生产要素的动机长期不变，三是传统生产要素的供给和需求处于长期均衡状态。舒尔茨利用危地马拉和印度两个传统农业社会的调查资料，驳斥了传统农业中生产要素配置效率低下的观点和"零值农业劳动学说"，认为农民对市场价格变动能做出迅速而正确的反应，配置效率不低，同时农业劳动力的减少必然使农业产量下降。对于传统农业为什么不能成为经济增长的源泉，舒尔茨通过构造"收入流"价格理论，认为其根源在于传统农业中生产要素的供求在高价格水平上形成均衡，对原有生产要素增加投资的收益率低，对储蓄和投资缺乏足够的经济刺激。对于如何改造传统农业，舒尔茨认为关键是要引进新的现代农业生产要素以降低农业生产要素价格，实质即为实现技术变化。具体而言，要实现传统农业的改造，要建立一套适用于传统农业改造的制度，包括市场机制、家庭农场经营方式、居住所有制形式等；要从供求两方面为引进现代生产要素创造条件；要通过教育、在职培训、提高健康水平等方式，对农民进行人力资本投资。人力资本因素是影响农业现代化演进的关键变量，改造传统农业理论中对人力资本的强调和突出是本研究的重要理论基础。

二、农业发展阶段理论

农业作为国民经济基础部门，其发展具有明显阶段性特征。国内外学者从不同视角切入，形成了对农业发展阶段理论的有益认知，丰富了农业发展阶段理论。梅勒（Mellor，1966）[①] 基于对发展中国家经验考察，基于农业技术性质角度，形成了"梅勒农业发展三阶段理论"。其认为农业发展阶段包含传统农业阶段、"低资本"技术阶段、"高资本"技术阶段"三阶段"。其中，在传统农业阶段，技术是停滞的，农业生产增长主要依赖传统投入，农业发展基本上取决于传统要素供给增加。在"低资本"技术阶段，资本使用量较少，技术运用趋于稳定，但仍以资本节约型技术为主，以提高土地生产率为重点。在"高资本"技术阶段，受资本"替代效应"影响，劳动力"短缺"现状得到改观，农业生产能力显著增强。韦茨（Wertz，1971）[②] 基于美国农业实际，提出"韦茨农业发展三阶段理论"，将农业发展阶段划分为维持生存农业阶段、混合农业阶段、商品农业阶段"三阶段"，其中，在维持生存农业阶段，"自给自足"是其主要特征，在混合农业阶段，强调多种经营，农民收入增加是主要特征，而在商品农业阶段专业化生产是农业发展主要特征。速水佑次郎、弗农·拉坦（1988）[③] 基于农业技术、制度变迁理论，结合日本农业实践，将农业发展阶段细分为增加生产和市场粮食供给的发展阶段、抑制农村贫困的发展阶段及调整和优化结构的发展阶段"三阶段"。此外，提莫（Timmer，1988）[④] 通过美国、日本和西欧等国家农业发展实践的长期研究，提出农业发展"四阶段理论"：即农业投入阶段、农业资源流出阶段、农业与宏观经济整合阶段、农业"反哺"阶段"四阶段"。以上述理论为基础，农业部软科学委员会课题组（2000）[⑤] 针对中国实际，提出了我国的农业发展"三阶段"理论，即数量发展阶段、优化发展阶段、现代农业发展阶段。其中，在数量发展阶段农产品供给"短缺"，在优化发展阶段农产品供需平衡、以提高农产品品质、优化结构与增加农民收入为重点，在现代农业发展阶段农产品供给多元化，

---

① Mellor, J. W., *The Economics of Agricultural Development*, Ithaca: Connell University Press, 1966.

② Wertz, J. R., "A Newtonian Big-bang Hierarchical Cosmological Model", *The Astrophysical Journal*, 164, 1971.

③ 速水·佑次郎、弗农·拉坦：《农业发展的国际分析》，中国社会科学出版社 2000 年版。

④ Timmer, C. P., "The Agricultural Transformation", *Handbook of Development Economics*, 1, 1988.

⑤ 农业部软科学委员会课题组：《中国农业发展新阶段》，中国农业出版社 2000 年版。

以高资本集约、技术集约和信息集约为重点。

从生产力发展角度来看，归根结底，农业发展经历了生产工具简单、技术传统、自给自足、没有社会分工的原始农业，生产方式、生产结构长期不变的简单再生产、报酬率极低的传统农业，以及生产技术科学化、生产手段机械化、生产经营企业化现代农业三个阶段。目前，我国正处于大力发展现代农业、推进农业现代化进程的新时期，本书正是基于农业由传统农业向现代农业改造的过程，探寻农业现代化演进过程及机理。

三、"二元"结构理论

在现代经济发展研究中，刘易斯（Lewis，1954）[1] 抓住发展中国家技术和组织的"二元"特征，提出了两部门模型或称"二元"结构模型，开辟了"二元"经济发展的分析方法，强调了结构变动对经济发展的推动作用。刘易斯认为发展中国家经济由具有完全不同再生产规律的传统农业部门和现代工业部门两部门组成，形成一个"二元"经济结构。传统部门隐蔽失业劳动力是贫困根源，经济发展是工业部门不断扩张、农村剩余劳动力被吸收并实现充分就业的过程。农村为工业部门发展提供无限制的劳动力供给，工业部门乃至整个经济发展的主要约束来自于资本积累。刘易斯两部门经济发展模型的建立，首创了经济发展研究的二元结构分析方法，开辟了研究发展中国家经济的一个新思路。当然，刘易斯模型也存在着较为明显的缺陷：一是模型认为只要存在农村劳动力的无限供给，资本积累和现代部门就能一直发展下去，而忽略了农业部门的落后和贫困等会成为经济发展的障碍，忽略了农业部门发展和整个经济的粮食供给问题。二是模型假设农村存在失业，而城市不存在失业，显然与发展中国家的现实不符，没有意识到城市现代部门一方面创造了更多的就业机会，另一方面又创造着更高的失业率。三是模型只注重现代部门供给方面的分析，认为在

---

[1] Lewis, A., "Economic Development with Unlimited Supplies of Labor", *The Manchester School*, 2, 1954.

劳动力无限供给的假设下，资本主义部门发展的唯一约束是储蓄，而没有看到总需求对现代部门增长的约束。

此后，众多学者继承和发扬了刘易斯的二元结构模型。费景汉和拉尼斯（Fei 和 Ranis，1961）[①] 发展和完善了刘易斯模型，形成了一个体系完整的二元经济理论模型。他们认为二元经济向成熟经济转变过程存在"粮食短缺点"和"商业化点"两个转折点；农业部门不仅为现代部门的发展提供劳动力，而且为其提供剩余；农业部门技术进步和劳动生产率的提高，是二元经济结构变化、农村剩余劳动力顺利转移过程避免粮食短缺出现的必要条件；二元经济沿着平衡路径发展，才能顺利达到转折点；发展中国家应该鼓励具有劳动密集使用偏向的技术创新出现，以创造更多就业机会并缩短到达"商业化点"所需要的时间。兰尼斯—费景汉模型提供了一种更加接近现代发展中国家现实的理论描述，其主要不足是没有考虑和分析发展中国家的城市失业问题和现代工业部门发展中来自有效需求方面的约束。乔根森（Jorgenson，1961）[②] 提出了农业剩余下的二元经济发展理论，认为农村不存在零值劳动力或隐蔽失业；农业剩余是农业经济转变为二元经济的前提条件；技术进步是工业部门发展的重要推动力量；工业和农业部门间的贸易平衡由技术进步率、农业部门技术进步率、人口增长速度等参数决定；经济发展的关键条件是农业剩余能否存在并不断增长；传统农业部门的转变，需要资本输入和资本主义精神输入。乔根森模型的突出贡献是把对二元经济的研究从剩余劳动转向农业剩余，其主要缺陷在于有关粮食需求的收入弹性假设不符合粮食消费行为。托达罗（Todaro，1971）[③] 发扬了刘易斯—拉尼斯—费景汉模型，提出乡—城劳动力迁移模型，认为移民迁移行为受预期收入最大化目标的支配，城乡实际收入差异和移民在

[①]　Fei，C. H.，Ranis，G. A.，"A Theory of Economics Development"，*American Economic Review*，4，1961.

[②]　Jorgenson，D. W.，"The Development of a Dual Economy"，*Economic Journal*，71，1961.

[③]　Todaro，M. P.，"Income Expectations，Rural-Urban Migration and Employment in Africa"，*International Labor Review*，135，1971.

城市找到工作的概率是影响个人移民决策的主要因素；移民在城市滞留的时间越长，掌握就业的信息就越多，找到工作的概率就越高；没有农村地区发展和城乡收入差距缩小，靠单纯增加城市现代部门就业机会，无法解决发展中国家城市就业问题。托达罗模型对贫困国家结构转变中的劳动力城乡流动现象作了简单而有说服力的解释，其意义深远。本书基于目前中国"二元"结构体制背景，充分借鉴"二元"结构理论，解析农业现代化演进过程规律与工业化的差异性。

四、诱致性技术创新理论

诱致性技术创新理论萌芽于 20 世纪 30 年代，从厂商理论中发展而来，并形成两个重要分支。一个是"施莫克勒—格里利切斯（Schmookler-Griliches）假说"或称市场需求诱致的技术创新理论。该假说的基本假定是创新对利润的反应，认为在其他方面不变时，一种商品的创新率是对该商品市场需求的函数，即引致发明的因素在于市场力量的作用，强调产品需求对技术创新速度的影响。Lin（1991）[①] 通过对中国杂交水稻技术应用的分析，检验和支持了"施莫克勒—格里利切斯假说"。但是该假说并未被广泛接受且受到一系列批评，诸如市场需求决定创新过程的观点没有充分经验分析来支持，需求驱动与创新之间的联系相当微弱，等等。另一个是被普遍采用的"希克斯—速水、拉坦—宾斯旺格（Hicks-Hayami 和 Ruttan-Binswager）假说"或称要素稀缺诱致性技术创新理论。该理论强调由资源稀缺变化所引起的要素相对价格变化对技术变革的诱致性作用。希克斯（Hicks，1946）[②] 提出了诱致性创新的雏形，认为生产要素价格的变化本身就能刺激用以直接节约变得相对昂贵要素使用的创新。并提出了技术创新的因果链：一项在于或得利润的发明，引起一个冲击，在短暂的阵痛之后是利润率和

---

① Lin, J. Y. , "Public Research Resource Allocation in Chinese Agriculture: A Test of Induced Technological Innovation Hypotheses", *Economic Development and Cultural Change*, 1, 1991.

② Hicks, J. R. , *Value and Capital*, Oxford: Clarendon Press, 1946.

工资的上升，造成某种要素的稀缺，如果没有其他创新出现，原有创新的冲击会逐渐衰竭，从而诱致了节省那变得稀缺要素的创新。之后众多学者丰富发展了希克斯的要素稀缺诱致创新理论。阿马德（Ahmad，1966）[①] 在比较静态基础上，考虑劳动和资本两个要素，引入创新可能性曲线，建立了最初的诱致性技术创新的理论分析框架，即"希克斯—阿马德"模型。在此基础上，宾斯旺格（Binswager，1978）[②] 结合"希克斯—阿马德"模型和"施莫克勒—格里利切斯假说"，发展出一个诱致性技术创新的微观经济学解释模型，便于理解诱致性创新理论。拉坦和速水（Ruttan 和 Hayami，1984）[③] 指出上述理论主要关注私人厂商创新行为而忽视了公共部门的创新行为，并基于农业发展中的技术变革提出了一个四要素的诱致性技术创新模型或称"希克斯—速水、拉坦—宾斯旺格假说"，同时也强调将诱致性技术创新看作一个动态发展过程，其中不均衡的出现是诱致技术变革和经济增长的关键因素。此外，罗森堡基于对希克斯理论的批判，认为技术创新的诱导机制是存在的，但不是要素稀缺诱导的，而是基于技术发展不平衡、生产环节的不确定性和资源供给的不确定性这三个诱导机制。上述机制形成技术创新障碍，诱导生产者围绕这些障碍而进行创新。

诱致性技术创新理论主要被应用于研究农业技术变革和农业发展，是重要的农业发展理论。该理论为要素价格、要素份额以及技术变革之间的关系提供了较强解释力。其核心是若市场未被扭曲，则要素价格将能反映要素相对稀缺性水平和变化，农民则会被诱致去寻找能够节约日益稀缺因而昂贵要素的技术。同时，诱致性技术创新理论也伴随着一些争论，诸如诱致性技术创新机制是否会引起社会无效率和不公平？是否适用于要素市场不活跃的情形？诱致性技术变革研究方法是否正确？等等。但是不可否

---

① Ahmad，S.，"On the Theory of Induced Invention"，*The Economic Journal*，76，1966.

② Binswanger，H. P，Ruttan，V. W.，*Induced Innovation：Technology，Institutions，and Development*，Baltimore：Johns Hopkins University Press，1978.

③ Ruttan，V. W.，Hayami，Y.，"Toward a Theory of Induced Institutional Innovation"，*The Journal of Development Studies*，4，1984.

认的是该理论有效指导了发展中国家农业技术创新和农业发展。诱致性技术创新理论为本研究构建理论框架，系统认知农业现代化演进，提供了重要理论认知与支撑。

五、比较优势理论

比较优势理论简洁解释了复杂国际贸易，成为国际贸易领域经典理论。亚当·斯密的绝对优势学说是比较优势理论的"开端"。斯密基于地域分工理论并强调了分工及经济组织在经济发展中的作用，创立了绝对优势理论，亦称内生比较优势理论，认为各国在国际贸易中以生产成本具有绝对优势产品进行进出口贸易，从而使双方获益。斯密绝对优势理论的局限在于：以产品成本的绝对高低来决定贸易地位，导致那些在所有产品成本均处于绝对劣势的国家无法参与国际贸易。大卫·李嘉图突破了斯密绝对优势理论局限，提出了比较优势理论，或称外生比较优势理论。李嘉图认为一国不管处于何种发展状况，即使其在生产所有产品上都具有较他国的绝对优势或劣势，均能确定自己的相对优势，根据"两利相权取其重，两弊相权取其轻"的原则，集中生产并出口其具有"比较优势"产品，进口其具有"比较劣势"产品，从而通过国际贸易和分工获取更多利益。李嘉图用不同于斯密的比较选择方式将不同产品劳动成本比率进行比较，而不是将本国某种产品的成本与国外同样产品的成本进行直接比较，选择标准并非绝对值高低，而是相对值的异同。因此，其比较优势理论在更普遍基础上解释了国际贸易产生的基础和贸易利得，提出了国家间贸易特殊规则，大大发展了斯密绝对优势理论。李嘉图比较优势理论的局限在于，注重劳动和自然因素而忽视资本因素作用，注重时点或短期比较分析，未能摆脱静态分析框架。

继斯密和李嘉图创立并发展传统比较优势理论之后，众多学者从比较优势静态和动态来源两个方向不断发展、完善比较优势理论，修正模型假定、引入新因素以更贴近经济现实，最终形成了现代比较优势理论。其中，具有代表性的有以下几种理论：一是赫克歇尔和俄林基于要素禀赋视角的

HO 定理。该定理讨论了要素禀赋差异在确定比较优势及其在国际贸易中的作用，认为各国要素禀赋相异是产生国际贸易的基本原因，应该出口密集使用本国相对充裕要素产品，进口密集使用本国相对稀缺要素产品。二是杨和伯兰德（Yang 和 Borland，1991）[1] 基于专业化和分工视角拓展了内生比较优势，认为即使没有外生优势的个人也能在专业化过程中获得内生比较优势，且随分工水平的提高而提高，同时伴随产生市场容量扩大、经济增长、技术进步等等，国内贸易和国际贸易作为扩大市场容量的有效方式由此产生。三是格罗斯曼和麦基（Grossman 和 Maggi，2000）[2] 通过建立一个相似要素禀赋国家贸易竞争模型，分析了人力资本分配对比较优势和贸易的影响。他们认为人力资本同质国家出口产品所使用生产技术具有人力资本互补型特征，此类国家更容易实现生产组织对人力资本的匹配要求；而人力资本异质国家出口产品所使用技术具有人力资本替代性特征，此类国家的人力资本感兴趣的产业就会具有比较优势。此外，波斯纳（Posner，1961）[3] 运用技术创新理论修正了 HO 模型，弗农（Vernon，1966）[4] 基于要素密集度动态化视角，引入新产品创新经济因素，提出产品"生命周期"理论。这两种理论把技术发展各个阶段不同国家具有不同比较优势作为了产生国际贸易的原因，被认为是现代比较优势理论的重要突破。当然，比较优势理论对于现代农业发展具有重大指导意义。一方面，促进农业利用比较优势参与国际贸易自不必说；另一方面，促进现代农业的区域特色化发展，诸如"一村一品"、特色效益农业等理念和模式的提出，突出农业发展地方特色和因地制宜。

---

① Yang,X.,Borland,J.,"A Microeconomic Mechanism for Economic Growth", *Journal of Political Economy*,3,1991.

② Grossman,G. M.,Maggi,G,"Diversity and Trade",*American Economic Review*,5,2000.

③ Posner,M. V.,"International Trade and Technical Change", *Oxford Economic Papers*,3,1961.

④ Vernon,R.,"International Investment and International Trade in the Product Cycle", *The Quarterly Journal of Economics*,2,1966.

第二节　国内外研究动态及述评

农业现代化一直是理论界关注的热点问题。但实际上，关于农业现代化的研究发端于对现代化的认知。马格纳雷拉所定义的现代化是指发展中的社会为了获得发达的工业社会所具有的一些特点，而经历的文化与社会变迁的全球性过程，是 18 世纪以来人类文明的一种深刻变化，是现代文明形成和国际互动的复合过程，是不同国家追赶、达到和保持世界先进水平的国际竞争。从 18 世纪 60 年代到现在，世界现代化大致可以分为第一次现代化和第二次现代化两个阶段①，包含了学术知识上的科学化，政治上的民主化，经济上的工业化，思想文化领域的自由化、个人化、世俗化。即此，在经济上对现代化研究大多集中于工业化方面。为实现工业化，发展经济学家以发展中国家为研究对象，提出了以工业为中心的赶超战略②。尽管事实上每个国家都有农业部门，但除了少数例外，经济学家为了解决工业问题，都撇开了农业③，并普遍假定农业是停滞的，农民是愚昧的，农业不能对经济做出贡献。针对这种情况，一些有识之士对工业化发展战略提出了质疑，展开了农业现代化研究，以舒尔茨的《改造传统农业》为开端，经济学界开始认为农业现代化是现代化的一个重要方面。就我国发展实际而言，我国农业现代化建设战略始于"四化"战略提出：1954 年召开的第一届全国人大会议，明确提出要将中国建设成为一个具有现代农业、现代工业、现代国防和现代科学技术的社会主义强国。但总体而言，在经济学界普遍认为农业现代化是现代化研究的一个方面，只是其适用范围相对较小而已④。

---

① 何传启：《世界现代化的事实和原理》，《现代化的机遇与挑战——第八期中国现代化研究论坛论文集》2010 年第 8 期。

② Akamatsu, K., "Waga Kuni Yomo Kogyohin No Susei", *Shogyo Keizai Ronso*, 13, 1935. Chenery, H. B., Syrquin, M., *Patterns of Development*, 1950－1970, Oxford University Press, 1975.

③ 西奥多·W. 舒尔茨：《改造传统农业》，商务印书馆 2006 年版。

④ 周洁红、黄祖辉：《农业现代化评论与综述——内涵、标准与特性》，《农业经济》2002 年第 11 期。

农业现代化是农业同现代化的"交集",各位学者从多角度、多层面展开了对农业现代化的有益探索,且基本上对农业现代化本质达成共识[1]。学者们关于农业现代化各方面的研究一直都没有"冷却",奠定了本书逻辑展开与推进的思维空间。

一、国内外研究动态

从现有研究来看,国内外学者的研究和争论焦点主要在于农业现代化的概念与内涵、类型与特征、目标与评价、诱致因素、路径与战略选择等方面。下文将从以上几个方面对现有农业现代化方面的研究加以梳理,以期从中挖掘进一步深入研究的空间和余地。

(一) 关于农业现代化概念与内涵的研究

农业只是社会大生产的一个部门,农业现代化的内涵不应涵盖社会的各个领域,不同于一般意义上的现代化,但农业现代化以现代化理论为基础,是现代化的重要组成部分。为此学术界对农业现代化概念的界定在基本上参照现代化的概念界定思路的同时结合了农业的特点。事实上,最早较为系统的阐述了农业现代化的概念内涵的是美国著名经济学家舒尔茨。舒尔茨 (1964)[2] 认为发展中国家的传统农业是不能对经济增长做出贡献的,只有现代化的农业才能对经济增长做出贡献。他认为"运用技术改造传统农业的过程即为农业现代化",农业现代化本身并不是目的,而是农业技术进步的历史过程,是传统的生产部门转变为现代化产业的演进过程。此后,学术界则纷纷展开了对农业现代化概念的探讨,虽然存在差异,但基本上都是从过程和结果两个层面展开的[3]。在过程方面,柯炳生

---

① 柯炳生:《对推进我国基本实现农业现代化的几点认识》,《中国农村经济》2000 年第 9 期。

② 西奥多·W. 舒尔茨:《改造传统农业》,商务印书馆 2006 年版。

③ 张冬平、黄祖辉:《农业现代化进程与农业科技关系透视》,《中国农村经济》2002 年第 11 期。周洁红、黄祖辉:《农业现代化评论与综述——内涵、标准与特性》,《农业经济》2002 年第 11 期。

（2000）①、牛若峰（2001）②、傅晨（2001）③、张冬平和黄祖辉（2002）④、叶普万和白跃世（2002）⑤、陈锡文（2012）⑥ 等均认为农业现代化是运用现代科技要素对传统农业进行改造的过程，是打破物质能量的封闭圈，具有发达的基础设施、先进的科学技术、高效的组织形式和完善的社会服务体系，土地产出率、劳动生产率和资源利用率均较高的一种农业发展状态。在结果方面，农业现代化更多的体现为产业转型、比较利益和比较优势提升、农业资源配置效率的改进等方面⑦。顾益康（2000）⑧ 则提出了一个相对综合的农业现代化概念，即农业现代化是用现代工业装备农业，用现代科学技术支撑农业，用现代管理方法管理农业，用现代社会化服务体系服务农业，用现代科学文化知识提高农民素质的过程，是建立市场化的农业运行机制和高产优质高效农业生产体系，把农业建成具有显著经济效益、社会效益和生态效益的可持续发展的现代产业的过程，也是大幅度提高农业综合生产能力、不断增加农产品有效供给和农民收入的过程。当然，学术界对农业现代化尚未形成统一、规范的认识，因为农业现代化是一个不断发展的动态概念，内涵会因经济发展阶段转变、先进生产要素的引入等而不断丰富，但并无本质区别，只是在表达上所强调的重点和详略程度不同而已⑨。

---

① 柯炳生：《对推进我国基本实现农业现代化的几点认识》，《中国农村经济》2000 年第 9 期。
② 牛若峰：《中国农业现代化走什么道理》，《中国农村经济》2001 年第 1 期。
③ 傅晨：《基本实现农业现代化涵义与标准的理论探讨》，《中国农村经济》2001 年第 12 期。
④ 张冬平、黄祖辉：《农业现代化进程与农业科技关系透视》，《中国农村经济》2002 年第 11 期。
⑤ 叶普万、白跃世：《农业现代化问题研究述评——兼谈中国农业现代化的路径选择》，《当代经济科学》2002 年第 5 期。
⑥ 陈锡文：《中国特色农业现代化的几个主要问题》，《改革》2012 年第 10 期。
⑦ 康芸、李晓鸣：《试论农业现代化的内涵和政策选择》，《中国农村经济》2000 年第 9 期。
⑧ 顾益康：《西部大开发接轨东部大市场——对新世纪中国东西部合作开发的战略思考》，《求是》2000 年第 10 期。
⑨ 柯炳生：《对推进我国基本实现农业现代化的几点认识》，《中国农村经济》2000 年第 9 期。
陈锡文：《"十五"期间农业、农村发展思路和政策建议》，《管理世界》2001 年第 1 期。

（二）关于农业现代化类型与特征的研究

在对农业现代化概念形成基本认知后，学者们纷纷从不同侧面揭示农业现代化的类型特征。科伊乌（Koivu，2002）[1] 通过对芬兰努德尔米耶尔和利佩里地区的对比研究发现，农业机械化和农民的现代化是农业现代化的重要特征。兹卡（Zika，2008）[2] 基于中国—欧盟项目的实地调研，认为通过农业可持续发展可以兼顾环境、食品安全和政治稳定等目标，可以很好的诠释农业现代化的特征。此外，哈德曼和乔切姆森（Hardeman 和 Jochemsen，2012）[3] 认为兼顾环境保护实现可持续发展才是农业现代化发展的正确道路和基本特征。在国内，农业现代化类型特征也经历了较大变化，从新中国成立之初的机械化、水利化、化学化、电气化"四化"发展为20世纪70年代、80年代初的农业基础设施、农业生产技术以及农业经营管理的"三化"[4]。李燕琼（1997）[5]、庄卫民（2001）[6] 认为农业现代化的核心是科学化，涵盖资源存量、农业劳动力和农业生态维护三个层面的技术进步特征。王学真等（2006）[7] 认为农业现代化体现为农业技术的全面升级、农业结构的现代转型和农业制度的现代变迁三层面特征。薛亮（2008）[8] 认为在我国农业人多地少的现实约束背景下，农业现代化更多的体现为规模化。虽然国内外学者研究视角各异、观点不一，但就农业现代化的特征达成了以下几个方面的共识：一是动态性。现代化农业是一个相对概念，其内涵随着技术、经济和社会的进步而变化，因而作为动态历史进程的农业

---

[1]　Hietala-Koivu，R.，"Landscape and Modernizing Agriculture：A Case Study of Three Areas in Finland in 1954 – 1998"，*Agriculture，Ecosystems & Environment*，1，2002.

[2]　Prändl-Zika，V.，"From Subsistence Farming Towards a Multifunctional Agriculture：Sustainability in the Chinese Rural Reality"，*Journal of Environmental Management*，2，2008.

[3]　Egbert，H.，Henk，J.，"Are There Ideological Aspects to the Modernization of Agriculture?" *Journal of Agricultural and Environmental Ethics*，5，2012.

[4]　闵耀良：《知识经济与农业现代化》，《中国农村经济》2001 年第 1 期。

[5]　李燕琼：《农业现代化进程中技术进步重点的选择》，《农业技术经济》1997 年第 6 期。

[6]　庄卫民：《试论农业现代化的发展趋势》，《农业经济问题》2001 年第 6 期。

[7]　王学真等：《农业国际化对农业现代化的影响》，《中国农村经济》2006 年第 5 期。

[8]　薛亮：《从规模经营看中国特色农业现代化道路》，《农业经济问题》2008 年第 6 期。

现代化，在不同时期、不同国民经济水平层面上有不同的表现形式和特征①。二是区域性。农业生产具有地域性，各国的资源禀赋、根植文化、技术和制度不同，从国外引进现代化生产要素和技术时必须加以改造，以适应本国农业生产的实际②。三是世界性和时代性。现代化是一个国际概念，具有开放性、历史过程性及与其他相关产业同步推进等特点③。农业现代化有一个公认的国际标准④，应从全球经济化的角度来研究农业现代化，其参照体系就是当代发达国家既有的最高水平⑤。四是整体性。农业现代化是一个复杂的系统工程，不仅包括农业生产条件的现代化、农业生产技术的现代化和农业生产组织管理的现代化，同时也包括资源配置方式的优化以及与之相适应的制度安排⑥。

（三）关于农业现代化目标与指标体系评价的研究

郑林庄（1980）⑦ 认为如何将有限的资金高效组织和利用是加快农业现代化速度的关键，农业现代化的根本标志与目标是提高农业生产率。柯炳生（2000）⑧ 认为农业现代化有农业生产、农村收入和农村环境三个总体目标维度。农业现代化概念的动态性决定了农业现代化目标的动态性，即农业现代化目标只能有阶段目标，而没有终极目标，应在不同时期选择不同

---

① Myers，R. H. ，"Modernization Effect upon Exports of Agricultural Produce：South Korea Comment"，*American Journal of Agricultural Economics*，1，1971。牛若峰：《要全面理解和正确把握农业现代化》，《农业经济问题》1999 年第 10 期。

② Dernberger，R. F. ，"Agricultural Development：The Key Link in China's Agricultural Modernization"，*American Journal of Agricultural Economics*，2，1980.

③ Michael，B. ，"Structural Changes in the Agricultural Industries：How do We Measure，Analyze and Understand them"，*American Journal of Agricultural Economics*，5，1999。陈锡文：《走中国特色农业现代化道路》，《求是》2007 年第 22 期。

④ Luther，T. ，Stanley，R. ，Thompson，*Agricultural Policy for the 21st Century*，Lowa State Press，4，2002。黄少鹏：《农业标准化是我国现代化农业发展的重要支撑——以安徽农业标准化工作成效为例》，《中国农村经济》2002 年第 5 期。

⑤ 韩长赋：《加快发展现代农业》，《人民日报》2010 年 11 月 22 日。

⑥ 张军：《现代农业的基本特征与发展重点》，《农村经济》2011 年第 8 期。

⑦ 郑林庄：《农业现代化的目标是提高农业生产效率》，《经济研究》1980 年第 6 期。

⑧ 柯炳生：《对推进我国基本实现农业现代化的几点认识》，《中国农村经济》2000 年第 9 期。

的阶段目标并结合当前发展阶段特点推进农业现代化[1]。同时，农业现代化是一个较为抽象的过程概念，难以直观了解，于是便产生了一个如何衡量和评价农业现代化水平的问题。基于农业现代化内涵、特征以及目标的综合认知，学者们纷纷开展农业现代化指标体系的研究，为定量分析奠定基础。西方发达国家的农业现代化模式在现实实施中也产生了各类环境问题，所以西方学者在选择农业现代化指标体系时大多从可持续发展、农业多功能性的角度切入：桑兹和波德莫尔（Sands 和 Podmore，2000）[2] 构建了 ESI 指标体系，运用 15 个分项指标代表农业可持续发展的选择；雷扎伊和卡拉米（Rezaei 和 Karami，2008）[3]、卡罗夫和科洛姆（Carof 和 Colomb，2013）[4] 通过农业可持续发展视角建立经济、环境输入、相关排放以及社会发展四个层面的农业现代化指标体系，但现有指标体系缺乏系统性，无法衡量农业生态系统"赤字"，操作性较差，限制了可持续发展理论向农业发展实践模式转变[5]。此外，霍夫曼（Huffman，2001）[6] 从产量、利润、就业、生活质量、公平性、股权分红、环境保护、资源利用、产品质量等方面构建农业现代化指标体系，并运用 EM 模型以及 AHP 方法，对农业现代化发展水平进行评价与比较。卡洛斯和格鲁特（Carlos 和 Groot，2008）[7] 提出了一个集成经济价值、利益相关者和多标准评价为一体的多功能农业指

① 韩长赋：《加快发展现代农业》，《人民日报》2010 年 11 月 22 日。

② Gary，R. S.，Terence H. Podmore，"A Generalized Environmental Sustainability Index for Agricultural Systems"，*Agriculture，Ecosystems and Environment*，79，2000.

③ Rezaei，M. K.，Karami，E.，"A Multiple Criteria Evaluation of Sustainable Agricultural Development Models Using AHP"，*Environment，Development and Sustainability*，4，2008.

④ Carof，M.，Colomb，B.，Aveline，A，"A Guide for Choosing the Most Appropriate Method for Multi-criteria Assessment of Agricultural Systems According to Decision-makers' Expectations"，*Agricultural Systems*，c，2013.

⑤ Von，S.，"Sustainability in Agriculture—An Evaluation of Principal Goal-oriented Concepts to close the Gap between Theory and Practice"，*Agriculture，Ecosystems & Environment*，2，2001.

⑥ Huffman，W. E.，Evenson，R. E，"Structural and productivity change in US agriculture，1950 – 1982"，*Agricultural Economics*，2，2001.

⑦ Parra-López，C.，Groot，J. C. J.，Carmona-Torres，C.，"Integrating Public Demands into Model-based Design for Multifunctional Agriculture：An Application to Intensive Dutch Dairy Landscapes"，*Ecological Economics*，4，2008.

标体系。国外农业现代化发展实际与我国农业现代化发展实际并不相符，探究一套适合中国特色、代表性强、操作性好的指标成为学者们研究的重点问题。徐星明和杨万江（2000）[1]、易军和张春花（2005）[2]从农业生产条件、农业投入水平、农业生产力水平、经济与社会结构以及农民收入及生活水平等方面建立农业现代化进程评价指标体系，并认为农业现代化指标体系应涵盖现代农业生产子系统、农村工业化和城镇化子系统以及农村社会经济与环境子系统三层面内容；程志强、程序（2003）[3]从现代化水平和现代化质量两个方面构建农业现代化评价指标体系，并运用层次分析法对其进行测度；黄祖辉、林坚等（2003）[4]从农业规模化、农业水利化、农业化学化、农业机械化、农业劳动生产率、农业土地生产率、生产者素质等方面运用世界银行《世界发展报告（2000/2001）》的标准值对农业现代化进程进行评估；傅晨（2010）[5]、辛岭和蒋和平（2011）[6]从劳动生产率、土地生产率、投入产出率、农民收入、农田水利化、操作机械化、经营产业化、经营主体现代化、生态良性化等方面构建农业现代化指标体系。国内外学者结合不同的国情、从不同侧面构建了农业现代化指标体系，为农业现代化的量化分析奠定了坚实基础。

（四）关于农业现代化发展成因与诱致因素的研究

在国外学者中，一方面，迪尔（Deere，1995）[7]、阿尔铁里、罗塞特和尼科尔斯（Altieri、Rosset 和 Nicholls，1997）[8]研究发现推动劳动力和资本

① 徐星明、杨万江：《我国农业现代化进程评价》，《农业现代化》2000 年第 5 期。
② 易军、张春花：《北方沿海地区农业现代化进程的定量评价》，《中国软科学》2005 年第 1 期。
③ 程志强、程序：《农业现代化指标体系的设计》，《农业技术经济》2003 年第 2 期。
④ 黄祖辉、林坚等：《农业现代化：理论、进程与途径》，中国农业出版社 2003 年版。
⑤ 傅晨：《广东省农业现代化发展水平评价：1999—2007》，《农业经济问题》2010 年第 5 期。
⑥ 辛岭、蒋和平：《我国农业现代化发展水平指标评价体系的构建和测算》，《农业现代化研究》2010 年第 6 期。
⑦ Deere, C. D., Gonzales, E., Pérez, N., "Household Incomes in Cuban Agriculture: A Comparison of the State, Co-operative, and Peasant Sectors", *Development and Change*, 2, 1995.
⑧ Altieri, M. A., Rosset, P. M., Nicholls, C. I., "Biological Control and Agricultural Modernization: Towards Resolution of some Contradictions", *Agriculture and Human Values*, 3, 1997.

要素公平持续发展的利益分配制度是促动农业现代化不断演进的动力因素；拜隆和埃林（Bellon 和 Hellin，2010）[1] 认为促进农业种植技术采用的政府计划都是推动农业现代化发展的重要保障。另一方面，特亚利巴（Turyareeba，2001）[2]、阿尔尚博（Archambault，2004）[3]、沃尔德伦等（Waldron 等，2010）[4] 认为政府实施的环境政策以及追求高价值链的发展政策对农业现代化的发展会造成不良影响。塔帕和村山幸昭（Thapa 和 Murayama，2005）[5]、范·艾克浩特和米尔斯等（Vaneeckhaute 和 Meers 等，2013）[6] 研究发现化石矿物肥料对化学肥料的替代、土壤、土地利用、水资源、道路网络和市场选择等都是引致农业现代化发展的重要因素。此外，松德和阿伦（Sandhu 和 Allen，1974）[7]、细德里恩（Diederen，2003）[8] 认为农民的技术采用行为、农民人力资本积累有助于推动农业现代化发展。国内学者对于农业现代化发展引致因素的研究大多基于外生性视角。黄佩民、吕国英等（1995）[9] 认为农业和基础设施在现代农业生产中具有重要作用，前者提供了重要的物质保障，后者是增强农业持续发展和推动农业现代化进程的重要举措；王学真等（2006）[10] 研究发现劳动力和公共政策、城乡二元结构等

---

① Mauricio,R. B.,Jon,H.,"Planting Hybrids,Keeping Landraces:Agricultural Modernization and Tradition among Small-scale Maize Farmers in Chiapas,Mexico",*World Development*,8,2011.

② Turyareeba,P. J.,"Renewable Energy:Its Contribution to Improved Standards of Living and Modernization of Agriculture in Uganda",*Renewable Energy*,3,2001.

③ Steven,A.,"Ecological Modernization of the Agriculture Industry in Southern Sweden:Reducing Emissions to the Baltic Sea",*Journal of Cleaner Production*,12,2004.

④ Waldron,S.,Brown,C.,Longworth,J.,"A Critique of High-value Supply Chains As a Means of Modernizing Agriculture in China:The Case of the Beef Industry",*Food Policy*,5,2010.

⑤ Rajesh,B. T.,Yuji,M.,"Land Evaluation for Peri-urban Agriculture Using Analytical Hierarchical Process and Geographic Information System Techniques:A Case Study of Hanoi",*Land Use Policy*,2,2008.

⑥ Vaneeckhaute,C.,Meers,E.,Michels,E.,"Ecological and Economic Benefits of the Application of Bio-based Mineral Fertilizers in Modern Agriculture",*Biomass and Bioenergy*,49,2013.

⑦ Harjit,S. S.,Donald,E. A.,"The Village Influence on Punjabi Farm Modernization",*American Journal of Sociology*,4,1974.

⑧ Diederen,P.,"Modernization in Agriculture:What Makes a Farmer Adopt an Innovation?" *International Journal of Agricultural Resources,Governance and Ecology*,2,2003.

⑨ 黄佩民、吕国英等：《农用工业、基础设施建设与现代农业发展》，《管理世界》1995 年第 5 期。

⑩ 王学真等：《农业国际化对农业现代化的影响》，《中国农村经济》2006 年第 5 期。

是促动农业现代化的动力因素，同时农业国际化对农业的市场化和现代农业组织的建立具有积极影响；北京天则经济研究所（2010）[1] 研究认为土地制度改革等制度创新因素、技术进步与创新是影响农业现代化发展的重要因素；黄斌和胡晔（2012）[2] 认为发展农业现代化同样离不开金融特别是农村金融体系的大力支持以及农村人力资本的深化和积累。此外，有众多学者从"三化协调"或"四化同步"视角探讨农业现代化发展。诸如，谢杰（2012）[3] 认为工业化带动农业现代化，城市化提高农业生产效率。夏春萍和刘文清（2012）[4] 实证分析农业现代化、工业化以及城镇化三者间的关系，研究发现三者之间存在明显的相互促进作用，但城镇化对农业现代化的促进作用要高于工业化。杨鹏和朱琰洁等（2013）[5]、李二超和韩洁（2013）[6] 基于农业现代化、工业化、城镇化和信息化之间的关系分析，认为"四化"是相互联系、相互影响、相互促进的有机结合体，农业现代化的发展离不开工业化、城镇化和信息化，尤其是当"四化"良性互动时，对农业现代化将起到强力推进作用。

（五）关于农业现代化发展路径与战略选择的研究

速水和拉坦（Hayami 和 Ruttan，1993）[7]、肯尼迪（Kennedy，1980）[8] 先后总结了地多人少的美国模式、人多地少的日本模式、人地适中的欧盟

① 北京天则经济研究所：《土地流转与农业现代化》，《管理世界》2010 年第 7 期。

② 黄斌、胡晔：《基于"三化"视角的农村金融体系研究》，《农村经济》2012 年第 4 期。

③ 谢杰：《工业化、城镇化在农业现代化进程中的门槛效应》，《农业技术经济》2012 年第 4 期。

④ 夏春萍、刘文清：《农业现代化与城镇化、工业化协调发展关系的实证研究》，《农业技术经济》2012 年第 5 期。

⑤ 杨鹏、朱琰洁等：《中国实现"四化同步"的挑战：目标 VS 制度》，《农业经济问题》2013 年第 11 期。

⑥ 李二超、韩洁：《"四化"同步发展的内在机理、战略途径与制度创新》，《改革》2013 年第 7 期。

⑦ Hayami, Y., Ruttan, V. W., *Agricultural Development：An International Perspective*, Baltimore, Md/London：The Johns Hopkins Press, 1971.

⑧ Kennedy, E., "Approaches to Linking Agriculture and Nutrition Programs", *Health Policy and Planning*, 3, 1980.

模式等，为世界现代农业发展路径和战略选择提供了有益借鉴。提莫（Timmer，1988）[①]认为推动农业现代化发展应运用各类型政策"叠加"，尤其是价格手段，调动农民的生产积极性，不断活跃农业市场，实施"刺激导向"的战略。图米和黑尔维西（Twomey 和 Helwege，2001）[②]提出应实施基于技术引入与创新的"出口导向型"农业现代化发展路径。直木（Naoki，2011）[③]认为在政府和当地企业家的支持下，扶持农民进行回乡创业、农民人力资本积累以及规模化生产是推进农业现代化的重要途径。阿德尔和照明（Adel 和 Teruaki，2011）[④]发现农民合作社和农业信息公司在为农民提供产业发展、有机农业技术推广等农业现代化服务方面发挥了重要的作用，是加速农业现代化的重要路径。哈德曼和乔切姆森（Hardeman 和 Jochemsen，2012）[⑤]基于荷兰农业现代化过程中出现的生物多样性丧失、土壤肥力下降等问题，认为兼顾环境保护实现可持续发展才是农业现代化发展的正确道路和战略选择。张冬平和黄祖辉（2002）[⑥]认为加速农业现代化进程，应重点研究影响新技术扩散速度障碍并加以突破，创造有利的社会经济环境。刘巽浩等（2003）[⑦]认为农业现代化要密切结合生态保护战略，发挥生态环境的良性作用，走现代集约持续农业的中国特色道路。李燕琼（2007）[⑧]主张实施改革农村土地产权制度、增加农业投入、促进农业规模经营和集约经营从而推进农业现代化发展的农业现代化战略。薛亮

[①]　Timmer, C. P., "The Agricultural Transformation", *Handbook of Development Economics*, 1, 1988.

[②]　Twomey, M. J., Helwege, A., *Modernization and Stagnation: Latin American agriculture into the 1990s*, Greenwood Press Inc., 2001.

[③]　Murakami, N., "Rural Industrialization and the Role of Human Capital: An Analysis of Back to Business in Henan Province", *Journal of Henan University (Social Science)*, 2, 2011.

[④]　Elhamoly, A. I., Nanseki, T., Shinkai, S., "Implementation Degree of Agricultural Decisions at the Egyptian Farm Level and the Expected Role to the Agricultural Extension: A Comparison with Japan", *Journal of the Faculty of Agriculture*, 2, 2011.

[⑤]　Egbert, H., Henk, J., "Are There Ideological Aspects to the Modernization of Agriculture?" *Journal of Agricultural and Environmental Ethics*, 5, 2012.

[⑥]　张冬平、黄祖辉：《农业现代化进程与农业科技关系透视》，《中国农村经济》2002 年第 11 期。

[⑦]　刘巽浩：《能原教旨主义对农业现代化的冲击》，《农业经济问题》2003 年第 10 期。

[⑧]　李燕琼：《我国传统农业现代化的困境与路径突破》，《经济学家》2007 年第 5 期。

（2008）① 认为应该围绕社会化服务的基本思路，以多种形式的农业适度规模经营推动农业现代化。刘巽浩（2003）②、陈晓华（2009）③ 认为中国农业现代化要走中国特色道路，在城乡统筹中推进中国特色的现代农业建设，构建发展中国现代农业的支撑体系。毛飞、孔祥智（2012）④ 认为推进农业现代化要高度重视和切实保障粮食安全，提高粮食安全水平，完善农业社会化服务体系。此外，陈锡文（2012）⑤ 认为推进农业现代化要与工业化、城镇化有机联动，建立一个适合国情、适应市场要求的组织和制度体系。进而众多学者提出通过"三化协调"和"四化同步"的战略选择来促进农业现代化，并展开了深入研究⑥。

二、研究动态述评

综上所述，学术界关于农业现代化各方面研究成果还是较为全面和丰富的，涉及概念界定、类型与特征、目标与评价指标体系、农业现代化发展成因与引致因素、农业现代化发展路径与战略等诸多方面，深化了本书对农业现代化发展的认知，为研究深入开展延展了思路，提供了很好的理论分析范式，奠定了研究拓展的逻辑起点。但在文献综述中也发现现阶段研究存在以下几方面的问题：

（一）学者们关于农业现代化发展的研究，大多是从宏观层面进行切入的

由于中国地大物博，各地自然资源禀赋、自然条件不同，农业现代化

---

① 薛亮：《从规模经营看中国特色农业现代化道路》，《农业经济问题》2008 年第 6 期。
② 刘巽浩：《能源教旨主义对农业现代化的冲击》，《农业经济问题》2003 年第 10 期。
③ 陈晓华：《坚持走中国特色农业现代化道路》，《农业经济问题》2009 年第 10 期。
④ 毛飞、孔祥智：《中国农业现代化总体态势和未来取向》，《改革》2012 年第 10 期。
⑤ 陈锡文：《推动城乡发展一体化》，《求是》2012 年第 23 期。
⑥ 宋洪远、赵海：《我国同步推进工业化、城镇化和农业现代化面临的挑战与选择》，《经济社会体制比较》2012 年第 3 期。陈志峰等：《工业化、城镇化与农业现代化"三化同步"发展的内在机制和相关关系研究》，《农业现代化》2012 年第 3 期。崔凯、冯献：《"四化"演进轨迹：1950—2012 年》，《改革》2013 年第 7 期。李二超、韩洁：《"四化"同步发展的内在机理、战略途径与制度创新》，《改革》2013 年第 7 期。

发展水平差异巨大，关于区域性的专门性研究还有待补充。总体来说，西部地区自然资源较为丰富，具有显著比较优势，农业现代化发展具备跨越提升的先天条件。且随着西部大开发战略的纵深推进与实施，各类要素资源不断往西部集聚，为农业现代化发展助"一臂之力"。但另一方面，西部地区在经济、社会领域滞后于东中部地区，甚至全国水平，自我发展能力较低，农业现代化是我国经济、社会发展中的"短板"。且西部域内地域广阔、地形地貌各异、农业现代化发展水平参差不齐、发展差异逐步拉大，充分体现了西部农业现代化演进过程的复杂性。从这个层面来讲，推动西部农业现代化发展与演进将成为我国农业现代化的终点和落脚点。在此情况下，将研究地域视角聚焦"西部"，不仅可以全面体检西部农业现代化发展状况及演进过程规律、研判农业现代化演进阶段以及找准各类制约"屏障"，而且可以检验国家实施西部大开发战略政策效果，为持续推进西部地区农业现代化演进提供依据。同时，基于域内结构性差异的剖析，可以认知西部农业现代化地域分布特征，理清西部各地区农业现代化的结构性差别与规律变异，为西部制定差异化战略提供理论指导借鉴。

（二）对农业现代化指标选择过于"泛化"和延伸，量化测度方法具有浓重主观色彩，研究结论精度和准度有待进一步提高

农业现代化是一个动态演变的过程，其概念和特征也随着时间推移不断丰富和完善，对于相应的量化指标选择也应尽量与时俱进、兼具代表性和典型性。但由现有研究成果综述发现：现阶段学者在农业现代化指标选择时还较为随意、零散且不统一、操作性较差，没有形成统一意见和共识。且存在偏离农业现代化的概念和特征范畴，对农业现代化指标选择过于"泛化"和延伸的现象，对后续研究形成诸多困扰和误导。同时，在量化分析方法选择时，国内外学者大多倾向运用专家打分法、AHP等主观性较强的测度方法，无法形成对农业现代化发展水平的真实、客观认知，形成结论也千差万别、缺乏统一性。针对国内外学者已有关于农业现代化指标，选取代表性、典型性、匹配性和应用性较强的指标，研究的必要性和意义不言而喻。同时，基于指标体系，克服量化方法的主观性偏见，寻求客观性较强方法进行替代，无疑会形成可信度较高的研究成果。

（三）缺少关于农业现代化演进过程解构与规律变异的探析

现阶段关于农业现代化研究大多从外部视角展开，关于农业现代化自身发展研究大多止步于农业现代化概念特征以及指标体系定性研究。通过定量研究刻画农业现代化演进过程并解构演进过程规律的研究还十分鲜见，研究有待进一步补充和深化。以此为出发点，通过对西部农业现代化演进过程的解构，并将其同农业现代化演进一般规律进行比对分析，可以揭示农业现代化一般规律在西部特定条件下发生变异的性质、程度及表现形式，有助于推动农业现代化理论深化，可以发现新矛盾、新问题，从其特殊性中提炼出一般认识，对现有理论形成有益补充。同时，通过对西部农业现代化演进过程的综合性认识，还可以为实践操作提供经验作证，制定切实可行、时效性较好、匹配性强的政策，为推动西部农业现代化发展及其特色道路选择提供指引。

（四）缺少促进农业现代化演进的影响因子及机理的系统性实证研究

现阶段关于农业现代化成因解释以及影响因素的研究基本上集中于定性描述方面，系统性实证研究还十分缺乏，且基本上集中于"三化"同步协调外部性视角。但一般而言，事物发展是内部因素与外部因素共同作用的结果，且在任何事物发展中，内因才是事物演变和发展的根本原因。在无视内因的情况下，模型中单独分析外因影响效应可能并不准确，从这个层面来说现阶段研究还过于零散，缺乏从内部和外部的双重视角对农业现代化演进因素的系统整合。同时，研究并未上升到机理层面，缺乏能有效解释西部农业现代化演化规律的理论认知。在研究数据选择方面，大多拘泥于时间序列与截面数据的运用，样本容量有限。面板数据兼具时间与截面两个统计维度，统计信息会更加丰富，弥补了样本容量有限的缺陷，更易得到可靠的研究结论。

（五）在计量方法选择上，大多拘泥于传统计量方法运用，忽视了空间计量以及非线性等前沿计量方法应用

空间计量经济学改变了经典计量经济学数据无关联和匀质性的假定，将空间权重纳入分析模型，考虑空间相关性对经济活动的影响，使模型更加贴近客观现实[1]，使研究意义更为丰富。非线性计量是对线性计量模型的发展，可以解释各变量的门限转换特征，为某些变量在线性条件下的不显著性提供进一步拓展的依据。当然，也就为研究西部农业现代化演进过程及机理提供了一个新分析视角和可靠分析手段。

鉴于此，本书将以前人研究为起点，构建理论分析框架，综合运用多种定性、定量方法与手段，系统刻画西部农业现代化演进过程及其差异性，解析西部农业现代化演进机理，并基于理论与实证结论提出推进西部农业现代化演进的主要途径与对策。为学术界深化对西部这一特定的经济和地理范畴的农业现代化演进过程规律性认知提供理论参考，为政府制定全局及局部农业现代化发展政策，尤其是西部农业现代化推进政策提供决策咨询依据。

---

① 李婧、谭清美等：《中国区域创新生产的空间计量分析》，《管理世界》2010 年第 7 期。

第二章 农业现代化演进理论分析框架

要全面认知农业现代化演进问题，首先必须搭建相应理论分析框架，不仅要理清农业现代化及几组易混淆的概念、农业现代化主要类型和模式，形成基本认知，还要建立相应理论分析模型，揭示农业现代化演进过程及其所具备条件，以及筛选农业现代化代表性、典型性指标和科学性较高的量化方法展开综合测度。基于此，本章主要内容包括四部分：相关概念与辨析、农业现代化主要类型与基本认知、农业现代化演进理论分析模型以及农业现代化指标筛选与量化方法等。

第一节 相关概念与辨析

一、农业现代化概念界定

参照现阶段专家学者对农业现代化的研究成果以及 2007 年中央 1 号文件精神，从过程和结果两个层面对农业现代化进行概念界定，以此搭建全书概念框架。本书认为农业现代化是改造传统农业的过程，是用现代物质条件装备农业，用现代科学技术改造农业，用现代产业体系提升农业，用现代经营形式推进农业，用现代发展理念引领农业，用培养新型农民发展农业。从过程上来看，农业现代化发展是要不断提高农业机械化、水利化、化学化、电气化、科技化、适度规模化、生态良性化、专业化以及生产者知识化。从结果上看，农业现代化发展是要提高农业劳动生产率、土地产出率和商品化率。其所蕴含特征如下：

（一）农业机械化

从系统角度讲，农业机械化是以无生命综合体，通过"化"的过程，为有生命的农业生产系统服务，而其服务手段属于机电工程措施，服务对象和使用环境是农业经济范畴[①]；从应用角度讲，农业机械化是通过各种动力及作业机械完成农业产品生产驱动作业、固定作业和运输作业，用物化劳动代替活化劳动，实现工具革命的过程；从内涵角度讲，农业机械化是用先进工程技术配合生物技术，用机械逐步替代人畜力和手工劳动工具，用新耕作方式、科学技术和大工业对农业进行转化和强化，使农业产品获得多层次加工利用的过程。从内涵角度下的定义是农业经济领域所接受的一种定义方法，本书亦采用这一定义。农业生产作业复杂多样决定了农业机械化内容复杂多样，包括农田种植机械化、多种经营机械化、加工运输机械化等。农业机械化判断标准从本质上讲，既不是农业机械简单堆积，也不是农业动力"多寡"，而是农民在农业生产各环节能享受到的农机服务率，或是农业机械在农业生产各环节对人力的替代率[②]。农业现代化的主要任务之一就是大幅度提高劳动生产率，而农业机械化对于提高单产和作业质量、节约劳动力、提高劳动生产率的意义不言而喻。

（二）农业水利化

毋庸置疑，水利是农业的命脉，农业水利化是农业现代化的重要组成部分，是发展现代农业根本之策。所谓农业水利化，就是通过建设农业水利基础设施（大中型水库、堤坝等）、公共池塘资源系统（水渠、提灌站等）、农田水利设施（田间沟渠、水井、水窖、小水塘等）等，发挥其灌溉、抗旱、防洪等功用，以促使农业旱涝保收、增产稳产的过程。农业水

---

① 刘超：《农业机械化的系统分析》，《江西农业大学学报》2002 年第 5 期。

② 曹阳、胡继亮：《中国土地家庭承包制度下的农业机械化——基于中国 17 省（区、市）的调查数据》，《中国农村经济》2010 年第 10 期。

利化的根本目的是为了发展农业生产，为最大限度地提高单产提供水利条件。农业水利化亦有其标志，需基于国情和农情的变化，充分而动态地表明农业水利设施防洪、除涝和灌溉的能力。从防洪、除涝和灌溉等水利建设的各个具体方面来看，对于保护大面积耕地、经济作物区、重要城镇和工矿区的防洪工程，应能防御百年一遇洪水；除涝工程应能排除十年一遇洪水；灌溉工程应达到80%左右耕地有灌溉设施，并能防止五年一遇旱灾①。

（三）农业化学化

科学技术日新月异，尤其是20世纪60年代开始的"绿色革命"以来，以化肥、农药、高产谷物品种等为代表的农业技术得到广泛推广并大量运用于农业生产中，以改良土壤、防治虫害等，农业增产增收效应明显。农业化学化对农业生产的作用在一定时期内凸显。从某种程度上来说，农业化学化已成为农业增产、农民增收的重要物质基础，是农业现代化的一个重要方面。所谓农业化学化，是指在农业生产各环节上，广泛地采用化学产品、化学方法来提高农产品单位面积产量和质量、土地产出率和劳动生产率，减轻劳动强度，改善劳动条件，以获取农业收益最大化的过程。农业化学化包括施用化肥、利用化学药剂防治动植物的病虫害和清除杂草、在畜牧业中使用配合饲料、在酸性土壤上施用石灰、在盐碱地施用石膏和广泛利用塑料薄膜等几个基本方面。

（四）农业电气化

农业电气化指的是电能在农业生产和农村生活领域中的广泛应用，包括农业中电能的生产、输送、分配和利用，以电力为动力的农用技术装备发展，农村家用电子、电器设备推广等。农业电气化是农业生产机械化和

---

① 王树春：《农田水利设施建设制度的变迁与匹配性分析》，《天津商学院学报》2007年第11期。

自动化的重要技术基础，它使农业更快地摆脱了传统种植技术限制，为农业机械化和自动化搭建了广阔而牢固的技术平台，极大地实现了机械和电力对人工劳动的"替代"，促进了农业生产技术尤其是技术装备的推广和进步，大大提高了劳动生产率和土地产出率。同时，农业电气化也进一步为工业"反哺"农业提供纽带作用。

（五）农业科技化

农业科技化是指依托农业科学技术，开发先进而成熟的、具有较高经济效益的农业科技成果，并及时将其转化为农业发展所需技术，应用于农业的过程。农业科技主要是用于农业生产方面的科学技术以及专门针对农村生活方面和一些简单的农产品加工技术。农业现代化从某种程度上来说，就是用现代科学技术改造传统农业的过程，需要强大科技后盾作为支撑。农业科技化要求将农业研发、技术推广和农业生产活动有机结合起来，促进农业生产率提高、产业结构优化和农业可持续发展，从而推动农业现代化发展。可见，农业科技化是农业现代化的本质特征、重要组成部分和必然选择。

（六）适度规模化

小农分散生产经营依然是我国农业主要的生产经营方式，这种经营方式的制约性不断凸显，使得促进农业适度规模经营以获取和分享规模经济的呼声应运而生。所谓农业适度规模化，是指在一定的经济、技术和自然条件下，农户充分利用和合理组合各种农业生产要素和资源，使有限的农业生产要素投入获得最佳经济效益的过程[①]。其核心是各生产要素的合理和适量投入以实现效益最大化。农业适度规模化有助于节支增效和提高劳动生产力，有利于科技推广和机械化普及，有利于土地产出率、产品商品率

---

① 恰亚诺夫：《农民经济组织》，中央编译出版社 1996 年版。杨素群：《农业经营适度规模解析》，《唯实》1998 年第 3 期。

和劳动生产率提高，是农业现代化的微观基础与最根本途径。

（七）生态良性化

所谓农业生态良性化，是指通过各种环境保护和生态修复方式及手段，确保农业生产全过程低消耗、低污染的过程。其实质就是发展生态农业，注重农业的生态性、绿色性、循环性和可持续发展，提倡农业生产要素减量化、农业生产清洁化和农业废弃物资源化。而农业现代化注重在改造传统农业过程中，把生态系统纳入经济系统中加以考虑，提倡一种动态稳定经济，不破坏环境，不滥用自然资源，从而保持农业生产长久持续发展。可见，资源节约、环境友好、可持续发展等理念已成为其题中要义，农业生态良性化是新形势、新阶段与新常态下，农业现代化发展的改进方向和重要特征。

（八）专业化

所谓专业化，是指一个人或组织减少其生产经营活动中不同职能的操作的种类，或者说将生产经营活动集中于较少的不同职能操作上[①]。经典理论已经证明分工和专业化能够促进经济增长，是经济发展主线和本质特征。专业化在农业发展上的运用，即农业专业化主要是各地区或农业企业由原来从事多种生产项目、生产多种产品转变为专门或主要从事某种或某几种生产项目或产品，甚至只从事农产品生产过程的某一个生产环节生产活动，包括生产经营专业化、区域布局专业化和社会服务专业化等。农业专业化可以充分利用各地的农业自然资源和社会经济条件，发挥各地区比较优势，有利于合理配置资源，节约生产经营成本，提高农产品商品率和劳动生产率，促进采用非专业化和非分工生产方式进行简单生产劳动、简单商品生产和商品交换的传统农业转变为高度分工与专业化、社会化的现代农业。

---

① Leibenstein, H., *Towards a Theory of Demographic-economic Development*, Princeton University, 1951.

农业专业化具有明显集聚效应、分工效应、竞争效应、协作效应和品牌效应，是农业现代化本质特征和发展方向。

（九）生产者知识化

与传统农业相比，现代农业发展所面临的市场不再是简单商品交换，而是更为复杂的开放市场；所需要的不再是简单粗放的生产方式，而是更为复杂精细的生产方式；所依靠的不再是传统农耕技术，而是更为先进的农业生产技术。因此，现代农业对农业生产者的要求亦不断提高，要求农业生产者更有文化、更懂技术、更会经营。所谓生产者知识化，是指农业生产者人力资本开发和深化的过程，即通过正规教育、培训、迁移、保健等投入，农业生产者的体质水平、科技文化水平和劳动态度不断提高和改进的过程。农业现代化需要知识化的农业生产者与之相匹配，生产者知识化也是农业现代化的内在要求。而归根结底，这里"农业生产者"主要还是指农民，他们是农业现代化的主力军。打造一支整体素质水平高、知识化的人才队伍，并投入到现代农业发展中，是推进农业现代化的必然要求。

二、几组概念比较与辨析

本书紧紧围绕"农业现代化"这一核心概念提出和分析问题，必须建立在对"农业现代化"概念的明晰界定基础之上。上文已对"农业现代化"概念进行了初步界定，为了更加明晰研究核心概念的内涵和外延，有必要对与"农业现代化"相关或相似概念进行辨析，诸如"现代化""现代农业""农村现代化"等。

（一）农业现代化与现代化

对于现代化的确切含义，因不同学科背景和视角而异，学术界尚无一致看法。综合来看，现代化的含义有以下几种代表性观点：一是马克思主义观点，即现代化是指非西方社会落后国家在西方资本主义崛起并占据世界中心以及形成世界性国际资本体系的格局下，如何通过科学技术革命，在经济上赶超世界先进水平的过程。二是工业化论，即现代化实质上就是工业化，是经济落后国家实现工业化进程，是人类社会从传统农业社会向现代工业社会转变的历史进程①。三是社会变革论，即现代化是指一种心理态度、价值观念和生活方式全面而理性变革和发展的过程②。四是综合论，即现代化是指自 16 和 17 世纪科学革命以来所导致的"传统社会"向"现代社会"过渡的全方位急剧变动过程的统称，这一过程涉及政治的、经济的、社会的、思想的各个方面变化。总之，现代化是一个动态过程概念，是传统社会向现代社会多层次、全方位的不断转变和深化过程，是一个地区或国家社会经济全面进步的标志，是全球性发展趋势。基于此，可知农业现代化与现代化的联系与区别。现代化与农业现代化都是一个过程概念，两者是包含与被包含关系，现代化所涉及的范畴远大于农业现代化，农业现代化是现代化的重要内容。

（二）农业现代化与现代农业

关于现代农业的界定，学术界众说纷纭，但有以下共识：现代农业是传统农业质变后的新农业，是一个农业类型范畴；现代农业是产业体系更为完整的、技术密集型的、市场导向型的、产业化经营的、多功能型农业③。可见，现代农业是相对于传统农业而言的，是传统农业逐渐发生量变，最终发生质变后的"新农业"，是从传统农业转变而来的农业发展新阶段。而农业现代化不仅仅是指由传统农业向现代农业转化的过程，还包括转化成功即实现了现代农业之后的农业发展过程，该过程从改造传统农业开始，并不断发展，永无止境，即不断改造传统农业，发展现代农业的各

---

① Daniel Lerner, *The passing of traditional Society*. New York, Free Press, 1958.

② Weber, M., *Economy and Society: An Outline of Interpretive Sociology*, University of California Press, 1978.

③ 胡恒洋、刘苏社等：《关于现代农业建设的认识和政策建议》，《宏观经济管理》2007 年第 2 期。

种手段的运用，而此发展过程和手段运用都是围绕着建设和发展"现代农业"这个目标进行的。显然，农业现代化与现代农业并非同义词，两者相互联系又相互区别。从内涵上来看，现代农业是农业现代化的目标。而农业现代化是实现和发展现代农业的过程及手段；从时间外延来看，农业现代化泛指从传统农业开始向现代农业转变及转变后的农业发展时期，而现代农业则是指从传统农业向现代农业转变后的农业发展时期。因此，农业现代化的时间要长于现代农业。鉴于二者的联系与区别，对于二者的研究应有所侧重，区别对待。

（三）农业现代化与农村现代化

对于农村现代化的理解，主要是基于整个社会经济发展及其现代化角度，以农村为中心，并将其置于整个社会经济大系统的现代化之中，包括以下几个方面的基本内涵：一是农村现代化的物质基础——农业现代化，即在农村现代化过程中，传统种植农业逐步转型为机械化、水利化、化学化、电气化、科技化、适度规模化、生态良性化、专业化以及生产者知识化的现代大农业；二是农村现代化的主要内容——经济现代化，即在农村现代化过程中，传统农村经济逐步转变为市场化、工业化、城镇化、持续化的现代市场经济；三是农村现代化的重要方面——社会现代化，即在农村现代化过程中，逐步实现农村社会民主化、法制化、文明化、稳定化；四是农村现代化的基本保证——制度现代化，即在农村现代化的过程中，逐步实现制度创新，规范政府行为，强化政策导向[①]。而农业现代化则主要是从农业生产及其发展变化的不同角度理解。因此，农业现代化与农村现代化间还是存在明显差异的，是被包含与包含关系。农业现代化只是农村现代化的重要组成与物质基础。

---

① 郝云宏、雷原：《农村现代化的基本涵义与衡量指标》，《甘肃社会科学》1999 年第 4 期。

第二节 农业现代化主要类型与基本认知

一、农业现代化主要类型和模式

发达国家和新兴经济体国家综合运用各种措施和手段对传统农业进行改造，实现了农业现代化的快速发展，为后发国家和地区的农业现代化发展提供了可资借鉴的范本、指引后发国家和地区的前进方向。但每个区域的基础条件、资源禀赋和比较优势千差万别，农业现代化的类型和模式也会因时空变换发生"变异"，后发地区和国家的农业现代化发展不能完全"复制"已有模式和经验。即便如此，我们仍可以通过对已有的农业现代化类型和模式进行归纳与总结，从异质性中归纳同质性，在个性中寻求共性，并形成基本认识，奠定研究的起点和基础。从世界农业现代化的类型和模式来看，主要分为"地多人少"的美国模式、"人多地少"的日本模式以及"人地适中"的欧盟模式①。为便于分析，结合舒尔茨（1964）② 关于农业现代化为"运用技术改造传统农业"的技术进步过程的概念内涵，将上述几种类型和模式进一步提炼为劳动节约型、资本节约型以及中性技术进步型三种。

（一）劳动节约型农业现代化模式：美国模式

美国地域辽阔、人口稀少，土地要素、机械设备等农业物质资本的价格较低，但农业发展的劳动力要素较为稀缺，获取成本和价格较高。为化解农业生产中劳动力成本高昂的制约，农场主基于比较优势原则，使用土

---

① Kennedy，P. M.，Milligan，L. P.，"The Degradation and Utilization of Endogenous Urea in the Gastrointestinal Tract of Ruminants：A Review"，*Canadian Journal of Animal Science*，2，1980。早见次雄、费农·拉坦：《农业发展：国际前景》，商务印书馆 1993 年版。

② 西奥多·W. 舒尔茨：《改造传统农业》，商务印书馆 2006 年版。

地和机械来实现劳动力的置换与替代，通过劳动力节约的途径实现农业现代化，以使农业生产中的资本—劳动比例达到最优。当然这种"替代效应"依赖于经济发展实力、工业化基础以及政府施行的土地租佃制度和鼓励建立合作社等外部条件的支撑。

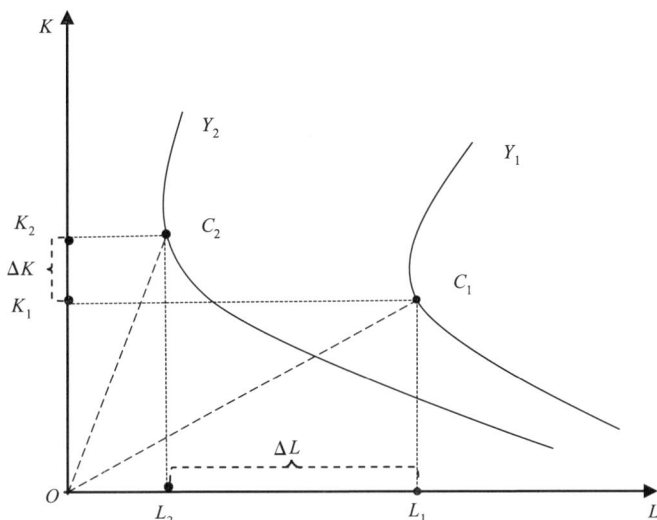

图 2 - 1 劳动节约型农业现代化模式的运作示意图

为更为直观地反映劳动节约型农业现代化模式的运作机制，绘制其运作的示意图如图 2 - 1 所示。图中，Y_1 和 Y_2 表示产出曲线，其所对应的物质资本和劳动力投入组合为（K，L），等成本曲线为 C。假定生产同样单位产出 Y，在产出曲线 Y_1 下，所需的物质资本 K 和劳动力 L 的组合为（K_1，L_1），所对应的等成本曲线为 C_1。在产出曲线 Y_2 下，所需的物质资本 K 和劳动力 L 的组合由（K_1，L_1）变为（K_2，L_2），对应的等成本曲线位置发生明显变化，由 C_1 移动至 C_2。很显然，在劳动节约的农业现代化模式下，$\dfrac{L_1}{K_1} \neq$ $\dfrac{L_2}{K_2}$，$K_2 > K_1$，$L_2 < L_1$，劳动力节约份额 ΔL 大于物质资本的节约份额 ΔK。所以，在劳动节约的农业现代化模式下，劳动力在投入要素组合中所占的份

额下降，且劳动的节约幅度要高于资本的节约幅度，农业劳动者的生产效率提高。

（二）资本节约型农业现代化模式：日本模式

日本在农业现代化推进中所面临的情况同美国正好相反。日本人均占有耕地面积十分低下，尚不及美国人均耕地面积占有量的1/18。在农业现代化尚未推进之前，其也是典型的小农经济，土地价格十分昂贵，资本家因成本过高不愿投资农业，广大农民受传统观念的影响也并不愿意出售自己的土地，农业的弱质性特性十分明显，先天的土地资源制约使日本并没有走上美国式的农业现代化之路。相反，日本劳动力要素充裕，这是其推进农业现代化的比较优势。同时，随着"以工补农"力度的增强，农业生产资料的价格下降等因素影响，也为比较优势的发挥创造了得天独厚的外部环境条件。为此，日本因地制宜确定了优先水利化、化学化而后机械化的方针，将生物技术的研究和推广、施肥方法的改进、土壤的改良等置于极其重要的地位，在贯彻适应小规模经营的小型化、灵巧化的发展原则的基础上，引进国外先进的农业机械，并对其进行研究、改进，以适应本国的发展实际，走上了一条提高单产的"资本节约型"的农业现代化发展道路。

为进一步剖析资本节约型的农业现代化模式的运作机制，绘制示意图如图2-2所示。若生产同样单位的产出 Y，在产出 Y_1 曲线下，其所需要的物质资本要素 K 和劳动力要素 L 的组合为（K_1，L_1），此时所对应的等成本曲线为 C_1。在产出曲线 Y_2 下，所对应的物质资本要素 K 和劳动力要素 L 的组合变为（K_2，L_2），此时所对应的等成本曲线为 C_2。随着农业现代化的推进，产出曲线和等成本曲线都发生了显著的位置变化和移动。很显然，在这种农业现代化模式下，$K_2 < K_1$，$L_2 < L_1$，$\frac{L_1}{K_1} \neq \frac{L_2}{K_2}$，物质资本的节约程度 ΔK 大于劳动力的节约 ΔL（$\Delta K > \Delta L$）。虽然日本的农业现代化模式选择同美国存在差异性，但结果是一致的，都化解了短缺资源的制约瓶颈，充分利用了优势资源，发挥了比较优势，提高了农业的劳动生产率。

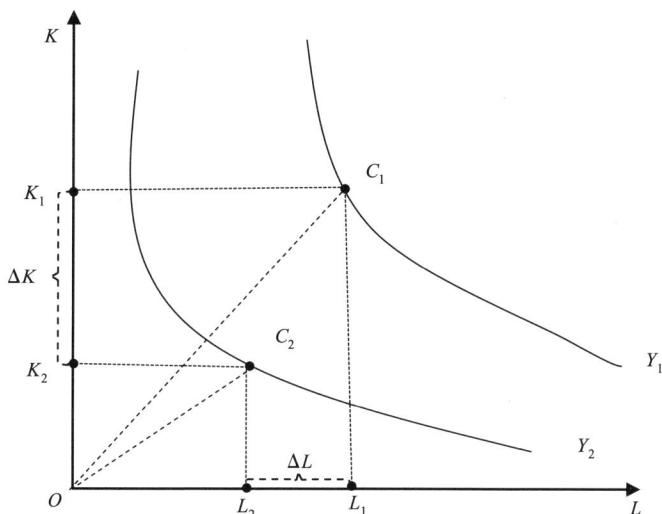

图 2-2　资本节约型农业现代化模式的运作示意图

（三）中性技术进步型农业现代化模式：法国模式

除上述两类典型的农业现代化类型，还有一种"人地适中"的欧盟模式，或称为"中性"技术进步型农业现代化模式。这种农业现代化模式介于劳动力节约型和资本节约型模式之间，实现了资本和劳动的"双重"节约。为此，以法国为例展开"中性"技术进步型农业现代化类型的分析。法国的资源禀赋条件同美国和日本都不相同。从劳动力资源和耕地资源两种资源来看：法国既没有面临美国那样的劳动力短缺问题，也没有面临日本那样的耕地短缺问题。亦即此，法国的农业现代化模式充分汲取了美国"劳动节约型"模式和日本"资本节约型"模式的优点，实现了机械技术与生物技术并举协调，走上了一条资本和劳动力"双重"节约的"中性技术进步型"农业现代化发展道路。

依然运用上述方法，绘制示意图 2-3 反映中性技术进步型的农业现代化模式的运作机制。依然假定生产单位产出 Y。在产出曲线 Y_1 下，其所需要

的物质资本 K 和劳动力 L 的组合为 (K_1, L_1)。而在产出曲线 Y_2 下，所需的投入要素组合变为 (K_2, L_2)。在农业现代化推进后，产出函数位置发生变化，但等成本曲线 C 的斜率则并没有发生变化。在这种模式下，$K_2 < K_1$，$L_2 < L_1$，$\dfrac{L_1}{K_1} = \dfrac{L_2}{K_2}$，物质资本的节约程度 ΔK 等于劳动力的节约 ΔL（$\Delta K = \Delta L$），物质资本和劳动实现双重节约。

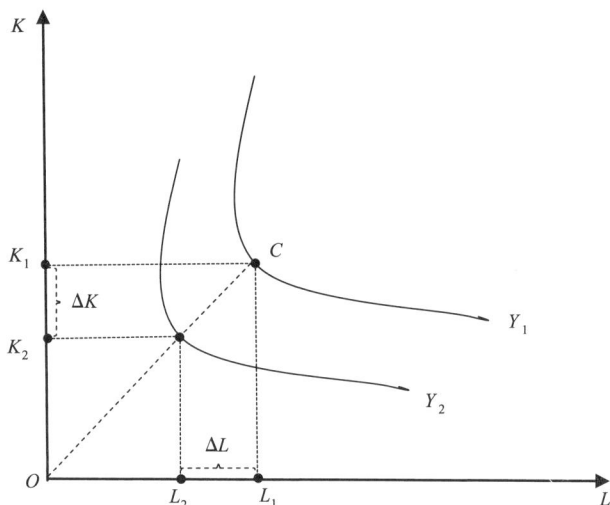

图 2 - 3　中性技术进步型农业现代化模式的运作示意图

二、农业现代化演进简单认知

（一）资源禀赋和比较优势是农业现代化演进的先决条件

农业现代化的演进依赖于资源禀赋和比较优势。在美国资源禀赋结构中，耕地面积广、地势平坦，但劳动力较少、成本较高，要实现农业现代化的发展必须突破农业劳动力较少、成本较高的约束条件和客观事实。所以，美国最终选择了"劳动节约型"的农业现代化发展模式。日本地少人多，地形复杂，人地矛盾比较尖锐且农田分散，土地规模经营难以扩大，日本的农村成了小生产者的"汪洋大海"。为此，日本基于劳动力资源较为丰富的比较优势，走上了一条"资本节约型"的农业现代化道路。法国立足自身发展国情，走出了一条既不同于美国也不同于日本的"中性技术进步型"的农业现代化道路。虽然每个国家的农业现代化模式不同，但均实现了优势要素对劣势要素的"取长补短"和有效替代，推进了农业土地产出率、劳动生产率的提高。从这个层面来说，资源禀赋条件和比较优势是农业现代化推进的先决条件。当然，这也警示后发地区在实现农业现代化发展中应结合自身的资源禀赋，从实际出发，创新发展模式，走出一条特色农业现代化道路。

（二）农业现代化演进意味着农业发展阶段转变和跨越

在农业现代化尚未推进前，西方发达国家也面临着农业发展的诸多矛盾问题：农业发展的资源约束突出、技术进步速度缓慢、产出增长变动基本上依靠传统要素以及耕作经验的代际传递驱动，农业的劳动生产率、土地产出率和商品化率均较低，这些均已在上述阐释中得以证明。从农业发展阶段层面来看，这一阶段应为传统农业阶段。随着农业现代化的发展，传统农业的固有特征将被打破，农业发展进入全新的阶段，即现代农业发展阶段。在现代农业阶段，物质能量循环实现转变，传统农业的能量和物质封闭圈被打破，外来的能源和物质进入循环过程，技术进步成为推动农业发展的动力源泉[①]。实现传统农业向现代农业的阶段跨越，是农业现代化演进的重要目标。农业也将成为经济和社会发展的重要部门。

（三）农业现代化演进是农业生产函数转变与技术进步的过程

农业生产函数反映的不仅是农业生产中各要素数量比例所对应的产出关系，而且表现为一种技术制约关系，是在既定的生产条件下，生产要素所达到的临界组合。由上述分析可知，无论在哪一种模式下，农业现代化的发展实际上就是农业生产函数内部结构、配比转变和互补的过程。当农

---

① 陈锡文：《中国特色农业现代化的几个主要问题》，《改革》2012 年第 10 期。

业劳动力要素稀缺时，就要通过资本对劳动力的替代，改变劳动力要素在生产函数中所占比重，达到节约农业劳动力要素的目的，从而实现农业生产函数中各类要素配置效率的最优化。当面临农业生产中物质资本稀缺、劳动力要素丰富的情形时，通过改变农业生产函数中的物质资本配置比例，就可以通过节约物质资本的途径改进农业生产函数中各要素的配置效率。当然，物质资本和劳动力的优化配置与质量提高，也是技术进步的重要内容。所以，农业生产函数的变化也是农业生产技术进步的过程，这也与经典的农业现代化的概念内涵不谋而合。但传统农业生产函数基本上将技术看成是一个恒定变量，无法体现技术进步及其时间趋势，若运用其分析农业现代化演进，则需对其进行改进，这在后面会重点分析，此处就不再赘述。

第三节　农业现代化演进理论分析模型

由上述分析可知，农业现代化演进是农业发展阶段跨越与农业生产函数转变的过程。基于此，本节将从认知不同发展阶段农业生产函数类型出发，建立农业现代化演进的理论分析模型，从理论层面揭示农业现代化演进的过程与条件，搭建一个简易的农业现代化演进的分析框架，为后续研究提供理论支撑。

一、不同阶段农业生产函数形式

由理论基础部分我们可知，支撑农业发展阶段划分的理论主要有"梅勒理论""韦茨理论"以及"速水佑次郎理论"三种。三种理论从不同层面对农业发展阶段进行划分，特色各异，但都为研究提供了有益的理论借鉴基础。对各种理论进行综合对比并结合上文中对农业现代化演进的简单认知，选取"梅勒理论"作为建立农业现代化演进理论模型的前提基础，并分别阐释在农业各个发展阶段农业生产函数的类型。为此将农业发展过程划分为技术停滞阶段、"低资本"技术阶段和"高资本"技术阶段。

技术停滞阶段也可以称为传统农业阶段。在此阶段，农业部门是独立的、静态的，农业生产全部依赖于传统要素投入。农业生产函数可以表示为：$Y = F(E, L)$。此生产函数假设农业部门的生产要素只有劳动力 L 和土地 E。土地资源作为一种先天的资源禀赋，在农业部门独立、封闭的情形下，土地数量和规模在特定的时段内可以看成是固定不变的，或者变动幅度较小。所以，由农业生产函数的"一阶齐次性"可知，农业部门的发展全部取决于劳动力 L 的对称性增加。农业生产技术为一个恒定的变量或变动非常缓慢。随着农业部门的扩张，在土地总面积不变的情况下，单纯的劳动力 L 的对称性增加，会使过度的劳动力"拥挤"于限定的土地面积上，造成劳动生产率下降。

在"低资本"技术农业发展阶段，农业部门与其他部门的联系日益紧密，经济和社会发展对农产品的需求迅速"升温"，农业逐步成为推动国民经济增长的重要部门。在"低资本"技术农业发展阶段，农业技术研发、运用和推广较为稳定，已成为驱动农业发展的重要支撑条件，但受工业化发展层次深度以及经济发展阶段的制约，农业生产中物质资本较为稀缺，成本高昂。在"高资本"技术农业发展阶段，农业部门在整个经济部门所占的比重逐步下降，受非农部门经济扩张的影响，农业部门人地矛盾问题缓和，农业生产规模扩大，资本要素变得相对富裕，劳动力要素则相对稀缺，为资本替代劳动提供了千载难逢的契机。通过对比发现：在"低资本"技术农业阶段和高资本技术农业阶段，农业生产函数的"静态"状态被打破，农业技术进步速度加快，随着时间的推移不断提高。但在这两个阶段技术进步作用的路径是不同的。在"低资本"技术农业发展阶段，技术进步通过作用于劳动力的边际生产力，提高劳动力在产出贡献的份额，实现农业产出的增长。而"高资本"技术农业发展阶段，技术进步主要通过作用于资本的边际生产力，提高资本在产出贡献的份额，以促进农业产出增长。但无论哪种技术进步类型，其所产生的结果都是一样的。为此，可将后两个阶段的农业生产函数设置为：$Y = F(K, L)$，其中，K 表示物质资本投入，L 表示劳动力。若要考虑劳动力的"异质性"，农业生产函数又可以设置为：$Y = F(K, H)$，H 表示体现农业劳动力素质差异的人力资本，在下面的论述中将重点分析。

二、农业现代化演进过程及条件

从某种意义上来说，推动农业生产函数转变的关键因素可以看作是农业现代化演进的重要条件。发展经济学经典理论为解析农业现代化演进过程及条件提供了很好的研究思路。农业现代化会沿着新古典框架下的物质资本推动机制与内生发展框架下的人力资本推动机制两条路径演进。在新古典框架下，物质资本被引入农业生产函数，并被新古典学派看作是农业产出增加的重要源泉，尤其是随着工业化发展深化，物质资本积累速度加快，其对农业产出增加的影响效应逐步深化。在内生框架下，人力资本被引入农业生产函数中，内生学派普遍认为物质资本对产出增长的影响效应离不开人力资本的协同配合，离开人力资本支撑的物质资本并不能作为推动农业产出增加的单独变量。当一项物质资本操作需要新技术时，其实施速度往往取决于技能的投资速度，受到人力资本投资牵制[1]。为此，以新古典框架和内生框架为基础，分别从物质资本驱动机制和人力资本驱动机制的视角，搭建理论分析框架，在理论层面揭示农业现代化演进过程及条件。首先分析新古典框架下农业现代化演进的条件。参照上述分析，将传统农业总体生产函数的形式设定为式（2-1），并假定农业总体生产函数是一阶齐次且二次可微。

$$Y_1 = F(E,L) = A_1 E^\alpha L^{1-\alpha} \qquad (2-1)$$

式（2-1）中，L 表示劳动力，E 表示土地。与上部分阐释的长期内土地总量恒定的假定不同，在此部分放宽假设认为土地面积并不是恒定的，而是可变的。从我国发展实际来看，受城镇化加速、退耕还林以及房地产

---

① 郭剑雄：《人力资本、生育率与内生农业发展——兼论进入工业化中期阶段后的农业发展动力》，《南京大学学报》2006 年第 4 期。

开发等需求"刚性"影响，土地面积的波动幅度十分剧烈，放宽土地面积不变的假设更符合现实的发展实际。同时，为了研究方便，进一步将式（2-1）农业总体生产函数改写成劳均产出函数形式。将式（2-1）两边同时除以劳动力数量 L 即可得：

$$\frac{Y_1}{L} = \frac{F(E,L)}{L} = F(\frac{E}{L},1) = F(\frac{E}{L}) = f(e) \qquad (2-2)$$

式（2-2）中，令劳均产出 $\frac{Y_1}{L} = y_1$ 和劳均土地要素 $e = \frac{E}{L}$ 为自变量重新表述，并将其设定为式（2-3）。

$$y_1 = F(\frac{E}{L}) = f(e) = A_1(\frac{E}{L})^\alpha \qquad (2-3)$$

式（2-3）中，A_1 为技术类型，α 为人均土地的产出弹性，劳均产出随着劳均土地面积而增加。在新古典框架下，物质资本被引入农业生产函数之中，成为农业现代化演进的重要推动因素。为此将新古典框架下农业总体生产函数的形式设置为：

$$Y_2 = F(K,L) = A_2 K^\beta L^{1-\beta} \qquad (2-4)$$

式（2-4）中，K 为农业生产中的物质资本。依然延续上述的思路，进一步将新古典框架下的农业总体生产函数改写成劳均产出函数形式，在式（2-4）两边同时除以劳动力数量 L，即可得：

$$\frac{Y_2}{L} = \frac{F(K,L)}{L} = F(\frac{K}{L},1) = F(\frac{K}{L}) = f(k) \qquad (2-5)$$

式（2-5）中，令新古典框架下的农业劳均产出 $\frac{Y_2}{L} = y_2$ 和劳均资本要素 $k = \frac{K}{L}$ 为自变量重新表述，并将其设定为式（2-6）。

$$y_2 = F(\frac{K}{L}) = f(k) = A_2(\frac{K}{L})^\beta \qquad (2-6)$$

式（2-6）中，A_2 为新古典框架下的技术类型，α 为劳均物质资本的产出弹性。由式（2-6）可知，劳均产出随着劳均资本的增加而增加。新古典框架下的现代化农业需要一定"量"的物质资本积累才能突破传统农业的人均产出的约束"瓶颈"。亦即，此时农业现代化演进应满足条件 $\max\left(A_1\left(\dfrac{E}{L}\right)^\alpha,\ A_2\left(\dfrac{K}{L}\right)^\beta\right)$。只有当 $y_1 = y_2$ 时，物质资本积累到达其"临界值"，此时才有

$$A_1\left(\frac{E}{L}\right)^\alpha = A_2\left(\frac{K}{L}\right)^\beta \qquad (2-7)$$

将式（2-7）进行整理与变换，就可以求解出新古典框架下，实现农业现代化演进的物质资本积累的"临界值"。为进行区分，将其重新标记为 $\dot{K}$，如式（2-8）。

$$\dot{K} = L\left(\frac{A_1}{A_2}\right)^{\frac{1}{\beta}}\left(\frac{E}{L}\right)^{\frac{\alpha}{\beta}} = \left(\frac{A_1}{A_2}\right)^{\frac{1}{\beta}}E^{\frac{\alpha}{\beta}}L^{1-\frac{\alpha}{\beta}} \qquad (2-8)$$

进一步将式（2-8）进行等价变换可得到式（2-9），对时间求导可得式（2-10）。对等式（2-10）两端同时取对数可得式（2-11）。

$$\dot{K} = \left(\frac{r_2 t}{r_2 t}\right)^{\frac{1}{\beta}}(\rho t)^{\frac{\alpha}{\beta}}(lt)^{1-\frac{\alpha}{\beta}}$$

$$= \left[\left(\frac{r_1}{r_2}\right)^{\frac{1}{\beta}}(\rho)^{\frac{\alpha}{\beta}}(l)^{1-\frac{\alpha}{\beta}}\right]t \qquad (2-9)$$

$$\frac{\partial \dot{K}}{\partial t} = \left[\left(\frac{r_1}{r_2}\right)^{\frac{1}{\beta}}(\rho)^{\frac{\alpha}{\beta}}(l)^{1-\frac{\alpha}{\beta}}\right] \qquad (2-10)$$

$$\ln\left(\frac{\partial \dot{K}}{\partial t}\right) = \ln\left[\left(\frac{r_1}{r_2}\right)^{\frac{1}{\beta}}(\rho)^{\frac{\alpha}{\beta}}(l)^{1-\frac{\alpha}{\beta}}\right]$$

$$= \frac{1}{\beta}[\ln(r_1) - \ln(r_2)] + \frac{\alpha}{\beta}\ln(\rho) + \left(1 - \frac{\alpha}{\beta}\right)\ln(l) \qquad (2-11)$$

为了使结果更为简洁，将式（2-11）进行变量替换，设 $\ln\left(\frac{\partial \dot{K}}{\partial t}\right) = k^*$，$\ln(r_1) - \ln(r_2) = r^*$，$\ln(\rho) = \rho^*$，$\ln(l) = l^*$。式（2-11）可改写成：

$$k^* = \frac{1}{\beta}r^* + \frac{\alpha}{\beta}\rho^* + \left(1 - \frac{\alpha}{\beta}\right)l^* \qquad (2-12)$$

由式（2－12）可知，新古典框架下，农业物质资本积累的速度唯有跨越"临界值"k^*时，才能推动传统农业向新古典框架下的现代化农业跨越，实现农业现代化的演进。此外，通过式（2－12）我们也可以看到，新古典框架下物质资本积累速度的"临界值"k^*与农业生产中技术进步速度r^*、土地增加速度ρ^*以及劳动力增加速度l^*的关系。这也说明，在推动农业现代化进程中，不能将农业技术进步作为唯一内容。耕地的增减速度以及劳动力的增减速度均会制约农业物质资本积累速度到达"均衡点"的时间，制约农业现代化演进。因此，在推进农业现代化的进程中应密切关注耕地面积变化，严守耕地"红线"，深化农地制度改革，不断创新土地流转模式，为加速农业物质资本积累创造条件，进而驱动农业现代化的演进。同时，还应实现劳动力转移与农业现代化演进的协调发展，在促进农业劳动力往非农产业、城市转移中，谨防局部地区劳动力的过度转移对农业现代化演进的不良影响。

三、假设拓展与农业内生发展模型

新古典框架下农业现代化演进条件成立是建立在劳动力"同质性假说"的基础上。基于这一假说，新古典学派运用标准的经济学处理方法将劳动力的影响简洁化、严密化。但在现实发展实际中，劳动力是由不同年龄、性别禀赋且经过不同层级教育铸塑过的差异化个体[1]，具有明显的异质性特征。进入工业化中后期以后，劳动力"异质性"的影响效应也会愈发明显。若考虑劳动力的"异质性"特征，上述新古典框架下的农业现代化演进条件可能就不成立。同时，新古典学派认为农业现代化的演进动力源自农业外部，但事实上，任何事物的演变虽然离不开外部条件的支持，但最终决定事物演变方向的仍是内因，农业现代化的演进亦是如此。尤其是当一国的经济发展进入工业化中期以后，推动农业增长的引擎更多来自农业内部，

---

① 郭剑雄、李志俊：《劳动力选择转移条件下的农业发展机制》，《经济研究》2009年第5期。

特别是农业部门的人力资本①。为此，将新古典框架下的劳动力"同质性"假说拓展为内生框架下的"异质性"假说，在农业生产函数中引入农业人力资本，探讨内生框架下的农业现代化演进过程与条件。传统农业的生产函数形式仍然设置为式（2-1）。内生框架下的农业总体生产函数形式设置为：

$$Y_3 = f(K,H) = A_3 K^\gamma H^\varphi \qquad (2-13)$$

式（2-13）中，H 表示农业人力资本总量。沿用上述的分析思路，将式（2-13）中内生发展框架下的农业总体生产函数改写成劳均农业生产函数形式。在式（2-13）两边同时除以劳动力数量 L，即可得：

$$\frac{Y_3}{L} = \frac{F(K,H)}{L} = F(\frac{K}{L},\frac{H}{L}) = f(k,h) \qquad (2-14)$$

式（2-14）中，令内生发展框架下的农业劳均产出 $\frac{Y_3}{L} = y_3$，$k = \frac{K}{L}$，$h = \frac{H}{L}$，并将其设定为式（2-15）。

$$y_3 = F(\frac{K}{L},\frac{H}{L}) = f(k,h) = A_3(\frac{K}{L})^\gamma(\frac{H}{L})^\varphi \qquad (2-15)$$

式（2-15）中，A_3 表示内生框架下的农业技术类型，γ 表示人均物质资本的产出弹性，φ 表示人均人力资本的产出弹性。在内生发展框架下，农业劳均产出随着劳均物质资本和劳均人力资本的增加而增加。仍遵循"人均产出最大化"的原则，基于劳动力"异质性"假说，探讨内生框架下农业现代化演进应满足的条件。内生框架下，农业唯有跨越人均人力资本存量的"临界值"才能实现农业现代化演进，即应满足条件 $\max\left(A_1(\frac{E}{L})^\alpha, A_3(\frac{K}{L})^\gamma(\frac{H}{L})^\varphi\right)$。从中可以得知，唯有当 $y_1 = y_3$ 时，人力资本才能到达"均衡点"。从而有：

---

① 郭剑雄、鲁永刚：《人力资本门槛与农业增长的多重均衡：理论与中国的经验证据》，《清华大学学报（哲学社会科学版）》2011年第6期。

$$A_1 \left(\frac{E}{L}\right)^{\alpha} = A_3 \left(\frac{K}{L}\right)^{\gamma} \left(\frac{H}{L}\right)^{\varphi} \qquad (2-16)$$

将式（2-16）进行整理与变换，就可以求解出内生框架下，实现农业现代化演进的人力资本积累的"临界值"，并将其重新标记为 $\dot{H}$。

$$\dot{H} = \left(\frac{A_1}{A_3}\right)^{\frac{1}{\varphi}} E^{\frac{\alpha}{\varphi}} L^{\frac{\gamma-\alpha+\varphi}{\varphi}} K^{-\frac{\gamma}{\varphi}} \qquad (2-17)$$

进一步将式（2-17）进行等价变换可得到式（2-18），对时间求导可得式（2-19）。对等式（2-19）两端同时取对数可得式（2-20）。

$$\dot{H} = \left(\frac{r_1 t}{r_3 t}\right)^{\frac{1}{\varphi}} (\rho t)^{\frac{\alpha}{\varphi}} (lt)^{\frac{\gamma-\alpha+\varphi}{\varphi}} (kt)^{-\frac{\gamma}{\varphi}}$$

$$= \left[\left(\frac{r_1}{r_3}\right)^{\frac{1}{\varphi}} (\rho)^{\frac{\alpha}{\varphi}} (l)^{\frac{\gamma-\alpha+\varphi}{\varphi}} (k)^{-\frac{\gamma}{\varphi}} \right] t \qquad (2-18)$$

$$\frac{\partial \dot{H}}{\partial t} = \left[\left(\frac{r_1}{r_2}\right)^{\frac{1}{\varphi}} (\rho)^{\frac{\alpha}{\varphi}} (l)^{\frac{\gamma-\alpha+\varphi}{\varphi}} (k)^{-\frac{\gamma}{\varphi}} \right] \qquad (2-19)$$

$$\ln\left(\frac{\partial \dot{H}}{\partial t}\right) = \ln\left[\left(\frac{r_1}{r_3}\right)^{\frac{1}{\varphi}} (\rho)^{\frac{\alpha}{\varphi}} (l)^{\frac{\gamma-\alpha+\varphi}{\varphi}} (k)^{-\frac{\gamma}{\varphi}} \right]$$

$$= \frac{1}{\varphi}[\ln(r_1) - \ln(r_3)] + \frac{\alpha}{\varphi}\ln(\rho) + \frac{\gamma-\alpha+\varphi}{\varphi}\ln(l) - \frac{\gamma}{\varphi}\ln(k)$$

$$(2-20)$$

为了使结果更为简洁，将式（2-20）进行变量替换，设 $\ln\left(\frac{\partial \dot{H}}{\partial t}\right) = \tilde{h}$，$\ln(r_1) - \ln(r_3) = \tilde{r}, \ln(\rho) = \tilde{\rho}, \ln(l) = \tilde{l}, \ln(k) = \tilde{k}$，则可将式（2-20）改写为：

$$\tilde{h} = \frac{1}{\varphi}\tilde{r} + \frac{\alpha}{\varphi}\tilde{\rho} + \frac{\gamma-\alpha+\varphi}{\varphi}\tilde{l} - \frac{\gamma}{\varphi}\tilde{k} \qquad (2-21)$$

由式（2-21）可知，内生框架下，农业人力资本积累的速度唯有跨越"临界值" $\tilde{h}$ 时，才能实现农业现代化的演进。且农业人力资本的积累速度的均衡点 $\tilde{h}$，也会受到农业生产技术进步 $\tilde{r}$、土地增加速度 $\tilde{\rho}$ 以及劳动力增减速度 $\tilde{l}$ 的影响，这在上述论述中都有涉及，此处不再赘述。此外，农业人力资本积累速度的"临界值" $\tilde{h}$ 还与物质资本积累速度 $\tilde{k}$ 有关，且由于 $\gamma >$ 0，$\varphi > 0$，则 $\frac{\gamma}{\varphi} > 0$，农业人力资本积累速度能否突破临界值与农业物质资本的积累速度 $\tilde{k}$ 间存在负向效应，说明过快的农业物质资本积累会对农业人力资本积累形成"挤出效应"，延缓农业人力资本向"临界值"靠近的时间，进而制约农业现代化演进。当然，这也并不能否认物质资本对于促进农业现代化演进的作用。事实上，关于物质资本和人力资本的作用在农业发展的不同阶段的表现可能会存在差异，关于二者的影响效应孰轻孰重、孰优孰劣都有待于实证经验的检验。从这个意义上来说，内生框架实际上是对新古典框架的升级与优化，物质资本与人力资本的协同配合、协调发展与耦合共进才是农业现代化演进的关键。这也意味着应切实推进农业发展方式的转变，走内涵式农业发展道路，助力农业现代化演进。

第四节　农业现代化指标筛选与量化方法

一、筛选依据及原则

（一）农业现代化量化指标筛选依据

农业现代化是一个相对的动态概念[①]，从 20 世纪 50 年代至今，人们对农业现代化的认识也随着时代的变迁而不断深化并呈现鲜明的时代特色。从这方面来说，农业现代化量化指标的筛选也应与时俱进，尽可能涵盖不同阶段农业现代化的内涵特征。同时，农业现代化又是一个系统工程，受各方因素的综合牵制以及认识的局限，量化指标的筛选要突出重点、适当精炼，需以量化目的、范围以及内容为依据。

---

① 牛若峰：《中国农业现代化走什么道理》，《中国农村经济》2001 年第 1 期。

1. 量化目标

农业现代化是一个抽象概念，人们用肉眼无法直接观察与深入理解。有学者用单一指标来度量农业现代化：谢杰（2012）[1]、夏春萍和刘文清（2012）[2] 等均采用"农机总动力"来衡量农业现代化。但这种做法显然是片面的，不仅没有深刻理解农业现代化的深刻内涵，更没有体现农业现代化内涵的动态变化，得出的结论也是经不起推敲的。进一步综合已有研究成果，筛选代表性、典型性和兼具动态变化的农业现代化量化指标势在必行。这样做不但可以给决策者和公众提供有效的信息，还可以让我们对农业现代化进程有综合的认识与判断，进而可以指导人们对农业进行有效的建设和管理[3]。鉴于此，本书关于农业现代化量化的目标大致包括以下几点：描述和认知西部农业现代化的发展成就与综合水平；通过区域间的比较剖析其农业现代化发展的异质性，并刻画其演进的过程；为实证西部农业现代化演进的主要影响因素及机理，奠定数据基础。

2. 量化范围与内容

农业现代化发展水平的量化，是对农业现代化发展特征事实的描述。量化的范围应尽可能涵盖农业生产经营中所呈现的"现代化"特征。同时，农业现代化在不同时期、不同经济社会发展阶段、不同国别或地域所表现的特征也并非"千篇一律"。因此，农业现代化的量化范围既要尽可能全面涵盖农业现代化演变过程中所体现的阶段特征，又要包含农业现代化发展在经济、社会同步发展中所"蕴含"的新内容、新特征，以此体现其动态轨迹，这样所量化的农业现代化才更合理、更具体、更全面，得到的研究结论也才具有更好的信度和效度。

---

① 谢杰：《工业化、城镇化在农业现代化进程中的门槛效应》，《农业技术经济》2012 年第 4 期。

② 夏春萍、刘文清：《农业现代化与城镇化、工业化协调发展关系的实证研究》，《农业技术经济》2012 年第 5 期。

③ 程志强、程序：《农业现代化指标体系的设计》，《农业技术经济》2003 年第 2 期。

（二）农业现代化指标筛选原则与思路

1. 动态性

量化指标筛选的动态性涵盖两方面的含义：一是指标体系应全面的涵盖农业现代化的总体特征、阶段特征以及在各个阶段所呈现的时代特点。农业现代化发展是一个动态过程，不同的发展阶段其任务和目标也不同。同时，农业现代化发展过程是一个连续的过程，农业现代化量化指标也应围绕核心内容进行适当调整以保持动态性。二是，农业现代化一直是学术界关注的热点与难点问题，关于其量化指标的研究也一直都是社会各界关注和深入推进的重点问题。因此，在筛选农业现代化指标时应充分体现国内外学者关于农业现代化量化指标的研究成果。以科学性、可行性为出发点，对各类成果分类划分、优化升级，保留合理的成分，尽可能避免存在争议的指标内涵，选取和囊括学者们的研究"交集"，全面反映农业现代化的核心内涵。

2. 系统性

农业现代化是一个复杂的非线性大系统[①]，农业现代化的某一方面的特征并不能完全涵盖其他方面的特征，这也决定了农业现代化的复杂性、关联性。因此，农业现代化量化指标筛选应从识别农业现代化的科学内涵出发，结合农业现代化发展的一般规律以及国情层面的特殊目标要求，选择最能体现农业现代化内涵特质和方向的指标组成"指标集"，避免关键性指标的遗漏。同时，由于农业现代化指标涉及面宽、涵盖内容广，指标体系间很容易造成重复和堆积现象，必须遵循系统性原则，对一般指标进行详略取舍，选取典型性和代表性较强的关键性指标，力求"去粗取精、去伪存真"，在结构上实现优化、互补，做到指标间相互联系、层次分明。

---

① 孟俊杰、田建明等：《河南省"三化"同步发展水平测度研究》，《农业技术经济》2012年第8期。

3. 实用性

农业现代化量化指标筛选的实用性原则具体有两层含义：一是量化指标的可操作性。受统计资料局限以及口径变换的牵制，有相当一部分指标无法在现实操作层面实现量化，尤其是在运用省级层面的数据时，这种现象表现尤为明显。在选择农业现代化量化指标时应充分考虑这个现实层面的最大障碍，以"可获性"为出发点，对于那些无法在统计上获取的指标，只能"忍痛割爱"，以此提高量化指标的可操作性。二是量化指标的可比性或相对性。农业现代化是从传统农业向现代农业进化的过程，其可比性一方面表现为纵向比较，即现阶段发展水平与以往发展状态的比较；另一方面表现为横向比较，即与国外农业现代化发展水平的比较。尽管各个国家的条件和情况不同，但基本特征存在共生性，所以量化指标选择应在国际上具有可比性和通用性[①]，并体现现实国情特色。

4. 简洁性

首先，农业现代化量化"指标集"涵盖的指标应尽可能少，在众多的指标中，筛选最能反映农业现代化发展的指标。这样一方面可以避免多重指标交叉所产生的多重共线性现象，另一面可以减少指标的重复计算，拓宽量化指标的应用范围，推动研究的层级跨越，化解现阶段学术界关于农业现代化自身的研究止步于水平评价的"困境"，为后续研究提供理论层面的佐证。其次，量化指标应紧扣农业现代化核心内涵，切实避免对农业现代化概念的无限扩展、"泛化"与延伸，从而使研究结论"失真"。最后，在保证量化内容完整和目的达成前提下，单个指标的设置应尽可能精炼，"指标集"力求简化。

[①]　柯炳生：《对推进我国基本实现农业现代化的几点认识》，《中国农村经济》2000 年第 9 期。黄祖辉、林坚等：《农业现代化：理论、进程与途径》，中国农业出版社 2003 年版。

二、核心指标筛选结果

（一）已有指标比较与评析

农业现代化是 18 世纪以来的一种农业变迁，是世界现代化的一种表现形式。因此，对于农业现代化的度量也发端于现代化指标的认知。20 世纪美国斯坦福大学教授英克尔斯提出了度量现代化的指标体系。他从人均国内生产总值（GNP）、农业产值占国内生产总值的比重、服务业产值占国内生产总值的比重、农业劳动力占总劳动力的比重、成人识字率、在校大学生占 20—24 岁人口的比重、每名医生服务的人数、婴儿死亡率、人口自然增长率、人均预期寿命、城市人口占总人口的比例 11 个方面提出了度量现代化发展所对应的标准值（见表 2－1）。该指标精炼简洁，易于操作，受到学术界的广泛追捧，成为认知现代化的重要标准。但其毕竟是根植于发达国家特殊"土壤"下的产物，由于发展基础、发展条件的不同，其在我国现代化发展实际的适应性还有待考究。且我国"二元"结构体制症结长期存在，城乡发展差异巨大，套用现代化的指标度量农业现代化显然有失偏颇，得出的结论未必可信。

表 2－1　英克尔斯现代化指标体系及标准

指　　标	标 准 值
人均国内生产总值（GNP）	3000 美元以上
农业产值占国内生产总值的比重	15% 以下
服务业产值占国内生产总值的比重	45% 以上
农业劳动力占总劳动力的比重	30% 以下
成人识字率	80% 以上
在校大学生占 20—24 岁人口的比重	10%—15%
每名医生服务的人数	1000 人以下
婴儿死亡率	3% 以下

指　　　标	标　准　值
人口自然增长率	1% 以下
人均预期寿命	70 岁以上
城市人口占总人口的比例	50% 以上

资料来源：李云才、刘卫平、陈许华：《中国农村现代化研究》，湖南人民出版社 2004 年版，第 166 页。

　　以美国、日本和欧盟为代表的发达国家或地区均较早的实现了农业现代化发展，其三类"典型模式"也纷纷被发展中国家和地区效仿和学习，成为发展中国家和地区农业现代化发展的可资借鉴的"范本"。但在实践中也引发了学者对其的质疑。其中，最为突出的问题就是其所引发的环境污染和生态破坏等。学者们普遍认为保护和建设好生态环境，实现农业的可持续发展，是农业现代化建设中必须始终坚持的一项基本方针，也是农业现代化建设的重要内容[1]。当前，在西方学术界对于农业现代化的度量大多从农业可持续发展的视角展开，认为农业现代化指标中应涵盖环境保护和生态平衡的内容。如雷扎伊和卡拉米（Rezaei 和 Karami，2008）[2] 所构建的 EM 度量模型就是其中典型。雷扎伊和卡拉米[3]从经济、社会和生态三个方面，从产量、利润、就业、生活质量（健康、寿命）、公平性（消除贫困）、股权分红、环境保护（生物多样性）、资源利用、产品质量 9 个维度，基于农业可持续发展视角展开农业现代化的度量（见表 2 - 2）。该指标体系较为简洁，但操作性较差。由于统计资料获取的原因，采用这套指标无法实现农业现代化的度量。

---

① 谷文晓：《遵循客观规律　推进农业现代化》，《宏观经济研究》2000 年第 8 期。

② Rezaei，M. K. ，Karami，E. ，"A Multiple Criteria Evaluation of Sustainable Agricultural Development Models Using AHP"，*Environment，Development and Sustainability*，4，2008.

③ Rezaei，M. K. ，Karami，E. ，"A Multiple Criteria Evaluation of Sustainable Agricultural Development Models Using AHP"，*Environment，Development and Sustainability*，4，2008.

表 2 - 2　雷扎伊和卡拉米构建的农业现代化指标体系

类　别	指　标
经济	产量
	利润
	就业
社会	生活质量（健康、寿命）
	公平性（消除贫困）
	股权分红
生态	环境保护（生物多样性）
	资源利用
	产品质量

资料来源：Rezaei，M. K.，Karami，E.，"A Multiple Criteria Evaluation of Sustainable Agricultural Development Models Using AHP"，Environment，Development and Sustainability，2008，pp. 407-426.

国外农业现代化发展实际与我国农业现代化发展实际并不相符。探究一套适合中国特色发展实际、代表性强、操作性好的指标体系成为学者和社会各界亟待解决的重大问题。在政府层面，国家统计局（2004）[①] 从农业生产手段、农业劳动力、农业产出和农业生产条件四个方面共选取了 16 个指标，该指标体系相对于国外学者的指标体系显然更为可取，且操作性较强。尤其是在农业生产手段部分，在当时的环境下较好地涵盖了农业现代发展的基本特征。但随着时代的变迁与发展，体现农业现代化内涵的适度规模化、专业化等内容并未纳入其中。在农业产出方面，农业劳动生产率和劳均农业产出间高度关联，存在信息重叠现象，部分内容存在着对农业现代化内涵的过度延伸现象。在农业生产条件方面，市场环境、资源环境以及农作物生长环境等指标在统计层面很难获取可供量化的替代性指标。在学者层面，辛岭和蒋和平（2010）[②]、蒋和平和崔凯（2011）[③]、傅

[①]　刘晓越：《农业现代化评价指标体系》，《中国统计》2004 年第 2 期。
[②]　辛岭、蒋和平：《我国农业现代化发展水平指标评价体系的构建和测算》，《农业现代化研究》2010 年第 6 期。
[③]　蒋和平、崔凯：《我国粮食主产区农业现代化指标体系的构建和测算及发展水平评价》，《农业现代化研究》2011 年第 6 期。

晨（2010）①、程志强和程序（2003）②、杨万里（1998）③、黄祖辉和林坚（2003）④ 均对农业现代化的指标进行了有益探索。通过对比发现，现阶段学者普遍将机械化、水利化、化学化、电气化、劳动生产率、土地产出率等指标纳入度量体系，已达成共识，具有较大借鉴和参考价值。但在其他方面均存在对农业现代化核心内涵的过度延伸：如有的学者将城乡经济总体水平、非农就业人数占全部就业人数的比重等纳入其中就属于对农业现代化核心内涵的过度"泛化"。此外，甚至还有学者将城镇化纳入农业现代化度量体系。城镇化和农业现代化是社会经济系统中两个独立的子系统⑤，将两个并列的系统混为一体，显然有违科学研究的根本宗旨和目的，进而影响了研究结论。整合和优化已有研究成果，筛选代表性强的农业现代化量化指标较为迫切。

（二）农业现代化核心指标筛选

参照已有学者研究成果、结合我国从计划经济向市场经济演变过程中的政策演变轨迹，遵循动态性、系统性、实用性、简洁性相结合的原则，紧密结合农业现代化的核心特征，展开农业现代化量化指标的筛选。农业现代化涵盖过程和结果两个层面的内容⑥。从过程来看，农业现代化（AMI）包括农业的机械化（MEC）、水利化（WAT）、化学化（CHE）、电气化（ELE）、适度规模化（SCA）、生态良性化（ECO）、生产者知识化（PKN）、专业化（SPE）以及科技化（TEC）等内容。从结果来看，农业现代化包涵劳动力生产率（LPR）、土地产出率（LOU）和商品化率（COM）

① 傅晨：《广东省农业现代化发展水平评价：1999—2007》，《农业经济问题》2010 年第 5 期。

② 程志强、程序：《农业现代化指标体系的设计》，《农业技术经济》2003 年第 2 期。

③ 杨万里：《沿海地区农业现代化测评研究》，《数量经济技术经济研究》1999 年第 8 期。

④ 黄祖辉、林坚等：《农业现代化：理论、进程与途径》，中国农业出版社 2003 年版。

⑤ 徐大伟、段珊珊等：《"三化"同步发展的内在机制与互动关系研究——基于协同学和机制设计理论》，《农业经济问题》2012 年第 2 期。

⑥ 周洁红、黄祖辉：《农业现代化评论与综述——内涵、标准与特性》，《农业经济》2002 年第 11 期。

等内容。因此，最终筛选的核心指标有 12 个，见表 2 - 3。其中，机械化用单位耕地占有农机总动力表示，水利化用有效灌溉率表示，化学化用单位耕地面积化肥施用量表示，电气化用劳均用电量表示，适度规模化用农村人均耕地面积表示，生态良性化用森林覆盖率来表示，生产者知识化用初中及以上文化程度农业劳动力占比表示，专业化用农业专业化指数来表示，科技化用农业科技进步指数来表示，商品化率用农民人均家庭经营性收入占家庭人均纯收入的比重替代，劳动生产率用劳均农业增加值表示，土地产出率用单位耕地粮食产量表示。

表 2 - 3　农业现代化量化指标体系

内　容		量化指标
农业现代化（AMI）	机械化（MEC）	单位耕地占有农机总动力
	水利化（WAT）	有效灌溉率
	化学化（CHE）	单位耕地面积化肥施用量
	电气化（ELE）	劳均用电量
	适度规模化（SCA）	农村人均耕地面积
	生态良性化（ECO）	森林覆盖率
	生产者知识化（PKN）	初中及以上文化程度农业劳动力占比
	专业化（SPE）	农业专业化指数
	科技化（TEC）	农业科技进步指数
	商品化率（COM）	农民人均家庭经营性收入占家庭人均纯收入比
	劳动生产率（LPR）	劳均农业增加值
	土地产出率（LOU）	单位耕地粮食产量

三、量化方法评析与选择

（一）已有农业现代化量化方法梳理与评价

对学者们的研究成果进行梳理发现，现阶段关于农业现代化指标体系的量化方法大致集中于层次分析法、德尔菲法、标准值法以及分阶段赋值法、DEA方法等，见表2-4。

1. 层次分析法和德尔菲法

层次分析法可以在对变量的本质以及内在联系进行剖析的基础上，利用较少的数据信息，实现决策咨询过程的模型化和数学化，提高评价的工作效率。但该方法存在明显的弊端：所含的定量数据较少。尤其是通过两两比较的方式确定权重时，更带有明显的主观色彩，受专家的个人偏好和环境因素的制约，得出的结论也会千差万别，制约研究结论的有效性。德尔菲法能集思广益、广泛汲取各领域专家的思想和智慧，形成较为完善的咨询意见。但同时，德尔菲法效应的发挥受制于权威专家的影响力，其他专家的思想往往会受权威专家的影响，形成"一边倒"的状况，若运用不当，一般难以得到可靠的研究结论。国内外学者普遍将德尔菲法与层次分析法相结合，主观性仍旧较大，仍无法客观、公正的认知农业现代化的水平，研究结论的可靠性有待进一步提高。

2. 标准值法和分阶段赋值法

标准值法是采用国外发达国家的数据作为标准，这种方法往往假定发达国家的农业已经基本实现了现代化，并用中等收入国家的指标数值或测算数据作为我国农业现代化评估指标的标准[1]。但农业现代化作为一个历史过程，在不同的国家应该具有不同的特质，仅以发达国家既有农业现代化发展成果作为参考系，很可能忽视本国农业现代化的特色[2]。分阶段赋值法是通过各地经验，人为将农业现代化发展划分为农业现代化起步阶段、初步实现农业现代化阶段、基本实现农业现代化阶段、完全实现农业现代化阶段等范围[3]，这种方法较前一种做法，研究的科学性更值得推敲。

---

① 黄祖辉、林坚等：《农业现代化：理论、进程与途径》，中国农业出版社2003年版。蒋和平、辛岭等：《中国农业现代化发展阶段的评价》，《科技与经济》2006年第4期。
② 康芸、李晓鸣：《试论农业现代化的内涵和政策选择》，《中国农村经济》2000年第9期。
③ 单玉丽：《福建农业现代化水平评估与发展构想》，《农业现代化》1998年第3期。

3. DEA 方法

DEA 方法即数据包络分析方法，该方法由查纳斯、库珀和罗兹（Charnes、Cooper 和 Rhodes）提出，利用数学规划和统计数据确定最优的生产前沿，并通过比较决策单元偏离生产前沿的程度来评价它们的相对有效性[1]，是技术效率[2]的体现，其实质是最小可能性投入与实际投入的比重。采用这种方法测度的农业现代化水平是"理想值"而不是"实际值"。谢康、肖静华等（2012）[3] 在测度工业化与信息化融合质量水平时就借鉴了随机前沿分析中关于技术效率测度的思想，进而估计出来了工业化和信息化的"理想值"。作为"四化"同步的重要内容，用此方法测度出来的农业现代化值也应是理想状态下的值，而不是其真实水平的体现。

总体来看，关于农业现代化的量化研究还有待于进一步深化和推进，进而矫正长久以来关于农业现代化量化的各种误区，为研究的拓展打下坚实的基础。

表 2 - 4　已有农业现代化量化方法梳理

学　　者	年份	量 化 方 法
杨万里	1998	分阶段赋值的标准化处理方法
杨万里	1999	层次分析和评价模型组
徐星明、杨万里	2000	分段赋值
程强、程序	2003	层次分析法
黄祖辉	2003	标准值
郭冰阳	2003	DEA 方法
国家统计局	2004	层次分析法与标准值

---

① 姜松等：《中国财政金融支农协同效率及其演化规律》，《软科学》2013 年第 2 期。

② Fare（1997）认为技术效率是相同产出条件下生产单元理想的最小可能性投入与实际投入的比重。

③ 谢康、肖静华等：《中国工业化与信息化融合质量：理论与实证》，《经济研究》2012 年第 1 期。

学　　者	年份	量 化 方 法
李云才、刘卫平、陈许华	2004	系统综合目标分层加权和德尔菲法
陈枫	2004	层次分析法和模糊综合评判的方法
蒋和平、黄德林、刘春燕	2005	层次分析法和阶段赋值法
易军、张春花	2005	层次分析法和数学模型
蒋和平、辛岭、黄德林	2006	阶段赋值法
Rezaei 和 Karami	2008	层次分析法
辛岭、蒋和平	2010	专家评价法和层次分析法
傅晨	2010	综合评分法
林本喜	2010	德尔菲法和层次分析法
王国敏、周庆元、卢婷婷	2010	德尔菲法和层次分析法
黄德林	2010	层次分析法
吕文广	2010	层次分析法和熵值法
雷玲	2012	层次分析法

（二）农业现代化量化方法选择

虽然本研究已对农业现代化指标进行精简，但从数量上来看仍相对较多，且各指标间仍存在不同程度的信息重叠、交叉现象。同时，指标权重的确定也存在一定的主观性。因此，如何运用更为精简的指标和更为客观的方法展开农业现代化的量化就成为本研究需要突破的关键。主成分分析能从选定的指标体系中归纳出大部分信息，根据指标间的相对重要性进行客观加权，可以避免综合评价者的主观影响①，实现"降维"指标与结论信度提高的双重目的。其主要思想是：通过数据"降维"，在尽量减少信息损耗的前提下，将多个指标合成、转化为几个综合指标。虽然统计分析中的各指标在不同程度上反映了研究主题的各方面"信息"，但也会形成指标间

---

① 朱建平：《应用多元统计分析》，科学出版社 2006 年版。

的信息交叉、重叠现象，影响研究的可信度。主成分分析法则满足了学者们对研究变量较少、信息量较大、加权客观的需求，为抓住事物发展的主要矛盾与内在规律，提高研究效率和可信度提供了可靠分析工具。其作用原理如下：设有 K 个样本，每个样本包括 N 个指标，其矩阵形式为 $X =$

$$\begin{pmatrix} x_{11} & \cdots & x_{1n} \\ \vdots & \ddots & \vdots \\ x_{k1} & \cdots & x_{kn} \end{pmatrix}, \text{其中，} X_i = \begin{bmatrix} x_{1i} \\ x_{2i} \\ x_{3i} \\ \vdots \\ x_{ni} \end{bmatrix}, i = 1, 2, \cdots, N, \text{对矩阵} X \text{进行线性变}$$

换即可得到综合指标向量，如式（2 - 22）。

$$\begin{cases} C_1 = \alpha_{11}x_1 + \alpha_{12}x_2 + \alpha_{13}x_3 + \cdots \alpha_{1N}x_N \\ C_2 = \alpha_{21}x_1 + \alpha_{22}x_2 + \alpha_{23}x_3 + \cdots \alpha_{2N}x_N \\ \cdots\cdots \\ C_K = \alpha_{K1}x_1 + \alpha_{K2}x_2 + \alpha_{K3}x_3 + \cdots \alpha_{KK}x_N \end{cases} \quad (2 - 22)$$

其中，$\alpha_{L1}^2 + \alpha_{L2}^2 + \alpha_{L3}^2 + \cdots + \alpha_{LK}^2 = 1$，并且满足 $L = 1, 2, \cdots, K$。其中系数 α_{ij} 由以下原则确定：C_i 与 C_j 互不相关，且 $i \neq j$。C_1 为 $x_1, x_2, x_3, \cdots, x_N$ 的一切线性组合中方差最大者；C_2 是与 $C_1, C_2, C_3, \cdots, C_{N-1}$ 都不相关的 $x_1, x_2, x_3, \cdots, x_N$ 所有线性组合中方差最大者。进一步，求解相关系数，并建立矩阵 X 的相关系数矩阵：

$$R(C_k, X_N) = \frac{\text{cov}(C_k, X_N)}{\sqrt{\text{var}(C_k)} \sqrt{\text{var}(X_N)}} \quad (2 - 23)$$

接下来，求相关系数矩阵 R 的特征根（$\lambda_1 \geq \lambda_2 \geq \lambda_3 \geq \cdots \geq \lambda_N$）以及其对应的单位根向量：

$$\beta_1 = \begin{bmatrix} \beta_{11} \\ \beta_{21} \\ \vdots \\ \beta_{N1} \end{bmatrix}, \beta_2 = \begin{bmatrix} \beta_{12} \\ \beta_{22} \\ \vdots \\ \beta_{N2} \end{bmatrix}, \beta_3 = \begin{bmatrix} \beta_{13} \\ \beta_{23} \\ \vdots \\ \beta_{N3} \end{bmatrix}, \cdots, \beta_N = \begin{bmatrix} \beta_{1N} \\ \beta_{2N} \\ \vdots \\ \beta_{NN} \end{bmatrix} \quad (2 - 24)$$

再下来进入主成分分析的关键步骤，那就是确定主成分个数。关于主成分个数的确定，计量经济学家提出了多种准则，较为实用的有凯索（Kaiser）准则、卡特尔（Cattell）"碎石准则"以及巴特利特准则[1]。其中，凯索准则规定，只要主分量的特征根大于 1，就应当保留主成分。卡特尔"碎石准则"的基本思路是以主成分序号为水平轴，以主成分的特征根为纵轴，在平面坐标中绘制主成分特征根随序号变化的曲线图，用曲线的形状判断应该保留多少个主成分。当曲线保持某种曲率时，对应的主成分就应当保留；若当曲线变为直线时，对应的主成分就不应该保留（见图 2-4）。巴特利特准则主要通过统计量来检验。如果 $F > \chi_\alpha^2 \left[\frac{1}{2} (K - S - 1)(K - S + 2) \right]$，就说明特征根 $\lambda_{S+1}, \lambda_{S+2}, \cdots, \lambda_K$ 不是充分相似的，与之对应的某些主成分应当被保留；如果 $F < \chi_\alpha^2 \left[\frac{1}{2} (K - S - 1)(K - S + 2) \right]$，就说明特征根 $\lambda_{S+1}, \lambda_{S+2}, \cdots, \lambda_K$ 是充分相似的，与之对应的主成分不应当保留。

$$F = S \times \ln \left[(\lambda_{S+1}, \cdots, \lambda_K)^{-1} \right] \times \left[\left(\frac{\lambda_{S+1}, \cdots, \lambda_K}{K - S} \right)^{K+S} \right]$$

$$\sim \chi_\alpha^2 \left[\frac{1}{2} (K - S - 1)(K - S + 2) \right] \tag{2-25}$$

由于采用主成分分析法主要是为了量化农业现代化发展水平，并不涉及回归分析，所以可采用更为简洁的方法根据主成分的累积贡献率来确定主成分个数，将其定义为：

$$\frac{\sum\limits_{j=1}^{s} \lambda_j}{\sum\limits_{i=1}^{n} \lambda_i}, \qquad s \leqslant n \tag{2-26}$$

一般而言，当主成分累计贡献率大于 85% 时，取前 S 个指标代替原来的 K 个指标变量的信息，其中第 i 个主成分的表达式就可以写成：

$$C_i = \beta_{1i}X_1 + \beta_{2i}X_2 + \beta_{3i}X_3 + \cdots + \beta_{Ni}X_N \tag{2-27}$$

---

[1] 戴思锐：《计量经济学》，中国农业出版社 2009 年版。

最后，利用主成分 C_1，C_2，C_3，$\cdots$，C_K 做线性回归，并以每个主成分的方差贡献率 ϖ_i 作为权数构造一个综合量化函数：

$$AMI_i = \varpi_1 C_1 + \varpi_2 C_2 + \varpi_3 C_3 + \cdots + \varpi_K C_K \qquad (2-28)$$

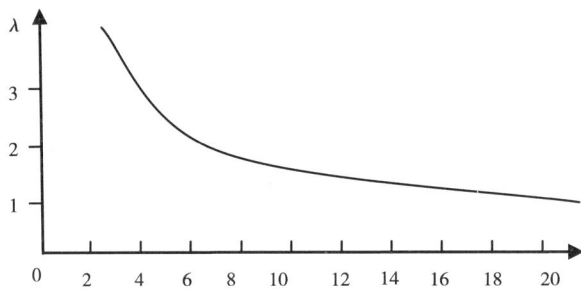

图 2 - 4 "碎石检验"示意图

第三章　西部农业现代化发展现状
与综合测度

在本章中，首先从历史学角度，以政策梳理为主线，追根溯源，回顾计划经济时期、改革开放初期至经济全面转型时期，农业现代化发展的历史变迁与轨迹，并对其进行简要评析。其次从过程、结果两个维度和第二章中筛选的量化单一指标，对西部农业现代化发展现状及主要成就进行分析。最后基于单一指标分析局限性以及分析便宜性需要，进一步运用指标合成方法对单一指标进行合成与综合测度，为后文分析奠定基础。

第一节　农业现代化发展历史透视与考证

"以史为鉴，可知兴替"。任何事物的兴盛和发展一般都会存在"路径依赖"特征，与其历史渊源、根植的历史环境以及历史条件均存在无法割舍的关系。农业现代化是一国农业由传统生产部门向现代化产业部门转变的历史过程，世界上农业现代化先行国家的发展经验表明农业现代化的发展与各自国家的历史背景存在密切关系①。农业现代化发展是被历史反复证明的一般规律，是现代化发展的重要内容。我国自建国以来，受体制转轨和经济转型的宏观环境影响以及认知的局限，在每个时期农业现代化所表现的历史形态也不同。这就势必要求我们从历史角度"追根溯源"，系统认

---

① 牛若峰：《农业产业化：真正的农村产业革命》，《农业经济问题》1998 年第 2 期。张晓山：《农民专业合作社的发展趋势探析》，《管理世界》2009 年第 5 期。

知农业现代化的形态变迁与路径轨迹。为此，本节将从历史角度，以政策梳理为主线，分析农业现代化的形态变迁轨迹，不仅可以发现农业现代化发展中所存在的基本规律及问题，以增强政府宏观政策制定的效力，而且可以为在现实中刻画农业现代化的发展实际提供辅助依据与参考。

一、计划经济时期

受战争影响，1949 年建国之初我国生产力水平十分低下，百业待兴，尤其是农业生产领域。但事实上，农业领域的变革始于 1953 年的"一化三改"运动。农业领域的改造就是合作化运动，其实质就是苏联所实施的农业集体化：通过合作社将小农经济改造成为社会主义集体经济的过程。初期的农业合作化运动有助于克服小农生产局限，解放和发展农业生产力，在当时的条件下具有重要的历史意义。为此，1954 年 5 月 23 日在中华人民共和国第一届全国人民代表大会第一次会议上，周恩来总理首次提出："如果我们不建立强大的现代化的工业、现代化的农业、现代化的交通运输业和现代化的国防，我们就不能摆脱落后贫穷，我们的革命就达不到目的"，农业现代化的提法被正式以文字的形式确定下来。

但受历史与时代环境的影响，"现代化工业"被放置于首位，体现了在这一时期工业的主导作用①。1955 年《政府工作报告》则进一步指出工业化要求农业生产方式转变的必然性，主张在集体化和机械化基础上，探索农业发展的新道路。从中可以看出，农业现代化基本上围绕工业的内涵，在政策实施中农业现代化主要体现为机械化。1957 年颁布的《全国农业发展纲要（修正草案）》中又明确提出"兴修水利，发展灌溉""增加农家肥料和化学肥料""凡是能够发电的水利建设，应当尽可能同时进行中小型的水电建设"等内容，农业现代化的内涵不断丰富，在形态上也从单一的机械化丰富为农业水利化、化学化、电气化等内涵。在正确的政策指引下，我国第一个"五年计划"取得了圆满成功。农业生产领域的粮食增加

---

① 毛飞、孔祥智：《中国农业现代化总体态势和未来取向》，《改革》2012 年第 10 期。

了 50 亿斤，生猪的饲养头数增加了 3000 万头，农业和农副业总产值达 603 亿元①，为工业化的快速发展奠定了坚实基础。

第一个"五年计划"取得成功后，农业领域的变革出现"冒进"态势。我国进入了极具争议的"大跃进"和人民公社运动时期，不但挫伤了农业的生产力发展，影响了国民经济结构的协调发展，而且在学术界也引发了关于"农、轻、重"关系的讨论②。针对这种发展倾向，周恩来总理在 1964 年的第三届全国人民代表大会第一次会议上所做的《政府工作报告》中，提出了"四个现代化"的思想，即"争取在不太长的历史时期内，把我国建成一个具有现代化农业、现代化工业、现代化国防和现代化科学技术的社会主义强国"，并在 1975 年召开的第四届全国人民代表大会第一次会议上进一步明确了四个现代化建设的具体时间表，要求在本世纪内，全面实现农业、工业、国防和科学技术的现代化。

二、改革开放初期

经历"文化大革命"浩劫，以及发展战略重心的偏移，我国国民经济增长出现严重衰退。不仅没有利用前期的发展机遇乘胜追击实现赶超，反倒进一步拉大了我国同发达国家的差距，整个农业生产处于自然增长或者徘徊增长的状态，制约了农业现代化发展。从农业生产率的绝对值来看，1966—1977 年，只提高了 35 元，平均每年只有近 3 元③。1978 年党的十一届三中全会召开，做出了工作重心由阶级斗争转移到社会主义现代化建设上来和实行改革开放的战略决策，农业现代化发展也进入新的发展时期。1979 年党的十一届四中全会通过的《中共中央关于加快农业发展若干问题

---

① 数据来自《关于 1958 年度国民经济计划草案的报告》。

② 武力、温瑞：《1949 年以来中国工业化的"轻、重"之辩》，《经济研究》2006 年第 9 期。黄季焜：《六十年中国农业的发展和三十年改革奇迹——技术进步、制度创新和市场改革》，《农业技术经济》2010 年第 1 期。

③ 汪小平：《中国农业劳动生产率增长的特点与路径分析》，《数量经济技术经济研究》2007 年第 4 期。

的决定》指出，农业现代化发展是保障"四个现代化"的根本条件，唯有加速农业现代化发展才能促进整个国民经济蓬勃发展，并在肯定农业机械化、水利化、电气化、化学化的基础上，进一步增加了农业生产者知识化、专业化、科学化等内容。文件还指出，实现农业现代化要"波浪式前进，不要撒胡椒面似的全面铺开"，并且要加大对西北、西南等地区的重点扶持，为西部农业现代化的整体推进提供了前所未有的发展契机。

在完善农业现代化内涵特征与形态的基础上，中共中央还从各个层面，深化改革，为农业现代化发展"保驾护航"。党的十一届三中全会的胜利召开为发端于安徽省小岗村，继而得以在全国推行的家庭联产承包责任制的实施奠定了良好的基础，使家庭联产承包责任制成为农业现代化发展中较为适应国情的中国特色的农业发展模式①：家庭联产承包责任制实施后，粮食总产量达到 3.475 亿吨，人均粮食产量达到建国以来最高水平，油料、棉花等经济作物产量比上一年有较大幅度增长②。从这个层面上来看，农业现代化的发展过程也是制度创新和改革驱动的过程。此外，1982—1986 年连续五年的中央一号文件均聚焦建立健全家庭联产承包责任制、"放权让利"的主题内容，为促进农业现代化的发展提供了坚实的制度保障，我国进入基于家庭联产承包责任制的制度框架探索农业现代化发展的新时期。

在家庭联产承包责任制下的农业现代化内涵及形态探索大多基于农业内部要素的配置维度展开。1987 年全国范围内开展"双增双节"——"增产节约、增收节约"运动，强调必须十分重视科学技术的运用，科学化成为农业现代化的重要内涵组成部分。1988 年《政府工作报告》则进一步在科学化的基础上，提出农业的适度规模化，并指出只有适度规模经营，才能更好地使用科技成果，实现劳动者与土地、技术、装备的合理组合，取得最佳经济效益。此外，报告还指出，乡镇企业可以为农村剩余劳动力转

① 朱文：《新农村建设中农村集体土地流转制度改革与创新》，《农村经济》2007 年第 9 期。冀县卿、钱忠好：《改革 30 年中国农地产权结构变迁：产权视角的分析》，《南京社会科学》2010 年第 10 期。

② 数据来自 1979 年《政府工作报告》。

移提供就业机会，有利于农业现代化发展。1989 年《政府工作报告》进一步指出要促进农业适度规模化还应建立多层次、多形式的农业社会化服务体系，以提高农业的劳动生产率和土地产出率。1992 年《政府工作报告》中提出推动"农科教结合，逐步建立起有利于农业科技进步、教育发展和农业振兴的机制，继续实施星火计划、燎原计划和丰收计划"，这其中蕴含着农业生产者知识化的内容。总之，在 20 世纪 80 年代至 90 年代初，随着各地农业现代化实验性工作的开展，中国特色的农业现代化内涵也不断丰富①。

三、经济转型时期

以邓小平南方谈话和党的十四大召开为标志，社会主义市场经济体制开始建立，我国进入了经济全面转型的新时期，强调市场在国家宏观调控下对资源配置起基础性作用②，农业现代化发展进入新的发展阶段。进入 20 世纪 90 年代，以山东为首的一些地区以农业产业化经营作为解决农业深层矛盾的现实突破口，加速了农业产业化经营的步伐，尤其是 1993 年 11 月中共中央通过《关于建立社会主义市场经济体制若干问题的决定》更是明确鼓励农业产业化经营③，拉开了经济转型时期农业现代化探索的开端。从结果层面来看，经济转型条件下的农业现代化的内容和目的有明显改变：农业现代化发展的目的不光要提高农业的劳动生产率和土地产出率，还要全面提高农业的商品化率，以实现生产、加工和销售各环节，产前、产中和产后各阶段的衔接与匹配。此外，《关于建立社会主义市场经济体制若干问题的决定》首次从结构层面对农业适度规模化进行探索，提出："少数经济比较发达地方，本着群众自愿原则，可以采取转包、入股等多种形式发展

---

① 侯满平：《黄淮海平原农业结构调整及农业发展战略研究》，中国农业大学 2004 年博士学位论文。

② 易纲：《中国改革开放三十年的利率市场化进程》，《金融研究》2009 年第 7 期。

③ 姜松、王钊等：《粮食生产中科技进步速度及贡献研究——基于 1985—2010 年省级面板数据》，《农业技术经济》2012 年第 10 期。

适度规模经营。"与此同时也涌现出诸多问题，尤其是从 1995 年开始，我国耕地撂荒、乱占现象十分突出，严重影响了农业现代化发展。据统计资料显示，1996—2003 年全国耕地呈明显持续减少趋势，累计减少 664.7 万公顷，年平均减少 94.96 万公顷①。因而，在此期间强化耕地资源保护，助力农业现代化发展成为政府的重要政策选择。1996—1999 年是当前我国许多耕地保护政策、法规的主要出台期②，为促进农业现代化发展夯实了基础条件。

进入 21 世纪，尤其是加入 WTO 后，农业现代化发展面临的内外环境和条件发生了变化，尤其是自党的十六大报告中提出"统筹城乡经济社会发展，建设现代农业"以来，"多予、少取、放活"成为新时期的主要政策脉络：2004—2015 年连续十二年的中央一号文件聚焦"三农"就是最好体现。农业现代化进入了一个新的阶段，农业多功能性成为新世纪、新阶段农业现代化的新要求与新内涵③。在农业现代化内涵深化方面，2007 年中央一号文件指出："要用现代物质条件装备农业，用现代科学技术改造农业，用现代产业体系提升农业，用现代化经营形式推进农业，用现代发展理念引领农业，用培养新型农民发展农业"，并首次提出"开发农业多功能性""提高农业可持续发展能力"等"生态良性化"内容。

基于这种系统认知，在此后政府从多层面探讨农业现代化发展道路及途径。2008 年党的十七大提出要走中国特色农业现代化道路，建立以工促农、以城带乡的长效机制；2009 年中央一号文件进一步明确提出坚定不移的走中国特色农业现代化道路，加快推进农业机械化的战略决策；2010 年提出"协调推进工业化、城镇化和农业现代化，努力形成城乡经济社会发展一体化新格局"；2011 年针对由于自然灾害频发而暴露出来的农业基础设

---

① 蔡银莺、王晓霞等：《居民参与农地保护的认知程度及支付意愿研究——以湖北省为例》，《中国农村观察》2006 年第 6 期。

② 1996 年中央财经工作领导小组组织了耕地保护的专题调研；1997 年中共中央、国务院办公厅 16 号文件，再次明确了稳定土地承包关系、延长土地承包期 30 年不变的政策；1998 年国务院颁布《基本农田保护条例》；1999 年开始实施《中华人民共和国土地管理法》；等等。

③ 毛飞、孔祥智：《中国农业现代化总体态势和未来取向》，《改革》2012 年第 10 期。吴晓华：《实施城乡协调发展政策　加快二元经济结构转换》，《宏观经济研究》2009 年第 1 期。

施尤其是水利设施薄弱的问题，中共中央做出水利改革的重大决定，认为"水利是现代农业不可或缺的首要条件"，走出一条"中国特色水利现代化道路"；2012 年中央一号文件以"农业科技创新"为主题，提出农业科技是加快农业现代化发展的决定力量；2013 党的十八大高瞻远瞩提出了"坚持走中国特色新型工业化、信息化、城镇化、农业现代化道路，促进'四化'同步发展"的战略框架。2014 年中央一号文件以"全面深化农村改革，加快推进农业现代化"为主题，强调以改革增活力，破除农业现代化发展障碍，为农业现代化发展营造良好的发展环境，有利于推动农业现代化提档升级。此外，2015 年中央一号文件针对我国进入经济新常态的特征事实，主动出击再次发力，提出加大改革创新力度加快农业现代化建设的若干意见，明确了新阶段下我国农业现代化建设的政策思路与操作定位，为农业现代化发展指引了新航向。

四、农业现代化发展历史评析

计划经济条件下政府对农业现代化内涵及特征的认知是我国农业现代化发展的起点，也为后来农业现代化认识的深化奠定了发展基调。但是在这一时期农业现代化并没有摆脱计划经济体制的束缚，旧的农业管理体制中间环节多、成本高、总体效率差，以及基于旧体制衍生出来的农业现代化发展战略也并未起到推动作用，计划经济下的农业现代化发展总体并不理想[1]。同时，计划经济时期的农业现代化发展整体思路、路径选择也基本没有"跳出"苏联模式的整体架构，且在"优先发展重工业"的战略指导下，农业现代化的内涵特征基本上依赖于工业发展，没有现代化工业为农业提供现代技术装备，也就不会有农业现代化发展[2]。总之，在计划经济时

---

[1]　蒋伏新：《体制现代化与中国特色的农业现代化》，《江海学刊》1995 年第 5 期。牛若峰：《要全面理解和正确把握农业现代化》，《农业经济问题》1999 年第 10 期。

[2]　钟读仁：《经济文化落后国家社会主义农业现代化道路的艰辛探索》，《理论学刊》2001 年第 1 期。陈佳贵、黄群慧：《工业发展、国情变化与经济现代化战略——中国成为工业大国的国情分析》，《中国社会科学》2005 年第 4 期。

代，关于农业现代化内涵和发展特征的认知大多基于生产环节，强调在农业生产领域通过农业生产条件的改善、生产手段的创新来促进农业现代化发展。

改革开放初期至 20 世纪 90 年代初期是我国农业现代化不断发展的重要机遇期，制度改革为农业现代化发展做出了不可磨灭的贡献，"改革是农业现代化发展的最大红利"。家庭联产承包责任制的实施，调动了农民生产积极性，加大了农业生产技术的推广力度，加速了农业现代化发展，使我国成功解决了十几亿人的吃饭问题。且由于发展重点不同，家庭联产承包责任制制度创新所形成的"改革红利"使农业存在比较优势的中西部获得实惠更大①。随着体制创新的突破，农业现代化的内涵不断拓展、形态不断丰富，由外部嵌入转入内生发展，从体现农业生产条件改善的农业机械化、水利化、化学化及电气化拓展出体现农业内部要素优化配置与效率改进的科学化、适度规模化以及农业生产者知识化等，范围不断扩大。但在这一时期，受政策波动以及乡镇企业自身规模小、技术低等特质的影响，乡镇企业发展非稳定性也成为阻碍农业现代化发展的障碍。如 1986 年全国有 70 万家乡镇企业倒闭。若按均值水平每家乡镇企业有职工 6 人，则有 420 万农业劳动力因乡镇企业破产"重返"农业生产领域，大量的"重返"劳动力拥挤于有限的土地资源上，对农业技术进步的提高无疑会产生"挤出效应"②。同时，随着改革开放，各类结构性矛盾也不断"涌现"，成为制约农业现代化发展的"绊脚石"，亟待解决。

经济全面转型阶段也是农业现代化发展稳步提高的阶段。市场化改革为农业现代化内涵注入新鲜"血液"。在市场化改革环境下，农业产业"链条"不断延长，农业现代化内涵基本上涵盖"全产业链"上的现代化。从

---

① 沈越：《"三农"问题的根本出路在于城市化》，《当代经济研究》2002 年第 2 期。董先安：《浅释中国地区收入差距》，《经济研究》2004 年第 9 期。

② 孙晓良：《乡镇企业发展与农村劳动力转移规律探析》，《经济问题探索》1988 年第 7 期。姜松、王钊等：《粮食生产中科技进步速度及贡献研究——基于 1985—2010 年省级面板数据》，《农业技术经济》2012 年第 10 期。

政策演进的轨迹来看，在此阶段农业现代化的内涵、形态并不是新形态对旧形态的替代与遗弃，而是共同发展、相互交替。如"老四化"中的农业机械化、水利化等，在最近几年的中央一号文件也不断被提及，且自身内涵、范围不断深化，只是在新时期更具时代特点。同时，在经济全面转型时期，关于农业现代化的认知也开始反思发达国家农业现代化所产生的不良"环境效应"，"生态良性化"被纳入其中，因而在这一阶段关于农业现代化的认知较为系统、全面和客观。从农业现代化所依赖的制度框架来看，"城市偏向"的政策束缚逐步减弱，"以工补农""以城带乡"以及城乡统筹发展成为农业现代化发展所根植的制度土壤。尽管1992年党的十四大确立了建立社会主义市场经济体制的目标模式，但"摸着石头过河"的改革特点始终存在，在市场大环境下小农与市场的矛盾、商品化程度低、土地市场发育滞后、劳动力转移困难以及二元结构体制障碍[①]等问题也使经济全面转型时期农业现代化发展受到"掣肘"，实现新时期农业现代化的跨越式发展仍需集聚各方要素，解决当下棘手问题。

第二节　西部农业现代化发展现实刻画与成就

依据农业现代化的概念界定以及上文中的农业现代化历史透视与考证部分的分析，本节将分析视角转到现实角度，从过程和结果两个维度，基于单一指标对西部整体以及域内各省份农业机械化、水利化、化学化、电气化、适度规模化、生态良性化、生产者知识化、专业化、科技化、商品化率、劳动生产率以及土地产出率等进行分析，以反映西部农业现代化的发展现状及取得的成就。

---

① 陆际恩：《农村城市化是解决农业现代化问题的关键》，《经济体制改革》2001年第5期。蔡昉：《中国劳动力市场发育与就业变化》，《经济研究》2007年第7期。张合林、郝寿义：《城乡统一土地市场制度创新及政策建议》，《中国软科学》2007年第2期。黄胜忠、林坚等：《农民合作社治理机制及其绩效实证分析》，《中国农村经济》2008年第3期。

一、过程方面

(一) 农业机械化

农业机械化是现代农业生产技术的精髓，是农业现代化的主要特征之一，是农业综合先进生产力的重要组成部分和直接体现①。用单位耕地面积占有的农机总动力来表示农业机械化水平，并绘制增长率趋势线，如图3－1所示。由图可知，西部农业机械化发展虽然在某些年份存在波动，但整体而言西部农业现代化发展较为迅速。1987年西部农业机械化水平为0.109，到2011年增至0.341，平均水平为0.191，年均增幅达4.88%。并且，西部大开发战略实施前后，西部农业机械化发展水平和速度不同。从发展水平来看，1987—2000年，西部农业机械化发展的平均水平为0.163，而2001—2011年期间，西部农业机械化发展的平均水平变为0.226，发展层次明显提高。从农业机械化增长率层面来看，1987—2000年西部农业机械化增长了

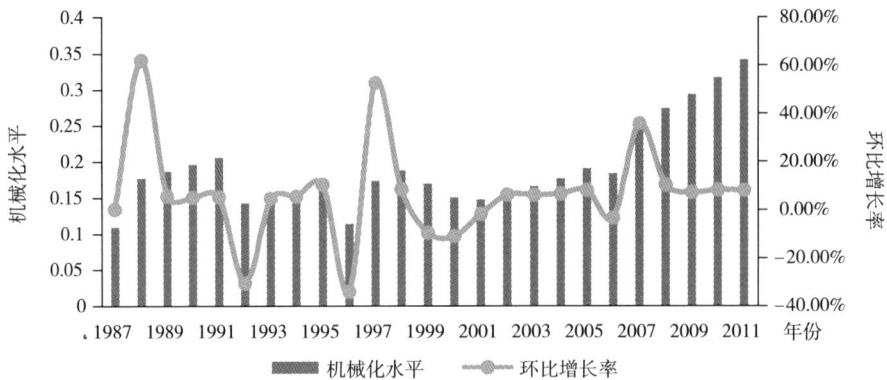

图 3－1　西部农业机械化发展情况

资料来源：根据历年《中国农村统计年鉴》整理计算。

---

① 程霖、毕艳峰：《近代中国传统农业转型问题的探索——基于农业机械化视角》，《财经研究》2009年第8期。曲凌夫：《论我国农业机械化的发展》，《农业经济》2010年第8期。

1.379 倍，年均增幅达 2.5%。2001—2011 年西部农业机械化增长了 2.318 倍，年均增幅达 8.77%。西部大开发战略为西部农业机械化发展带来了前所未有的机遇，随着要素集聚，加速了西部农业机械化进程。

（二）农业水利化

农业生产周期长，与气候条件关联性较强，自然灾害（包括干旱、洪涝、干热风、霜冻、台风、雹灾、尘暴、寒潮等）对农作物产量影响较大。而自然灾害中，要数干旱和洪涝对农业生产的负面影响最大。近些年来频发的自然灾害，如 2008 年冰冻雨雪灾害、2009 年大旱、2010 年初西南大旱和 2010 年夏的南方暴雨灾害均给农业生产造成严重的影响和不可估量的损失[①]。加快农业水利化建设，增强农业对自然灾害的抵抗能力，缓解自然灾害的负面影响已经刻不容缓、势在必行。水利化建设是农业现代化发展的首要条件。用有效灌溉率[②]来衡量农业水利化的发展水平。从图 3-2 来看，

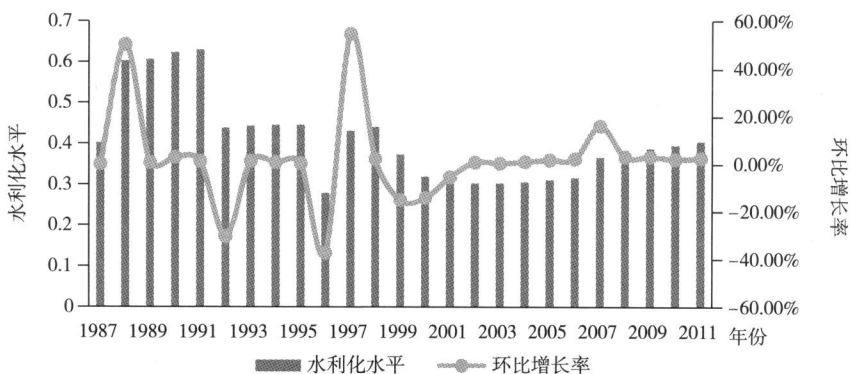

图 3-2 西部农业水利化发展情况

资料来源：根据历年《中国农村统计年鉴》整理计算。

---

① 龙方等：《自然灾害对中国粮食产量影响的实证分析——以稻谷为例》，《中国农村经济》2011 年第 5 期。张峭、王克：《我国农业自然灾害风险评估与区划》，《中国农业资源与区划》2011 年第 3 期。

② 有效灌溉率＝有效灌溉面积／耕地面积。

1987 年西部农业水利化水平为 0.402，到 2011 年变为 0.404，农业水利化平均水平为 0.41，年均增速为 0.04%。其中，1987—2000 年西部农业水利化的平均水平为 0.463，但呈递减态势，年均递减幅度达 1.76%。西部大开发战略实施后，西部农业水利化整体发展水平为 0.343，低于西部大开发战略实施前的发展水平，但发展速度较前一阶段要快，年均增速达 2.98%。

（三）农业化学化

建立在 20 世纪高度发达的农业生产水平上的农业化学，现已成为提高农作物产量的主要措施[①]。根据国外学者的估计，世界农业获得粮食增产的 50%—80%，是依靠化学和育种这两项措施取得的。从这个层面来讲，农业化学化是农业现代化发展的重要表现特征。用单位耕地面积化肥施用量来衡量农业化学化发展水平。从图 3－3 来看，1987 年西部农业化学化的发展水平为 0.018，到 2011 年上升至 0.024，1987—2011 年西部农业化学化的平均发展水平为 0.021。从增长速度来看，西部农业化学化年均增长速度达 1.19%。从发展阶段层面来看，1987—2000 年西部农业化学化呈现整体下

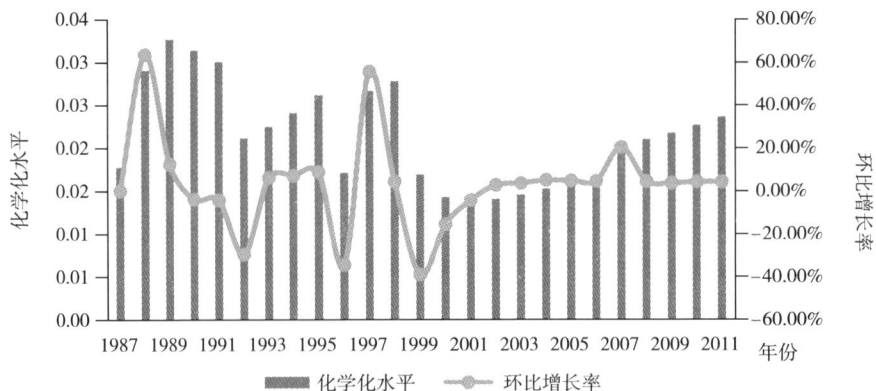

图 3－3　西部农业化学化发展情况

资料来源：根据历年《中国农村统计年鉴》整理计算。

---

① 陈道勇：《世界化肥生产和消费趋势》，《甘肃农业科技》1981 年第 3 期。

降态势，年均下降幅度达 1.66%。而从 2001 年开始，西部农业化学化发展水平开始迈入"快车道"，发展速度逐年上升，2011 年是 2001 年的 1.73 倍，年均上升幅度达 5.6%。

（四）农业电气化

农业电气化的发展意味着在农业生产各领域对电能的普遍利用和广泛推广。农业电气化是农业现代化其他形式，诸如机械化、水利化等内容存在和发展的重要物质基础。农业电气化的内容十分广泛，涵盖农业生产中电能的生产、输送以及利用等诸多环节的各个方面。农业电气化可以突破气候、环境等天然因素对农业生产的先天和时空约束，创造适宜农业作物生长和发育的优越条件。当然，农业电气化也可以为养殖业创造"自动化"运行的条件，缓解养殖业人力成本高、劳动强度大、环境污染损害较大的发展困局，全面提高养殖业的经济效益、社会效益和生态效益。从这个方面来说，农业电气化是农业现代化的重要内容。为反映西部农业电气化的发展概况，用劳均用电量来衡量其水平，如图 3-4。从图中可以看出，西部农业电气化水平不断提高。1987 年西部农业电气化水平为 46.918，到 2011 年上升至 342.461，增长了 7.299 倍。1987—2011 年西部农业电气化的平均发展水平为 151.461，其中，西部大开发战略实施前的 1987—2000 年这一时段内西部农业电气化的平均发展水平为 98.321，西部大开发战略实施后的 2001—2011 年这一时段内西部农业电气化的平均发展水平为 219.094。从发展速度来看，西部农业电气化的发展总体呈上升趋势，1987—2011 年西部农业电气化的平均增速达 8.64%。西部大开发战略实施前，西部农业电气化发展速度的波动幅度较大，在 1995 年达到"峰值"后，出现下降趋势，但这一时段总体还是呈现上升趋势，年均增速达 8.7%。西部大开发后，西部农业电气化的发展速度逐步平稳，年均增速达 9%。

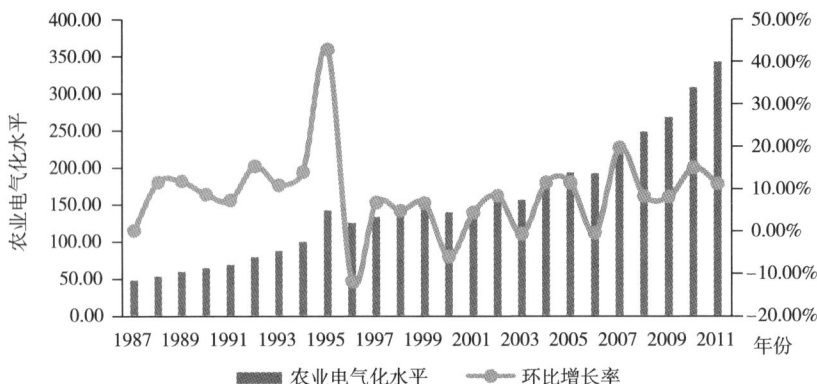

图 3 - 4　西部农业电气化发展情况

资料来源：根据历年《中国农村统计年鉴》整理计算。

（五）适度规模化

家庭联产承包责任制对中国农业生产的作用虽然得到了大多数人的充分肯定，农民的生产积极性得到了空前提高，但农民基本上以家庭为单位进行生产和消费，每个农户的耕地面积过小且分割细碎，农户生产经营中耕地、浇水、管理等问题表现突出，在新时期也遭遇制度屏障"掣肘"，制度绩效呈现冲减之势。尤其是随着社会主义市场经济体制确立，传统的农业"小农经营"、农地"细碎化"特征，对"大市场"的排斥性也日益显现。同时，随着工业化、城镇化的纵深推进，大量农村劳动力纷纷转向城市、流向非农产业，农民"种田的少，务工的多"等问题逐渐显露出来。社会环境及微观生态的变化，对"三农"问题提出了新的挑战。"三农"问题的核心是农民问题，而农民问题的关键是土地问题，土地不仅是农业生产的基本要素，也是大多数农民生存的基本保障。随着劳动力的持续向外转移，必然伴随着土地不断向种田能手、种田大户以及农民专业合作经济组织转移，在这一过程中土地规模不断扩大[①]。土地承包经营权流转是化解

---

① 张丁、万蕾：《农户土地经营权流转的影响因素分析——基于 2004 年的 15 省（区）的调查》，《中国农村经济》2007 年第 2 期。韩俊：《中国农业现代化六大问题》，《时事报告》2012 年第 3 期。

土地"撂荒",实现适度规模经营的重要途径。加快农村土地承包经营权流转是我国农村经济社会发展的必然要求,也是传统农业向现代农业转型的必由之路。因此,因地制宜并基于现有制度框架通过土地流转的方式,实现农业的适度规模化经营是农业现代化发展的重要内容。党的十七届三中全会也明确提出允许农民以转包、出租、互换、转让、股份合作等形式流转土地承包经营权,发展多种形式的适度规模经营。

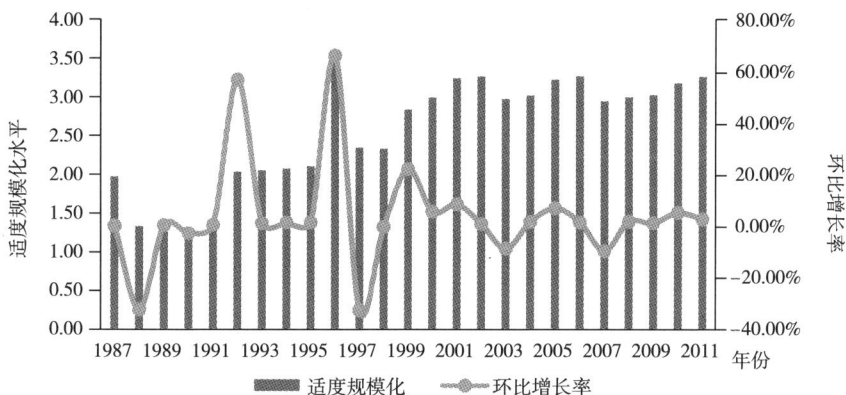

图 3 - 5　西部农业适度规模化发展情况

资料来源:根据历年《中国农村统计年鉴》整理计算。

利用农业人均耕地面积衡量农业适度规模化水平,见图3 - 5。从图中可以看出,西部农业适度规模经营水平不断提高。1987 年西部农业适度规模经营水平为1.967,到2011 年西部农业适度规模经营水平为3.265,增长了1.66 倍。1987—2011 年西部农业适度规模经营的平均水平为2.556。其中,西部大开发战略实施前西部农业适度规模化经营的平均水平为2.104,西部大开发战略实施后农业适度规模化经营的平均水平为3.132,明显提高。从发展速度来看,西部农业适度规模化经营的发展总体不断加快,年均增速达2.13%。其中,西部大开发战略实施前西部农业适度规模化发展的年均增速为3.3%,在1996 年达到最大值,增速为7.04%。西部大开发战略实施后,西部农业适度规模化发展的年均增速为0.1%,这可能说明由于西部的经济发展水平落后，农业劳动力在收入差异的诱使下基本上采取的是跨区域流动，且劳动力的流动速度滞后于耕地资源的减少速度，无法为农业适度规模化的发展创造有效的资源环境和条件。

（六）生态良性化

到 20 世纪 80 年代，随着实践运用推广，以西方发达国家为典型的农业发展模式也表现出诸多矛盾问题和危机，以农业机械化、化学化为支柱的农业现代化在现实层面演化成为工业化生产的"变异"形态，存在于工业生产中的污染、生态损害现象也在农业现代化生产领域"上演"[1]。强化生态环境的保护和建设，通过农业的可持续发展实现生态良性化，是农业现代化发展必须始终坚持的一项基本方针[2]。在新时期，农业的生态良性化是农业现代化发展的重要内容。用森林覆盖率来反映西部农业生态良性化水平。从图3－6 可以看出，西部农业生态良性化发展水平在稳步提高。1987年西部生态良性化水平为 0. 129，到 2011 年上升至 0. 249，1987—2011 年西

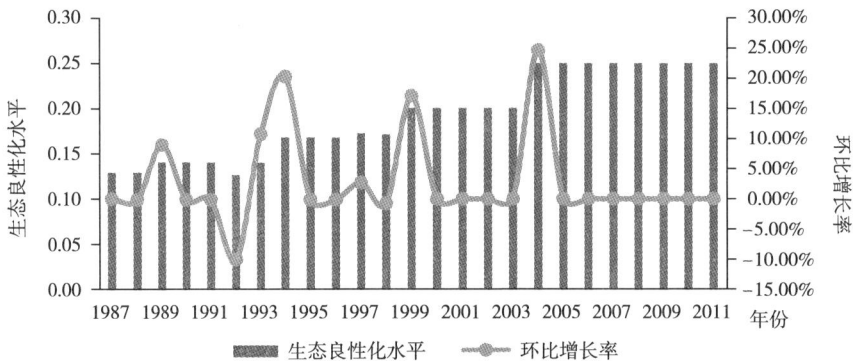

图 3－6　西部农业生态良性化发展情况

资料来源：根据历年《中国农村统计年鉴》整理计算。

---

① 庄卫民：《试论农业现代化的发展趋势》，《农业经济问题》2001 年第 6 期。Rezaei, M. K. , Karami, E. , "A Multiple Criteria Evaluation of Sustainable Agricultural Development Models Using AHP", *Environment, Development and Sustainability*, 4, 2008。

② 谷文晓：《遵循客观规律　推进农业现代化》，《宏观经济研究》2000 年第 8 期。

部农业生态良性化发展平均水平为 0.191。其中，西部大开发战略实施前西部农业生态良性化发展水平为 0.157，西部大开发战略实施后西部农业生态良性化发展水平为 0.236，发展层次明显提高。同时，西部农业生态良性化的发展速度也稳步提高，1987—2011 年西部农业生态良性化发展的年均增速为 2.77%。但总体而言这一阶段发展的波动性较大，发展速度呈 "W" 形状。西部大开发战略实施后西部农业生态良性化发展的年均增速为 2.2%，发展速度类似 "几" 字型。

（七）农业专业化

专业化是社会化服务的重要内容，是农业现代化发展的前提和要求。世界农业现代化发展实践与一般规律表明：农业现代化发展的过程也是实行农业生产专业化的过程，美国、西欧等的农业现代化发展都是如此。农业生产专业化意味着农业生产中社会分工较细，农业的社会化服务体系比较完善，农业生产的产前、产中和产后各环节 "紧扣"、联系紧密[1]。为衡量西部农业生产专业化水平，引入 Hoover 区位熵，其表达式如式（3-1）。其中，SPE_{ij} 为 j 地区 i 产业（农业）的专业化水平，$AGDP_{ij}$ 为 j 地区 i 产业的产出，$AGDP_i$ 为农业总产出，GDP_j 为 j 地区全部产业的总产出，GDP 为全国全部产业的总产出。若 $SPE=1$，说明该地区农业分布正好处于全国平均水平，SPE 越大，说明该地区农业专业化发展水平越高。经测算的西部农业专业化水平如图 3-7。

$$SPE_{ij} = \frac{AGDP_{ij}}{AGDP_i} \times \frac{GDP}{GDP_j} \qquad (3-1)$$

由图 3-7 可知，除 1995 年外，西部农业专业化水平均大于 1，说明西部农业专业化发展水平高于全国平均水平。具体而言，1987 年西部农业专业化发展水平为 1.360，2011 年西部农业专业化水平为 1.224，1987—2011

---

① 蔡源元：《我国的农业地域专业化生产》，《经济研究》1979 年第 11 期。张瑛：《略论加速农业生产区域化》，《管理世界》1991 年第 3 期。傅晨：《基本实现农业现代化涵义与标准的理论探讨》，《中国农村经济》2001 年第 12 期。

年西部农业专业化平均发展水平为 1.329。其中，西部大开发战略实施前西部农业专业化发展的平均水平为 1.334，西部大开发战略实施后西部农业专业化发展的平均水平为 1.322，发展比较平稳。从发展速度来看，1996 年西部农业专业化增长速度最快，但 1987—2011 年西部农业专业化发展速度呈现平稳中稍有降幅的态势，年均降幅为 0.44%。其中，1987—2000 年，西部农业专业化水平降幅为 0.11%；2001—2011 年西部农业专业化水平降幅为 0.86%。综合来看，这一方面说明西部自然资源丰富、农业专业化生产存在比较优势，但另一方面我们也要警惕现阶段受短期经济因素影响，农民生产意愿和积极性降低，对农业专业化所形成的冲击，力争通过多项政策联动与战略措施扭转这种"稳中带降"的现象，以促进农业现代化发展。

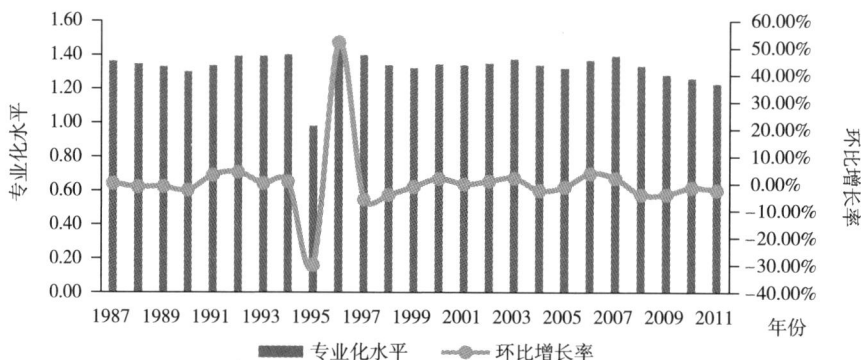

图 3-7　西部农业专业化水平发展情况

资料来源：根据历年《中国农村统计年鉴》整理计算。

（八）生产者知识化

新技术的创新与采用，是区分现代农业和传统农业的标准[1]，而农户的受教育程度对农业新技术创新、采用具有约束作用[2]。在工业化、城镇化快

---

[1]　西奥多·W. 舒尔茨：《改造传统农业》，商务印书馆 2006 年版。
[2]　林毅夫运用有价证券选择模型检验了教育在一个农户决定采用杂交稻种时所起的作用。参见林毅夫：《制度、技术与中国农业发展》，格致出版社 1992 年版。

速推进的现实背景下，农户兼业化、农村空心化、农民老龄化趋势愈发严峻，"谁来种地"的问题日益突出，推进农业现代化必须提高农民素质，培养有文化、懂技术、会经营的新型农民，引进和造就各种专门人才①，实现农业生产者的知识化水平。从这个层面来讲，农业生产者知识化直接关系着农业现代化发展的方向与未来。用初中及以上文化程度劳动力所占比重来衡量生产者知识化发展水平。总体而言，从图3-8可以看出，西部农业生产者知识化发展水平逐年提高，1987年为0.295，到2011年上升至0.547。1987—2011年西部农业生产者知识化平均水平为0.43，其中西部大开发战略实施前西部农业生产者知识化的平均水平为0.364，西部大开发战略实施后西部农业生产者知识化的平均水平为0.513，说明西部大开发战略实施后，西部农业生产者知识化发展水平逐步提高，农民受教育程度和素质不断提升。从发展速度来看，1987—2011年西部农业生产者知识化的年均增幅为2.61%。其中，1987—2000年，西部农业生产者知识化增长了1.53倍，年均增速为3.31%；2001—2011年，西部农业生产者知识化的年均增速为1.36%。

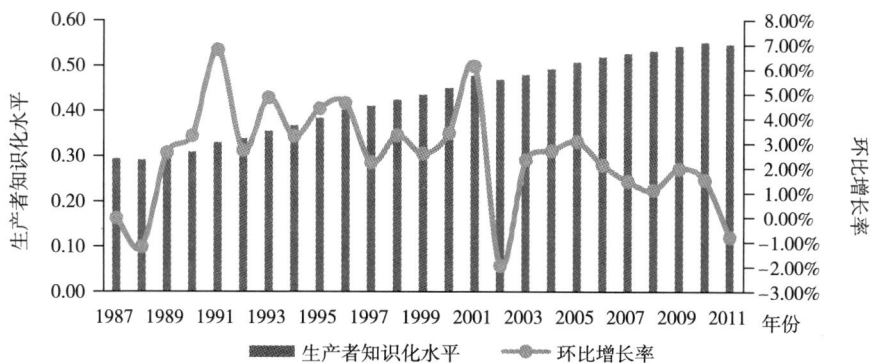

图3-8 西部农业生产者知识化进程

资料来源：根据历年《中国农村统计年鉴》整理计算。

---

① 韩俊：《中国农业现代化六大问题》，《时事报告》2012年第3期。黄庆华、姜松等：《发达国家农业现代化模式选择与重庆市战略取向》，《农业经济问题》2013年第4期。

（九）农业科技化[①]

世界农业发展历史规律证明，一部农业发展史也是一部科技演进与进步史。没有科技创新支撑的农业很难实现农业现代化发展。在我国农业生产发展历程中，科技始终发挥着重要作用。新中国成立以来，特别是改革开放以来，我国农业科技进步是巨大的，对促进整个农业经济发展做出了不可磨灭的重要贡献[②]。尤其是在粮食需求刚性增长与粮食作物播种面积不断减少、种粮劳动力供需失衡、农民种粮积极性较弱、国际市场调剂余缺空间变窄的现实约束下，我国粮食产量仍取得了"十一连增"的发展成就，这其中一个重要的原因就是农业科技化的发展。由于粮食生产中科技进步贡献率数据无法获取，首先建立模型对其进行量化，以更好支撑观点。在阿罗（Arrow）、钱纳里（Chenery）、米哈斯（Mihas）、索洛（Solow）等多位学者1961年提出的CES生产函数模型以及多要素二级CES生产函数模型基础上，构建改进的多要素二级CES生产函数模型，阐释粮食生产中的科技进步速度及贡献，引入的多要素生产函数的框架为式（3-2）。式中，GR_{it}为粮食产量，即第一级生产函数，CP_{it}为粮食生产中的资本投入，ER_{it}为土地要素投入，α_1、α_2为资本与土地要素投入对粮食产量的影响系数。θ_1为分配系数，A为综合效益指数，是广义技术水平的反映，γ为技术进步速度，$Ae^{\gamma t}$表示与时间相关的由技术水平提高而使产量增加的倍数。m反映规模报酬。最终估计出来的结果如表3-1。从结果可知，我国粮食生产中科技对粮食产量的贡献达51.70%，而西部、东部和中部地区粮食产量的科技贡献率分别为92.31%、108.7%[③]和28.44%，科技是粮食产量增加的重要

---

① 此部分详细内容参见姜松、王钊等：《粮食生产中的科技进步速度及贡献研究——基于1985—2010年省级面板数据》，《农业技术经济》2012年第10期。

② 万宝瑞：《农业现代化与可持续发展》，中国农业出版社2001年版。瞿虎渠：《科技进步：粮食生产中的重要支撑》，《求是》2010年第5期。雷俊忠、饶开宇等：《中国农业现代化建设的理论与实践》，电子科技大学出版社2011年版。

③ 粮食科技贡献率 = 科技进步速度/粮食产量增速，科技进步贡献率大于100%意味着粮食生产中科技进步速度快于粮食产量的增加速度。

因素。

$$
\begin{cases}
GR_{it1} = \left(\alpha_1 CP_{it}^{-\theta_1} + \alpha_2 ER_{it}^{-\theta_2} \right)^{-\frac{1}{\theta_1}} \\
GR_{it} = Ae^{\gamma t} \left(\beta_1 GR_{it1}^{-\theta} + \beta_2 LR_{it}^{-\theta} \right)^{-\frac{m}{\theta}}
\end{cases}
\tag{3-2}
$$

表 3 - 1　粮食生产中的科技贡献率

地区	生产函数估计结果	粮食生产科技贡献率
中国	$GR_{it1} = \left(-0.04CP_{it}^{4.02} + 1.04ER_{it}^{4.02} \right)^{0.25}$ $GR_{it} = 2.72^{-15.74} e^{0.0076t} \left(0.89GR_{it1}^{0.96} + 0.11LR_{it}^{0.96} \right)^{0.98}$	51.70%
西部	$GR_{it1} = \left(0.8CP_{it}^{-19.38} + 0.2ER_{it}^{-19.38} \right)^{0.05}$ $GR_{it} = 2.72^{-34.2} e^{0.018t} \left(1.13GR_{it1}^{8.84} - 0.13LR_{it}^{8.84} \right)^{0.12}$	92.31%
东部	$GR_{it1} = \left(-0.67CP_{it}^{2.92} + 1.67ER_{it}^{2.92} \right)^{0.34}$ $GR_{it} = 2.72^{-19.5} e^{0.005t} \left(0.43GR_{it1}^{3.25} + 0.57LR_{it}^{3.25} \right)^{0.21}$	108.7%
中部	$GR_{it1} = \left(1.02CP_{it}^{43.25} - 0.02ER_{it}^{43.25} \right)^{0.02}$ $GR_{it} = 2.72^{-12.49} e^{0.006t} \left(0.81GR_{it1}^{3} + 0.19LR_{it}^{3} \right)^{0.33}$	28.44%

　　科技进步贡献率虽然可以阐释科技因素对农业发展的作用，但毕竟是一个静态指标，生产函数中的技术进步水平只能反映总体的平均水平，无法刻画每一年的科技化发展水平。为此，在此进一步运用非参数 DEA 方法分解农业生产中的科技进步指数。在投入和产出变量进行设定方面，用农林牧渔总产值来表示产出变量。农业产出之所以采用广义的农业总产值原因在于：这样处理可以与农业要素投入的口径保持一致，因为现有统计资料中的投入口径，农业劳动力、农业机械等都是广义的农业口径[①]。用农林牧渔从业人员、耕地面积、农机总动力和化肥使用量来分别表示农业生产中的劳动力、土地和资本要素投入。从图 3 - 9 中可以看出，西部大开发战略实施前，西部农业科技进步指数的变化频率较为频繁，但西部大开发战略实施后，西部农业科技进步指数逐渐趋于平稳，年均增幅达 1.78%，和模型中时间趋势项的系数基本一致。

---

① 邓宗兵：《中国农业全要素生产率增长及影响因素研究》，西南大学 2010 年博士学位论文。

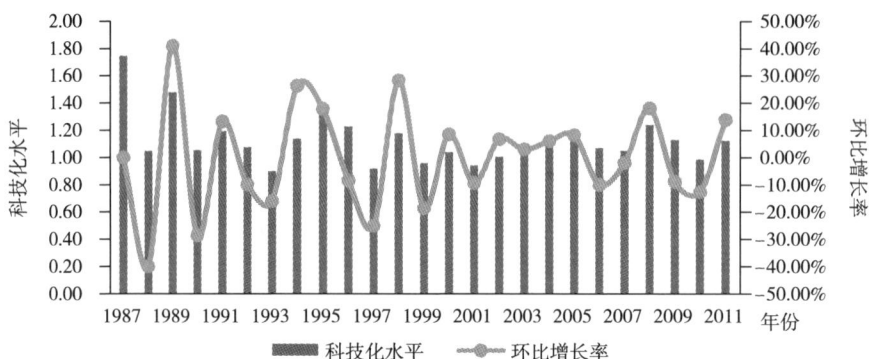

图3-9 西部农业科技进步指数变化
资料来源：根据历年《中国农村统计年鉴》整理计算。

二、结果方面

从某种意义上来讲，传统农业是一种比较特殊的"经济均衡"，要打破这种均衡实现农业现代化发展就需引入新要素，实施技术变革①。因此，从技术变革角度来看，农业现代化的主要类型和模式大致有三种：以美国为代表的劳动节约型、以日本为代表的土地节约型以及以欧洲为代表的中性技术进步型，这在第二章中我们已进行了详细的论述和讨论。通过对比发达国家农业现代化模式我们可知，发达国家农业现代化发展所产生的直接后果就是促进了农业的劳动生产率、土地产出率以及商品化率的提升。所以，从结果层面"管窥"农业现代化，其还应涵盖农业劳动生产率、土地产出率以及商品化率的内容。基于此，进一步从结果层面刻画西部农业现代化的发展现状及成就。

（一）农业劳动生产率

农业劳动生产率反映的是农业劳动力投入与产出的比率，是农业劳动力与农业物质资本结合效率的体现。农业现代化发展的最大特征就是农业

---

① 康芸、李晓鸣：《试论农业现代化的内涵和政策选择》，《中国农村经济》2000年第9期。

劳动生产率的提高。目前关于农业劳动生产率的衡量方法主要有实物和增加值两种。其中，前者一般用农业劳均生产量表示，后者用劳均增加值表示[①]。本书选择农业劳均增加值来衡量西部农业劳动生产率（见图 3 - 10）。从发展水平来看，1987 年西部农业劳动生产率为 349.679 元/人·年，到2011 年上升至 6548.38 元/人·年，1987—2011 年农业劳动生产率的平均值为 2103.91 元/人·年。其中，1987—2000 年农业劳动生产率平均值为1097.54 元/人·年，2001—2011 年农业劳动生产率平均值为 3384.73 元/人·年。从整体增长速度来看，1987—2011 年西部劳动生产率年均增幅达12.98%。其中，1987—2000 年劳动生产率的年均增幅为 12.62%，2001—2011 年，农业劳动生产率的年均增幅为 14.40%。这说明西部大开发战略实施效果显著，各类物质资本和智力资本不断涌入，在土地面积和技术既定的前提下，资本投入和劳动投入决定农业劳动生产率的高低以及提高速率的快慢[②]。从环比增幅来看，1994 年环比增幅最大，为 34.87%。1988 年、1990 年、1995 年、2004 年、2007 年、2008 年、2010 年、2011 年环比增幅

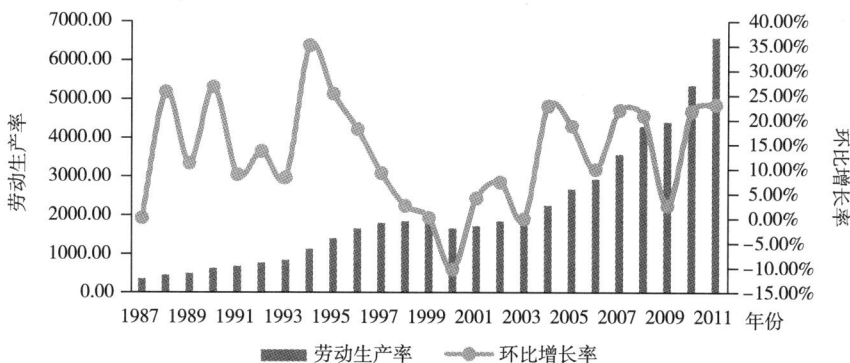

图 3 - 10　西部农业劳动生产率情况

资料来源：根据历年《中国农村统计年鉴》整理计算。

---

① 柯炳生：《对推进我国基本实现农业现代化的几点认识》，《中国农村经济》2000 年第 9 期。汪小平：《中国农业劳动生产率增长的特点与路径分析》，《数量经济技术经济研究》2007 年第 4 期。

② 汪小平：《中国农业劳动生产率增长的特点与路径分析》，《数量经济技术经济研究》2007年第 4 期。

均达到20%以上。但2000年西部农业劳动生产率呈现大幅下降，下降幅度为10.40%。2003年西部农业劳动生产率呈现小幅下降，下降幅度为0.03%。但整体来看，西部农业劳动生产率环比平均增幅达13.49%。

（二）土地产出率

土地生产率是从结果层面衡量农业现代化发展内容的重要结果指标，反映了农业生产目标的实现程度，在土地资源有限的约束条件下，土地产出率这个指标具有重要意义[①]。学术界关于土地产出率的衡量方法有很多，基于可获性原则，本书参照黄祖辉、林坚（2003）[②] 的方法，用单位耕地面积粮食产量来表示土地产出率，结果如图3-11。从图中可以看出，西部农业的土地产出率逐年上升。1987年西部农业的土地产出率为0.206，2011年西部农业的土地产出率上升至0.219，1987—2011年西部土地产出率的平均水平为0.23，其中西部大开发战略实施前土地产出率的平均水平为0.264，西部大开发战略实施后土地产出率平均水平为0.186。从总体增长率来看，1987—2011年西部土地产出率年均增幅为0.26%。其中，1987—

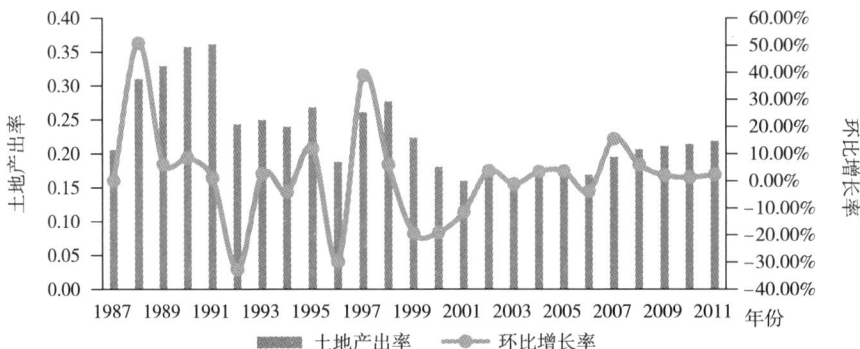

图3-11 西部土地产出率情况

资料来源：根据历年《中国农村统计年鉴》整理计算。

[①] 柯炳生：《对推进我国基本实现农业现代化的几点认识》，《中国农村经济》2000年第9期。

[②] 黄祖辉、林坚等：《农业现代化：理论、进程与途径》，中国农业出版社2003年版。

2000 年，西部土地产出率呈现下降态势，年均下降幅度为 1.002%；2001—2011 年西部土地产出率整体呈现上升态势，年均增幅达 3.19%。从环比增长率层面来看，1988 年西部农业的土地产出率环比增幅较大，达 50.87%，1997 年和 2007 年西部农业的土地产出率分别达到 38.92%、15.49%，从2009 年开始西部农业土地产出率趋于稳定。

（三）商品化率

发达国家农业现代化的发展类型和模式清晰揭示，在结果层面，农业现代化的内涵除了包括劳动生产率和土地产出率两个层面外，在市场经济框架下其内容还应涵盖农业商品化率。农业商品化率的提高意味着传统自己自足"小农"经济的瓦解和升级，农业部门同国民经济其他部门的联系更为紧密，农民按照市场供需规律安排生产，并从中获益。同时也意味着农业内部的分工也将进一步优化。因而从这一角度来说，无法实现农业商品化率的提高，也就无法实现农业向现代化的转变[①]。用农民人均家庭经营性收入占家庭人均纯收入的比重间接反映农业商品化率。由图 3 - 12 可知，1987 年西部农业商品化率为 0.886，到 2011 年变为 0.532，1987—2011 年西部农业商品化率的平均值为 0.734，其中西部大开发战略实施前西部农业商品化率的平均值为 0.824，西部大开发战略实施后西部农业商品化率的平均值为 0.618。从增长速度来看，1987—2011 年西部农业商品化率呈下降趋势，年均下降幅度为 2.103%。其中，1987—2000 年，西部农业商品化率年均下降幅度达 1.617%，2001—2011 年，西部农业商品化率年均下降幅度达2.762%。为什么西部整体农业商品化率呈现下降的趋势呢？研究认为原因大概有以下几点：一是指标选择的是农民家庭经营性收入所占比重。随着经济的不断发展，农村居民的务工收入和财产性收入占据的比重日益增加，因而从整体来看农民家庭经营性收入所占的比重下降会成为趋势。这也说明随着经济的不断发展，农民收入的来源渠道不断拓展和加宽。二是种养

---

① 章琳、徐柏园：《农业的商品化与农业的机械化》，《经济研究》1987 年第 1 期。

业基本上以家庭经营为单位，农民生产的农产品只有部分转移为商品，且农产品加工率低，大量的鲜活农产品上市，农业生产经营各环节主要是自然人联接而非法人联接①。这也反映了西部地区"小农户"和"大市场"的矛盾依旧比较严峻。尤其是近几年剧烈波动的农产品价格，也对农业商品化率的提高产生了不良的影响。

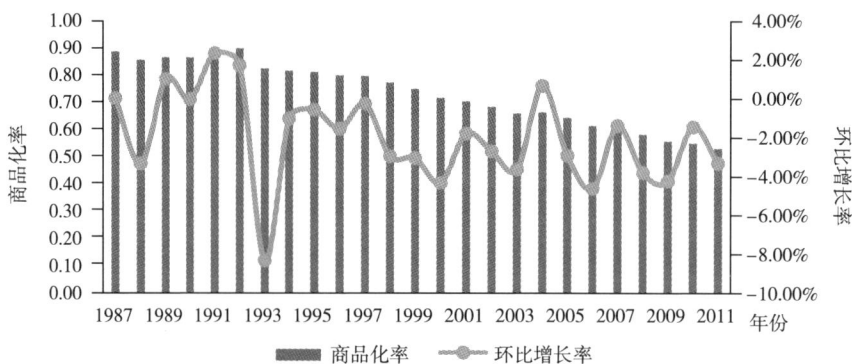

图 3 – 12　西部农业商品化率情况

资料来源：根据历年《中国农村统计年鉴》整理计算。

第三节　西部农业现代化发展综合测度

在上一节我们从过程和结果两个层面，基于单一指标对西部农业现代化发展现状及取得的成就有了一定的了解和认识，但西部农业现代化发展水平到底如何，仅仅依靠单一指标仍旧无法准确做出判断。同时，单一的指标也为后文的分析带来诸多不便和麻烦。为此，有必要从整体出发，运用主成分分析方法对单一指标进行"合成"以综合单一指标所"蕴含"的全部核心信息，从而实现对西部农业现代化整体发展水平的测度，为后续

---

① 李云才、刘卫平等：《中国农村现代化研究》，湖南人民出版社 2004 年版。

研究打下基础。

一、数据标准化处理

从结构层面来看，农业现代化各量化指标间的单位及量纲并不相同，在计算各指标相关系数时就会产生诸多困难。当指标间的差异较大时，数值较高的指标通常所占的比重会较大，其他水平较低的指标作用就会被"弱化"。因此，为了改变这种状况，需要对原始指标进行标准化或"无量纲化"处理，以确定指标间的一致性与可比性。关于数据标准化处理的方法非常多，常用的方法主要有"最小—最大标准化""Z-score 标准化"和"按小数定标标准化"等。本书主要采用 SPSS 软件中的"Z-score 标准化"处理方法，对各指标进行"无量纲化"处理，将其转化成均值为 0，方差为 1 的一致性指标。"Z-score 标准化"的计算公式如式（3 - 3）所示。其中，$\overline{X_j}$ 和 $\sqrt{\mathrm{var}\,(X_j)}$ 分别表示第 j 个变量的平均值和标准差。且 $\overline{X_j} = \dfrac{1}{n}\sum\limits_{i=1}^{n} X_{ij}$，$\mathrm{var}\,(X_j) = \dfrac{1}{n-1}\sum\limits_{i=1}^{n} (X_{ij} - \overline{X_j})^2$。标准化处理后的数据结果如表 3 - 2。

$$X_{ij}^* = \frac{X_{ij} - \overline{X_j}}{\sqrt{\mathrm{var}(X_j)}}(i = 1,2,\cdots,n;j = 1,2,\cdots,p) \qquad (3-3)$$

表 3 - 2　数据标准化处理

年份	MEC	WAT	CHE	ELE	SCA	ECO	PKN	SPE	TEC	LPR	LOU	COM
1987	-1.38	-0.07	-0.60	-1.31	-0.81	-1.34	-1.53	0.35	3.36	-1.09	-0.40	1.29
1988	-0.25	1.82	1.28	-1.25	-1.70	-1.34	-1.56	0.16	-0.43	-1.04	1.35	1.04
1989	-0.08	1.86	1.97	-1.17	-1.69	-1.08	-1.48	-0.02	1.90	-1.01	1.67	1.11
1990	0.07	2.01	1.62	-1.11	-1.75	-1.10	-1.37	-0.39	-0.40	-0.93	2.13	1.11
1991	0.24	2.07	1.45	-1.05	-1.74	-1.10	-1.13	0.06	0.36	-0.89	2.20	1.28
1992	-0.82	0.26	-0.09	-0.92	-0.73	-1.41	-1.03	0.67	-0.28	-0.84	0.22	1.40
1993	-0.72	0.31	0.08	-0.81	-0.70	-1.10	-0.84	0.67	-1.22	-0.80	0.33	0.77
1994	-0.59	0.33	0.42	-0.66	-0.67	-0.50	-0.70	0.77	0.06	-0.62	0.15	0.70

年份	MEC	WAT	CHE	ELE	SCA	ECO	PKN	SPE	TEC	LPR	LOU	COM
1995	-0.32	0.34	0.77	-0.13	-0.63	-0.50	-0.52	-3.93	1.16	-0.45	0.63	0.66
1996	-1.31	-1.23	-0.77	-0.34	1.29	-0.50	-0.31	1.72	0.55	-0.29	-0.70	0.55
1997	-0.30	0.20	0.94	-0.24	-0.30	-0.42	-0.21	0.73	-1.12	-0.20	0.52	0.53
1998	-0.06	0.28	1.11	-0.16	-0.31	-0.44	-0.06	0.07	0.28	-0.17	0.78	0.33
1999	-0.37	-0.35	-0.77	-0.05	0.40	0.19	0.06	-0.12	-0.91	-0.17	-0.12	0.13
2000	-0.69	-0.86	-1.29	-0.16	0.61	0.19	0.23	0.13	-0.47	-0.29	-0.81	-0.14
2001	-0.74	-1.03	-1.29	-0.09	0.95	0.19	0.55	0.07	-1.00	-0.25	-1.16	-0.25
2002	-0.59	-1.01	-1.29	0.06	0.98	0.19	0.45	0.18	-0.66	-0.17	-1.06	-0.41
2003	-0.43	-1.01	-1.12	0.05	0.58	0.19	0.57	0.47	-0.49	-0.17	-1.10	-0.63
2004	-0.25	-0.98	-1.12	0.27	0.65	1.24	0.72	0.07	-0.16	0.08	-1.00	-0.59
2005	-0.01	-0.94	-0.95	0.52	0.93	1.24	0.89	-0.15	0.33	0.34	-0.90	-0.75
2006	-0.13	-0.88	-0.77	0.51	0.99	1.24	1.01	0.39	-0.30	0.50	-1.01	-1.01
2007	0.97	-0.41	-0.26	0.98	0.54	1.24	1.10	0.67	-0.42	0.90	-0.58	-1.08
2008	1.39	-0.31	-0.09	1.21	0.61	1.24	1.17	0.02	0.61	1.35	-0.38	-1.28
2009	1.73	-0.21	0.08	1.46	0.65	1.24	1.29	-0.58	0.02	1.42	-0.32	-1.49
2010	2.11	-0.14	0.25	1.97	0.87	1.24	1.39	-0.81	-0.75	2.01	-0.27	-1.56
2011	2.54	-0.06	0.42	2.40	0.98	1.24	1.33	-1.17	-0.01	2.77	-0.18	-1.71

二、测度实施步骤

（一）计算样本相关矩阵

基于公式（3-4）和标准化数据计算样本的相关矩阵，其中$\dfrac{X_i - \overline{X}}{S_X}$和

$\dfrac{Y_i - \overline{Y}}{S_Y}$为标准化变量，$S_X$和$S_Y$为样本标准差，$\overline{X}$和$\overline{Y}$为样本均值。计算结果
如表3-3所示。从中可以看出，农业现代化单一指标间存在明显的共线性
特征，有的指标存在高度相关性，如农业机械化（MEC）与电气化

（ELE）、劳动生产率（LPR），农业水利化（WAT）与农业化学化（CHE）、适度规模化（SCA）、土地产出率（LOU），农业化学化（CHE）与土地产出率（LOU），农业适度规模化（SCA）与水利化（WAT）、生态良性化（ECO）、生产者知识化（PKN）、土地产出率（LOU），生产者知识化（PKN）与电气化（ELE）、商品化率（MER）、适度规模化（SCA）、生态良性化（ECO）、劳动生产率（LPR）的相关系数的绝对值超过了0.8，单一指标间存在明显的信息重叠现象。如果简单的将单一指标进行直接加权会造成指标信息的重复利用和计算，得到的结论是不科学的，缺乏可信度。为此，通过主成分分析法实现指标信息"合并"，达到"降维"的目的是十分必要的。

$$r = \frac{1}{n-1} \sum_{i=1}^{n} \left(\frac{X_i - \overline{X}}{S_X} \right) \left(\frac{Y_i - \overline{Y}}{S_Y} \right) \qquad (3-4)$$

表3-3 各指标相关系数矩阵

指标	MEC	WAT	CHE	ELE	SCA	ECO	PKN	SPE	TEC	LPR	LOU	COM
MEC	1.00	0.09	0.26	0.82	0.24	0.62	0.61	-0.36	-0.14	0.87	0.04	-0.71
WAT	0.09	1.00	0.92	-0.49	-0.92	-0.63	-0.70	-0.17	0.19	-0.39	0.97	0.60
CHE	0.26	0.92	1.00	-0.28	-0.79	-0.48	-0.53	-0.25	0.19	-0.18	0.93	0.44
ELE	0.82	-0.49	-0.28	1.00	0.74	0.90	0.92	-0.28	-0.25	0.99	-0.50	-0.95
SCA	0.24	-0.92	-0.79	0.74	1.00	0.81	0.88	0.09	-0.29	0.66	-0.90	-0.81
ECO	0.62	-0.63	-0.48	0.90	0.81	1.00	0.97	-0.14	-0.26	0.85	-0.65	-0.96
PKN	0.61	-0.70	-0.53	0.92	0.88	0.97	1.00	-0.11	-0.36	0.87	-0.70	-0.97
SPE	-0.36	-0.17	-0.25	-0.28	0.09	-0.14	-0.11	1.00	-0.18	-0.24	-0.19	0.15
TEC	-0.14	0.19	0.19	-0.25	-0.29	-0.26	-0.36	-0.18	1.00	-0.20	0.17	0.29
LPR	0.87	-0.39	-0.18	0.99	0.66	0.85	0.87	-0.24	-0.20	1.00	-0.41	-0.91
LOU	0.04	0.97	0.93	-0.50	-0.90	-0.65	-0.70	-0.19	0.17	-0.41	1.00	0.64
COM	-0.71	0.60	0.44	-0.95	-0.81	-0.96	-0.97	0.15	0.29	-0.91	0.64	1.00

（二）KMO 和 Bartlett 检验与主成分个数确定

由表 3 - 4 可知，KMO（Kaiser-Meyer-Olkin）检验值为 0. 690，由经验可知，当 KMO 值在 0. 6 以上时说明样本适合做主成分分析。而 Bartlett 的卡方统计量为 606. 754，自由度为 66，显著水平为 0. 000 < 0. 1，说明指标间的相关程度较高，相关系数矩阵通过 Bartlett 检验，原始数据存在主成分，适合做主成分分析。以上结果表明运用主成分分析法来实现西部农业现代化单一指标合成会取得较好效果。

表 3 - 4　KMO 和 Bartlett 检验

KMO（Kaiser-Meyer-Olkin）检验值		0. 690
Bartlett 的球形度检验	卡方统计量	606. 754
	自由度	66
	显著性水平	0. 000

进一步的，确定主成分的个数。从表 3 - 5 可知，第一主成分的特征值为 7. 321，它解释了 12 个农业现代化量化"指标集"中的 60. 27%；第二个主成分的特征值为 2. 747，它解释了 12 个农业现代化量化"指标集"中的 22. 893%；第三个主成分的特征值为 1. 050，它解释了 12 个农业现代化量化"指标集"的 8. 747%。综合而言，前三个主成分就涵盖了原有"指标集"中 91. 91%的信息。一般而言，当主成分大于 85%时，可以用前三个主成分替代原来的 12 个农业现代化量化指标。当然，这一点也可以由碎石图（见图 3 - 13）得到进一步验证，碎石图中前三个主成分的特征值接近 1，进一步说明应该取前三个主成分。

表 3－5 解释的总方差

成分	初始特征值			提取平方和载入		
	合计	方差的百分比	累积百分比	合计	方差的百分比	累积百分比
1	7.232	60.270	60.270	7.232	60.270	60.270
2	2.747	22.893	83.163	2.747	22.893	83.163
3	1.050	8.747	91.910	1.050	8.747	91.910
4	0.638	5.316	97.226			
5	0.150	1.253	98.479			
6	0.097	0.812	99.291			
7	0.039	0.327	99.618			
8	0.021	0.175	99.793			
9	0.017	0.140	99.933			
10	0.004	0.037	99.970			
11	0.003	0.026	99.996			
12	0.000	0.004	100.000			

注：提取方法为主成分方法。

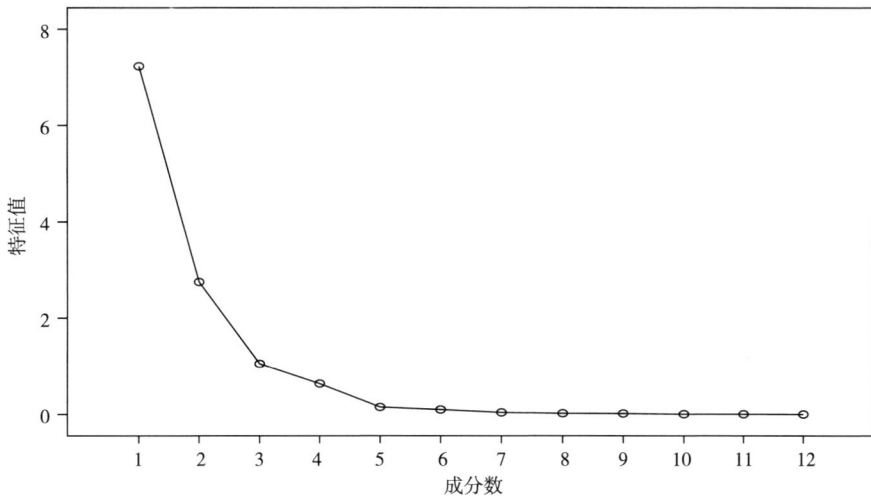

图 3－13 西部农业现代化测度的碎石图

（三）成分得分系数与主成分得分

进一步计算成分得分系数矩阵，结果如表3－6。由结果可知，第一主成分所对应的系数分别为0.075、－0.107、－0.086、0.126、0.128、0.131、0.136、－0.010、－0.045、0.118、－0.109、－0.133。第二主成分所对应的系数为0.295、0.216、0.266、0.141、－0.113、0.054、0.035、－0.209、0.022、0.168、0.209、－0.079。第三主成分所对应的系数分别为0.090、0.136、0.111、－0.011、－0.033、－0.018、0.050、0.499、－0.799、0.008、0.148、－0.023。

表3－6　成分得分系数矩阵

指标	1	2	3
MEC	0.075	0.295	0.090
WAT	－0.107	0.216	0.136
CHE	－0.086	0.266	0.111
ELE	0.126	0.141	－0.011
SCA	0.128	－0.113	－0.033
ECO	0.131	0.054	－0.018
PKN	0.136	0.035	0.050
SPE	－0.010	－0.209	0.499
TEC	－0.045	0.022	－0.799
LPR	0.118	0.168	0.008
LOU	－0.109	0.209	0.148
COM	－0.133	－0.079	－0.023

注：提取方法为主成分方法。

通过成分得分系数矩阵可以将三个主成分表示成为各个变量的具体形式。为此，我们可以写出三个主成分的表达形式。式（3－5）中，S_1、S_2、S_3、S_4、S_5、S_6、S_7、S_8、S_9、S_{10}、S_{11}、S_{12}分别表示各指标的标准化数据。

进一步将标准化后的原始数据代入主成分表达式，就可以计算出各样本的主成分得分，如表 3 - 7 所示。

$$
\begin{cases}
C_1 = 0.075S_1 - 0.107S_2 - 0.086S_3 + 0.126S_4 + 0.128S_5 + 0.131S_6 \\
\qquad + 0.136S_7 - 0.010S_8 - 0.045S_9 + 0.118S_{10} - 0.109S_{11} - 0.133S_{12} \\
C_2 = 0.295S_1 + 0.216S_2 + 0.266S_3 + 0.141S_4 - 0.113S_5 + 0.054S_6 \\
\qquad + 0.035S_7 - 0.209S_8 + 0.022S_9 + 0.168S_{10} + 0.209S_{11} - 0.079S_{12} \\
C_3 = 0.090S_1 + 0.136S_2 + 0.111S_3 - 0.011S_4 - 0.033S_5 - 0.018S_6 \\
\qquad + 0.050S_7 + 0.499S_8 - 0.799S_9 + 0.008S_{10} + 0.148S_{11} - 0.023S_{12}
\end{cases}
$$

$$(3 - 5)$$

表 3 - 7   各主成分计算结果

年份	主成分 1	主成分 2	主成分 3
1987	- 1.110	- 1.170	- 2.823
1988	- 1.478	0.533	0.970
1989	- 1.617	0.955	- 0.838
1990	- 1.512	1.096	0.884
1991	- 1.516	1.060	0.527
1992	- 0.920	- 0.721	0.512
1993	- 0.732	- 0.542	1.331
1994	- 0.640	- 0.346	0.376
1995	- 0.580	1.047	- 2.705
1996	0.040	- 1.678	- 0.114
1997	- 0.383	0.030	1.435
1998	- 0.420	0.426	0.088
1999	0.171	- 0.487	0.467
2000	0.358	- 1.051	- 0.007
2001	0.550	- 1.175	0.308
2002	0.572	- 1.081	0.118
2003	0.554	- 0.991	0.185

年份	主成分1	主成分2	主成分3
2004	0.763	−0.691	−0.263
2005	0.874	−0.426	−0.697
2006	0.955	−0.509	0.089
2007	0.971	0.274	0.621
2008	1.043	0.787	−0.418
2009	1.156	1.144	−0.166
2010	1.379	1.515	0.406
2011	1.520	1.999	−0.287

三、测度结果与处理

对主成分进行综合加权，即可以得到综合测度结果。权重根据三个主成分的方差贡献率来确定。因为方差贡献率在很大程度上可以看成是各个主成分所包含的信息量的多少，为此，就可以计算得到西部地区 1987—2011 年农业现代化综合测评得分 F，结果如表 3 - 8 所示。从中可以看到，西部农业现代化综合测度结果在有些年份的值为负，这主要是因为数据标准化处理后，各指标的平均水平定为零，负数表示该年的发展水平位于样本平均水平之下。但这为分析中进行比较与解释带来诸多困难和不便，且容易引起误解。为此，需要对结果进行进一步处理。为了在最大程度减少数据处理后信息丢失的基础上，得到正的农业现代化发展水平值，本书参照李建军（2011）[①] 的数据指数化处理方法，编制农业现代化发展指数 AMI。具体公式为：$AMI(n) = \dfrac{[F(n) - F(\min)]}{|F(\min)|} \times 100$，其中 $AMI(n)$ 为第 n 年西部农业现代化发展指数，$F(n)$ 为第 n 年西部农业现代化主成分综合得分，$F(\min)$ 为历年西部农业现代化综合得分最小值。指数化处理后的数据

① 李建军：《金融业与经济发展的协调性研究》，中国金融出版社 2011 年版。

和主成分综合得分变化趋势完全一致，并不改变原有指数的属性，能更为直观地反映各年西部农业现代化的发展差距①。同时，为了便于实施比较分析，采用同样的方法测度得到中国、东部、中部以及西部域内各省份的农业现代化发展指数，作为后文分析的数据基础，此处就不再赘述。

表 3 - 8　中国农业现代化发展指数

年份	F				AMI			
	西部	中国	中部	东部	西部	中国	中部	东部
1987	- 1.29	- 0.87	- 0.66	- 1.33	0.00	0.00	25.59	0.00
1988	- 0.74	- 0.80	- 0.77	- 1.02	42.24	7.92	13.46	23.37
1989	- 0.90	- 0.62	- 0.49	- 0.47	29.97	28.73	45.12	64.28
1990	- 0.63	- 0.76	- 0.79	- 0.62	50.78	13.06	11.09	53.16
1991	- 0.68	- 0.67	- 0.68	- 0.54	47.20	22.55	23.24	59.27
1992	- 0.73	- 0.68	- 0.87	- 0.80	43.01	22.29	1.40	39.99
1993	- 0.49	- 0.51	- 0.89	- 0.77	62.11	41.21	0.00	42.23
1994	- 0.47	- 0.31	- 0.49	- 0.38	63.51	64.70	44.79	71.28
1995	- 0.38	0.05	- 0.20	- 0.18	70.73	106.29	76.95	86.76
1996	- 0.40	- 0.28	- 0.32	- 0.38	68.71	67.83	64.05	71.41
1997	- 0.11	- 0.57	- 0.23	- 0.25	91.69	34.91	74.21	80.81
1998	- 0.16	- 0.36	- 0.11	- 0.13	87.50	58.20	87.12	90.23
1999	0.04	- 0.28	- 0.12	- 0.19	102.72	68.32	86.51	85.81
2000	- 0.03	- 0.32	- 0.12	- 0.18	97.83	63.29	86.50	86.53
2001	0.10	- 0.23	- 0.16	- 0.17	107.61	73.24	82.08	87.21
2002	0.12	- 0.13	- 0.05	- 0.04	109.08	84.91	94.39	97.27
2003	0.13	- 0.11	0.03	0.08	110.40	87.91	103.71	106.17
2004	0.30	0.14	0.27	0.39	123.52	115.90	131.00	129.27
2005	0.40	0.37	0.52	0.62	131.13	142.42	158.27	146.49

---

① 李建军：《金融业与经济发展的协调性研究》，中国金融出版社 2011 年版。

年份	F				AMI			
	西部	中国	中部	东部	西部	中国	中部	东部
2006	0.51	0.45	0.57	0.56	139.44	151.72	164.45	141.86
2007	0.76	0.65	0.75	0.85	159.32	174.64	184.61	164.13
2008	0.84	1.25	1.01	1.06	165.22	243.72	214.22	179.73
2009	1.03	1.37	1.15	1.15	179.74	257.98	229.80	186.75
2010	1.32	1.42	1.16	1.27	202.56	263.15	230.93	195.68
2011	1.47	1.78	1.48	1.46	213.90	305.09	266.50	210.29

第四章 西部农业现代化演进比较
与区域差异

在上一章中我们从单一指标维度揭示了西部农业现代化发展现状，并基于单一指标分析局限性以及分析便宜性需要，进一步运用指标合成方法对单一指标进行合成与综合测度。本章中将基于指标合成与测度结果，在时序、横向及纵向多维度比较分析基础上，进一步分析西部农业现代化演进总体特点、区域差异，并在预测基础上揭示西部农业现代化演进趋势，以形成对西部农业现代化演进的初步认识。

第一节 西部农业现代化演进比较

一、时序比较

（一）总体概况

整体来看，1988—2011 年[1]西部农业现代化水平逐年提高，演进速度较为迅速。从发展水平来看，1988 年西部农业现代化发展指数为 42.24，到 2011 年上升为 213.9，增长了 5.06 倍，年均递增 7.3%，平均环比增长率为 8.83%。1998—2011 年农业现代化发展指数的平均值为 104.16。1988—

---

① 由于在对数据进行指数化处理后，基期 1987 年的农业现代化发展指数变为 0，为了计算西部农业现代化的年均增长率，从 1988 年开始计算（下同）。

1998 年，农业现代化发展指数均处于 100 以下，1999 年首次超过 100，但 2000 年后又小于 100。尤其是 1988—1992 年西部农业现代化水平的波动性较为频繁，呈现"一降一升"的特点。这主要与国家政策导向变动和乡镇企业发展有密切关系。自改革开放初期以来，乡镇企业异军突起。据统计资料显示，仅 1987 年乡镇企业个数就已达到 1750.3 万个，增长 15.5%，职工人数达 8805.2 万人，增长 10.9%，乡镇工业产值 3243.9 亿元，占全国工业总产值的 26.7%①。随着乡镇企业发展，农业劳动力"就地转移"的速度加快，缓解了西部地区紧张的人地矛盾，激活了农业生产力，推动了农业现代化演进。

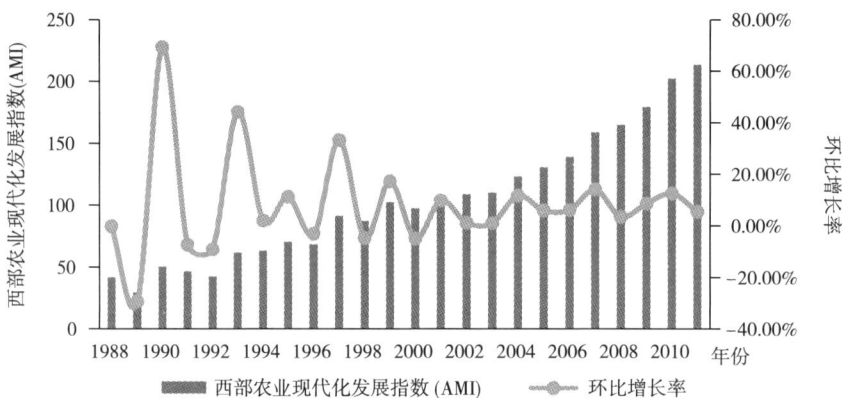

图 4-1　西部农业现代化演进总体概况

同时，乡镇企业的发展过程也是农业技术进步、产业结构调整与升级的过程。随着乡镇企业的发展，农产品加工业也获得了长足进步，有效拓展了农业产业链条，提高了农产品的商品化率，有效地带动了西部农业现代化发展。但到 1988 年，伴随着乡镇企业的发展，经济过热、通货膨胀等现象也"纷至沓来"。政府从金融、财税和环境治理②等方面对乡镇企业的

---

① 数据来自郑有贵、李成贵：《一号文件与中国农村改革》，安徽人民出版社 2008 年版。

② 在金融方面，紧缩乡镇企业的贷款，抑制乡镇企业贷款的过度膨胀；在财税方面，加强对乡镇企业的税收、财务治理和整顿；在环境方面，对于一些能耗大、效益差、污染严重的乡镇企业实行关、停、并、转等。

发展施行控制，在 1988—1991 年的整顿时期，大量乡镇企业因为"资金链"断裂而出现破产、速度放缓等诸多问题，但也有乡镇企业借此时机，强化内部整改、优化结构，依靠科技进步实现了结构转型升级。1992 年随着邓小平南方谈话以及党的十四大召开，乡镇企业"农民伟大创造"的地位再次得到肯定，乡镇企业又开始繁荣发展，其对西部农业现代化演进的影响效应也开始进一步凸显。也正是因为这种政策的波动性以及不稳定性造成 1988—1991 年西部地区农业现代化演进"一降一升"的间断性、波动性特点。

（二）西部大开发前后农业现代化演进比较

以西部大开发为分水岭，从 2000 年以后，西部农业现代化演进迈上了快速发展道路，2000 年的农业现代化发展指数比 1988 年增长了 2.32 倍，年均增幅达 7.24%，切实说明西部大开发战略的实施为西部农业现代化演进新机遇。

在西部大开发战略实施前这一阶段，环比增长率最快的为 1990 年，达到 69.4%。这主要是因为 20 世纪 80 年代中后期，粮棉油糖等大宗农产品大幅减产，由此再次引发了家庭联产承包经营是否适应农业现代化发展要求的争论①。为此，1990 年邓小平从农业发展实际出发，提出了著名的"两个飞跃"②的论断，指出家庭联产承包责任制既能适应生产力水平低下的传统农业的发展需要，也能适应采用先进技术和生产手段的现代农业发展需要，具有广泛的适应性和生命力。家庭联产承包责任制的稳定性，有利于稳定农民人心，提高劳动生产率。因此，在农业现代化推进过程中，一定要确保家庭联产承包责任制的长期性和稳定性。

其次为 1993 年和 1997 年，环比增长率分别为 44.4% 和 33.4%。主要有以下几个原因：一是社会主义市场经济体制的建立。1993 年 11 月 14 日，

---

① 郑有贵、李成贵：《中央一号文件与中国农村改革》，安徽人民出版社 2008 年版。
② "两个飞跃"是指废除人民公社实行家庭联产承包责任制，以及适应科学种田和生产社会化的需要，发展适度规模经营，发展集体经济。

党的十四届三中全会通过《中共中央关于建立社会主义市场经济体制若干问题的决定》，明确了市场化改革的思路与方向，有利于提高农业商品化率，推动专业化分工和区域布局合理化，加速了农业现代化演进速度。二是 1997 年国务院加快完善粮食储备体系，建立了中央专项储备粮垂直管理体制和高效、灵活的调控机制，并出台了按保护价收购农民余粮的政策，有效保护了农民的权益，有利于调动农民的生产积极性，提高农民的劳动生产率，推动农业现代化演进。这也从侧面说明粮食安全问题及其政策导向是农业现代化演进的重要保障。此外，1995 年、1999 年的环比增长率也都超过了 10%。

2011 年的西部农业现代化指数相比 2001 年增长了 2.19 倍，年均增幅达 7.11%。在西部大开发战略实施后，环比增长率最快的年份为 2004 年、2007 年、2010 年，分别为 11.88%、14.25%、12.7%。对比西部大开发前后两阶段，说明西部农业现代化演进速度相差并不大。但从绝对值方面来说，后一阶段则远远超过前一阶段，说明西部农业现代化演进迈上新台阶、进入新阶段，也充分表明西部大开发是重大的经济发展战略决策，对西部是必要的、正确的[①]。从 2004 年开始，中央连续十一个一号文件聚焦农业，且在 2006 年十届全国人大常委会十九次会议通过决定，自 2006 年 1 月 1 日起废止《中华人民共和国农业税收条例》，农业发展开始进入强农、惠农、利农的新时期[②]。受政策联动效应以及减免农业税的时间滞后效应的影响，2007 年西部农业现代化发展指数的环比增速较快。同时，西部农业技术人员在科技研发、运用和推广中发挥了重要作用，成为农业现代化演进的重要支撑。据第二次农业普查资料显示（见表 4-1）：在这一时期西部农业技术人员数量达到最多，共计 77 万人，占全国比重为 37.2%，超过东部地区、中部地区和东北地区。

[①] 林凌、刘世庆：《审视西部大开发》，《改革》2003 年第 4 期。

[②] 姜松、王钊等：《粮食生产中科技进步速度及贡献研究——基于 1985—2010 年省级面板数据》，《农业技术经济》2012 年第 10 期。

表 4 – 1　西部农业技术人员数量

类别	全国	东部地区	中部地区	西部地区	东北地区
合计	207	70	39	77	21
初级	149	53	25	58	13
中级	46	14	11	15	6
高级	12	3	3	4	2

资料来源：第二次农业普查数据，单位为万人。

（三）"七五"至"十一五"期间西部农业现代化演进比较

以"五年计划"的时间段节点对分析样本进行划分①，结果见表 4 – 2。从农业现代化水平来看，"七五"至"十一五"期间，西部农业现代化发展指数的平均值随着"五年计划"发展呈现阶段性递增现象。"七五"时期西部农业现代化发展指数的平均值为 30.74，到"十一五"时期西部农业现代化发展指数的平均值达到最大，为 176。从年均增长率来看，"七五"至"十一五"时期，西部农业现代化发展指数的年均增长率存在较大差别，呈现"N"型特征。但总体而言，"八五"和"十一五"是西部农业现代化发展指数年均增幅最快的时期，增幅均达到了两位数，分别为 10.64% 和 11.28%。除"七五"和"十五"时期，其他"五年计划"时期西部农业现代化发展指数的年均增长率均高于西部整体的年均增长率 7.3%。从环比增长率来看，"七五"至"十五"期间，西部农业现代化发展指数的环比增长率呈递减趋势，平均环比增长率最快的为"七五"时期，高达 20.19%，最慢的为"十五"时期，仅为 5.15%。由于每个"五年计划"的战略重点和发展定位不同，对于农业的投入力度、支持方式以及制度配套也不同，因而农业现代化发展指数的增长也会存在显著差异。

---

　　①　按照"五年计划"的时间节点，研究样本横跨"七五"至"十一五"，但由于选取数据样本原因，"七五"年均增长率实际上是从 1987 年开始的。

表4-2 西部各时期农业现代化发展指数增长情况

时期	指数平均值	年均增长率（%）	平均环比增长率（%）
"七五"	30.74	6.33	20.19
"八五"	57.31	10.64	12.28
"九五"	89.69	9.23	10.38
"十五"	116.35	5.06	5.15
"十一五"	176.7	11.28	9

资料来源：根据测度数据整理计算。

二、横向比较

要系统剖析和归纳西部农业现代化演进概况并形成总体认识，不仅要从其自身发展实践出发，刻画其总体演进时间走势以及不同时段"断点"前后的阶段差异，还应从宏观和中观发展实践的横向视角深入开展全方位比较分析，以系统认知西部农业现代化演进在区域发展层面所表现出的区域差异。所以，在此部分将基于全国、东部和中部等层面农业现代化发展实际，展开横向比较，以发现西部农业现代化演进所表现的异质性。

（一）西部农业现代化演进与全国的比较

在前文中我们已经对西部农业现代化发展水平和演进速度有了全面了解，开展其与全国农业现代化演进的比较分析，一个关键的步骤就是要了解中国层面农业现代化发展的实际情况。为此，基于前文的方法和指标，首先计算出全国层面的农业现代化发展水平和演进速度①，结果见表4-3。从中可以看出，1988—2011年中国农业现代化发展指数的年均增长率为17.2%。其中，2000年前后中国农业现代化发展指数的年均增长率分别为18.88%、15.34%，"七五"至"十一五"时期，年均增长率分别为

---

① 下文中开展西部同东部、中部以及域内比较时采用的方法一致，就不再赘述。

28.53%、47.35%、- 1.7%、18.11%、14.77%。从环比增长率来看，中国农业现代化发展指数的平均环比增长率为 28.33%。其中，2000 年前后中国农业现代化发展指数的平均环比增长率分别为 39.74%、15.9%，"七五"至"十一五"时期，平均环比增长率分别为 103.96、55.26%、- 1.56%、17.99%、13.8%。"九五"时期农业现代化发展指数的年均增长率和环比增长率为负，这可能是因为 20 世纪 90 年代中期由于政府大幅提高粮食价格以及实施"米袋子省长负责制"等政策虽然激发了农民通过技术采用提高农业产量的积极性，但随着政策深化，各种弊端也随之而来。农产品供应量膨胀，市场价格"暴跌"。且政府在这一期间，各项政策连发，如 1997 年中央转储粮食保管费用和利息补贴为 170 亿元，中央承担的粮食风险基金 40 亿元，直接的财政负担越来越重[①]，阻碍了农业现代化演进，因而其增长率为负。

　　基于此，展开西部农业现代化演进与全国的比较。整体来看，西部农业现代化发展指数的年均增长率和平均环比增长率均低于全国水平。其中，1988—2011 年西部农业现代化发展指数的年均增幅比全国水平低 9.9 个百分点，平均环比增长率比全国水平低 19.5 个百分点。西部大开发战略实施后，西部农业现代化发展指数的年均增长率和平均环比增长率同全国的差距有所缓解。具体而言，西部大开发战略实施前，西部农业现代化发展指数的年均增长率比全国水平低 11.64 个百分点，平均环比增长率的差距为 29.74 个百分点。而西部大开发战略实施后，西部农业现代化发展指数的年均增长率和平均环比增长率同全国的差距分别缩小至 8.23 个百分点、8.45 个百分点。从各"五年计划"时段划分来看，"九五"时期西部农业现代化发展指数的年均增长率和平均环比增长率分别高于全国水平 10.93 个百分点、11.94 个百分点，其他"五年计划"时期，西部农业现代化发展指数的年均增长率和平均环比增长率均滞后于全国水平。具体而言，"七五""八五""十五""十一五"时期西部农业现代化发展指数的年均增长率分别滞

---

① 郑有贵、李成贵：《中央一号文件与中国农村改革》，安徽人民出版社 2008 年版。

后于全国22.2个百分点、36.71个百分点、13.05个百分点、3.49个百分
点,平均环比增长率分别滞后于全国83.77个百分点、42.98个百分点、
12.84个百分点、4.8个百分点。虽然西部农业现代化演进同全国水平差距
有所缩小,但任务仍然十分艰巨。

表4-3 西部农业现代化演进同全国的比较

时期	全国年均增长率(%)	全国平均环比增长率(%)	西部年均增长率差距(全国-西部)(百分点)	西部平均环比增长率差距(全国-西部)(百分点)
1988—2011年	17.2	28.33	9.9	19.5
1988—2000年	18.88	39.74	11.64	29.74
2001—2011年	15.34	15.9	8.23	8.45
"七五"	28.53	103.96	22.2	83.77
"八五"	47.35	55.26	36.71	42.98
"九五"	-1.7	-1.56	-10.93	-11.94
"十五"	18.11	17.99	13.05	12.84
"十一五"	14.77	13.8	3.49	4.8

资料来源:根据测度数据整理计算。

(二) 西部农业现代化演进与东部地区的比较

依然采用前文方法计算出东部农业现代化发展指数的增长速度,结果
见表4-4。从中可以看出,样本区间内,东部农业现代化发展指数的年均
增长率为10.02%。为了比较西部大开发战略前后以及各"五年计划"时
期,西部农业现代化演进同东部地区的差异,表4-4继续给出了东部农业
现代化发展指数在2000年前后以及各"五年计划"时期值。从中可以看
出,2000年前后东部农业现代化发展指数的平均增长率分别为11.53%、
9.2%。"七五"至"十一五"时期东部农业现代化发展指数的年均增长率
分别为51%、10%、4.9%、13.8%、8.37%。从环比增长率来看,1988—

2011 年东部农业现代化发展指数的平均环比增长率为 14.38%。其中，2000 年前后东部农业现代化发展指数的平均环比增长率分别为 19.66%、8.61%。从各五年计划时期来看："七五""八五""九五""十五""十一五"东部农业现代化发展指数的平均环比增长率分别为 78.9%、15.01%、0.61%、11.31%、6.15%。

通过对比发现：1988—2021 年西部农业现代化发展指数的年均增长率、平均环比增长率分别滞后于东部地区 2.9 个百分点、5.55 个百分点。其中，西部大开发战略实施前，西部农业现代化发展指数年均增长率和环比增长率分别比东部地区低 4.29 个百分点和 9.56 个百分点，但西部大开发战略实施后，西部农业现代化发展指数的年均增长率和环比增长率同东部的发展差距逐渐降低为 2.09 个百分点和 1.16 个百分点。从"五年计划"各时段来看，"八五""九五""十一五"时期西部农业现代化发展指数的年均增长率分别高于东部地区 0.64 个百分点、4.33 个百分点、2.91 个百分点，"七五""十五"时期西部农业现代化发展指数的年均增长率分别低于东部地区 44.67 个百分点、8.74 个百分点。从平均环比增长率来看，"九五""十一五"时期西部农业现代化发展指数分别超过东部 9.77 个百分点和 2.85 个百分点，但"七五""八五""十五"时期西部农业现代化发展指数同东部地区的差距分别为 58.71 个百分点、2.73 个百分点、6.16 个百分点。

表 4-4　西部农业现代化演进同东部的比较

时期	东部年均增长率（%）	东部平均环比增长率（%）	西部年均增长率差距（东部－西部）（百分点）	西部平均环比增长率差距（东部－西部）（百分点）
1988—2011 年	10.02	14.38	2.9	5.55
1988—2000 年	11.53	19.66	4.29	9.56
2001—2011 年	9.2	8.61	2.09	1.16
"七五"	51	78.9	44.67	58.71
"八五"	10	15.01	−0.64	2.73

时期	东部年均增长率（%）	东部平均环比增长率（%）	西部年均增长率差距（东部－西部）（百分点）	西部平均环比增长率差距（东部－西部）（百分点）
"九五"	4.9	0.61	-4.33	-9.77
"十五"	13.8	11.31	8.74	6.16
"十一五"	8.37	6.15	-2.91	-2.85

资料来源：根据测度数据整理计算。

（三）西部农业现代化演进与中部地区比较

继续给出中部地区农业现代化发展指数的增长速度，结果见表4-5。从中可以看出，样本区间内，中部地区农业现代化发展指数的年均增长率和平均环比增长率分别为13.8%、12.28%。但中部农业现代化发展指数的波动性较大，在2002年以前，增长并不稳定。1990年、1992年、1993年、1996年、1999年、2001年都有不同幅度下降。2002年后，尤其自2004年开始迈入稳定发展状态，2004年农业现代化发展指数环比增长率较快，为26.3%。当然，这与2004年开始着手实施①的"中部崛起"战略有重大关系。为了比较西部大开发战略前后以及各"五年计划"时期，西部农业现代化演进同中部地区的差异，表4-5继续给出了中部农业现代化发展指数在2000年前后以及各"五年计划"时期值。2000年前后中部农业现代化发展指数的年均增长率分别为16.71%、12.5%；"七五"至"十一五"时期中部农业现代化发展指数年均增长率分别为-0.09%、35%、8%、18%、9%。2000年前后中部农业现代化发展指数的年均环比增长率分别为13.35%、11.11%；"七五"至"十一五"时期中部农业现代化发展指数年均环比增长率分别为79.04%、2.71%、3.14%、13.39%、7.99%。

---

① 2004年3月温家宝总理在《政府工作报告》中正式提出"促进中部地区崛起"的重要战略构想，明确指出"加快中部地区发展是区域协调发展的重要方面"。

通过比较可知：1988—2011 年西部农业现代化发展指数的年均增长率、平均环比增长率分别滞后于中部地区 6.5 个百分点、3.45 个百分点。其中，西部大开发战略实施前，西部农业现代化发展指数年均增长率和环比增长率分别比中部地区低 9.47 个百分点和 3.25 个百分点，但西部大开发战略实施后，西部农业现代化发展指数的年均增长率同中部的发展差距下降至 5.39 个百分点，但平均环比增长率差距有小幅上升，为 3.66 个百分点。从"五年计划"各时段来看，"七五""九五""十一五"时期西部农业现代化发展指数的年均增长率分别高于中部地区 6.42 个百分点、1.23 个百分点、2.28 个百分点，"八五""十五"时期西部农业现代化发展指数的年均增长率分别低于中部地区 24.36 个百分点、12.94 个百分点。从平均环比增长率来看，"八五""九五""十一五"时期西部农业现代化分别超过中部 9.57 个百分点、7.24 个百分点、1.01 个百分点，但"七五"和"十五"时期，中部农业现代化发展指数分别领先于西部 58.85 个百分点、8.24 个百分点。

表 4－5　西部农业现代化演进同中部的比较

时期	中部年均增长率（％）	中部平均环比增长率（％）	西部年均增长率差距（中部－西部）（百分点）	西部平均环比增长率差距（中部－西部）（百分点）
1988—2011 年	13.8	12.28	6.5	3.45
1988—2000 年	16.71	13.35	9.47	3.25
2001—2011 年	12.5	11.11	5.39	3.66
"七五"	－0.09	79.04	－6.42	58.85
"八五"	35	2.71	24.36	－9.57
"九五"	8	3.14	－1.23	－7.24
"十五"	18	13.39	12.94	8.24
"十一五"	9	7.99	－2.28	－1.01

资料来源：根据测度数据整理计算。

三、纵向比较

（一）西部域内农业现代化发展的空间分布描述

为更好反映西部域内农业现代化发展水平的差异，采用系统聚类方法对西部农业现代化发展水平进行分析，以形成对西部域内农业现代化发展的直观认识。以2011年西部域内各省（区、市）农业现代化主成分综合测评得分为例对西部域内农业现代化的发展情况进行聚类分析。在数据标准化处理方法选择上沿用上文的"Z-score"方法，聚类方法采用组间连接（Between-Groups Linkage）方法、二分类的距离选择平方欧几里得距离。由此就可以得到西部各省（区、市）农业现代化发展水平的系统聚类树形图（见图4-2）。从中可看出，西部12个省（区、市）农业现代化发展水平可划分为四类。第一类：内蒙古、新疆，是2011年农业现代化发展水平最好

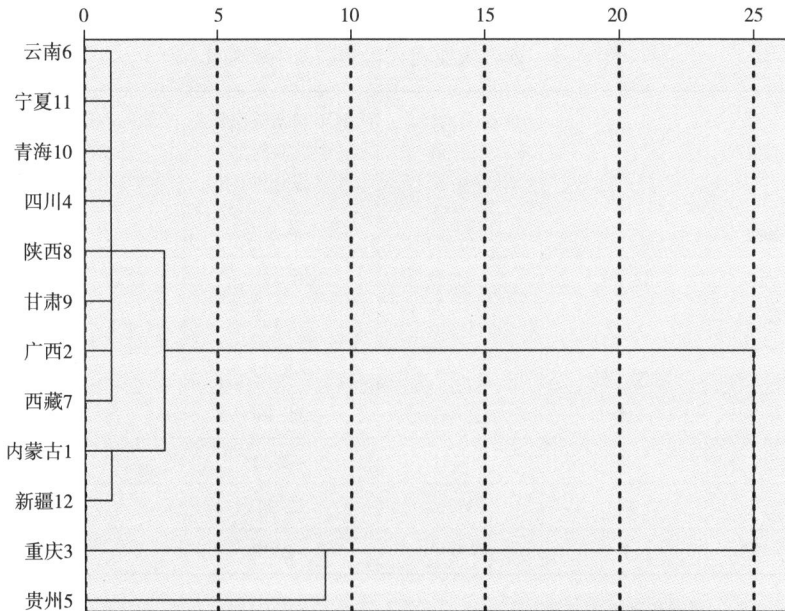

图4-2 西部域内农业现代化发展水平聚类树形图

的地区；第二类：广西、四川、云南、西藏、陕西、甘肃、青海、宁夏，属于农业现代化发展水平"次好"的地区。第三类：重庆，列为农业现代化发展水平"次弱"的区域。第四类：贵州，属于西部农业现代化发展水平最差的地区。西部域内各省（区、市）农业现代化演进中存在显著的梯度特征。

（二）西部域内农业现代化演进比较

继续从农业现代化发展指数的年均增长率变动层面对西部域内农业现代化演进进行比较分析，结果如表4-6。由结果可知，1988—2011年内蒙古、广西、重庆、四川、贵州、云南、西藏、陕西、甘肃、青海、宁夏、新疆农业现代化发展指数的年均增长率分别为6.69%、8.70%、9.02%、16.48%、-5.63%、28.40%、9.24%、19.60%、12.22%、7.71%、7.10%、5.64%。除贵州外，其余各地区农业现代化发展指数年均增长率均为正，大小排序为云南>陕西>四川>甘肃>西藏>重庆>广西>青海>宁夏>内蒙古>新疆。云南农业现代化发展指数增速最快。云南省山区面积大、粮食生产并不具有比较优势，但其畜产品、花卉、烟草、茶叶、蔗糖等特色农产品比较优势十分明显，在各类产业化一体化组织的带动下[1]，农产品的商品化率不断提升。尤其是加入WTO后，云南省农业的综合竞争能力不断增强，形成了以"两烟"+茶叶+畜产品的特色农产品产业体系，促进了农业现代化的飞速发展（李良生，2000）[2]。而新疆属于西部农业现代化发展的高梯度地区，在较高起点上，农业现代化发展指数的增长速度难免会较小。

西部大开发战略实施前，内蒙古、广西、重庆、四川、贵州、云南、西藏、陕西、甘肃、青海、宁夏、新疆农业现代化发展指数年均增长率分

---

① 如"十一五"期间，云南省年销售收入亿元以上的农产品加工企业有80家，国家级农业产业化重点龙头企业有19家，农民专业合作社有6000余个，认证的无公害产品、绿色食品和有机食品产地达1865万亩，比2005年增长57%（参见新华网云南频道，http://www.aweb.com.cn）。

② 李良生：《云南农业现代化面临的挑战与机遇》，《云南社会科学》2000年第6期。

别 为 -1.36%、12.73%、16.13%、25.89%、-10.68%、50.65%、12.08%、31.54%、16.27%、7.99%、6.41%、1.76%，大小排序为云南＞陕西＞四川＞甘肃＞重庆＞广西＞西藏＞青海＞宁夏＞新疆＞内蒙古＞贵州。同西部整体发展速度相比，云南、陕西、四川、甘肃等省份依然排在前列，贵州省农业现代化发展指数增速仍然为负。西部大开发战略实施后，内蒙古、广西、重庆、四川、贵州、云南、西藏、陕西、甘肃、青海、宁夏、新疆农业现代化发展指数的年均增长速度分别为17.65%、5.67%、1.88%、8.29%、9.50%、7.47%、7.28%、9.08%、9.38%、9.44%、9.43%、12.68%，大小排序为内蒙古＞新疆＞贵州＞青海＞宁夏＞甘肃＞陕西＞四川＞云南＞西藏＞广西＞重庆。内蒙古农业现代化发展指数年均增幅最快。内蒙古现代农业发展的优势主要在于资源优势、环境优势，特别是人少地多的优势①。西部大开发战略实施后，各种要素不断集聚，有利于充分整合内蒙古资源要素禀赋优势，加速资金和先进技术的涌入，带动农业生产方式的转变和跨越，促进农业现代化演进速度提升。重庆市集大城市、大农村、大山区、大库区的空间结构于一体，区域差异、城乡发展差异、贫富差异表现尤为明显②，制度屏障致使重庆市农业现代化演进较为缓慢。且重庆市作为西部地区的大都市，战略定位和发展重点选择问题也或多或少的对其农业现代化的演进速度有所限制。

同时，为了更系统反映西部域内各省（区、市）农业现代化发展指数变动的阶段性，进一步按照"五年计划"的阶段划分，考察西部域内各省（区、市）在各"五年计划"时期农业现代化发展指数的增速差异。"七五"时期，西部各省（区、市）农业现代化发展指数的年均增长率的大小排序为：云南＞陕西＞四川＞西藏＞青海＞重庆＞甘肃＞广西＞宁夏＞内蒙古＞新疆＞贵州，发展速度最快的为云南，陕西、四川两个省份的农业现代化发展指数增速也均超过了三位数，贵州增速最慢。"八五"时期西部

---

① 马强、王道龙：《内蒙古现代农业发展水平分析》，《中国农业资源与区划》2012年第4期。
② 姜松：《重庆市统筹城乡发展制约因素及推进路径研究》，西南大学2011年硕士学位论文。

各省（区、市）农业现代化发展指数的年均增长率的大小排序为：四川＞陕西＞云南＞广西＞贵州＞西藏＞重庆＞新疆＞内蒙古＞甘肃＞青海＞宁夏，这一时期相比"七五"时期，西部域内各省（区、市）农业现代化发展指数增长速度明显放缓，波动性较大，西藏、重庆、新疆、内蒙古、甘肃、青海、宁夏等省（区、市）均出现了不同程度的下降，且新疆、内蒙古、甘肃、青海、宁夏等省区下降幅度达到了两位数。"九五"时期，西部各省（区、市）农业现代化发展指数的年均增长率的大小排序为：云南＞陕西＞四川＞甘肃＞重庆＞广西＞西藏＞青海＞宁夏＞新疆＞内蒙古＞贵州。这一时期西部域内各省（区、市）农业现代化发展指数的年均增速回归稳定，除内蒙古和贵州的农业现代化发展指数为负外，其他的均为正。"十五"时期，西部各省（区、市）农业现代化发展指数的年均增长率的大小排序为：内蒙古＞西藏＞新疆＞重庆＞陕西＞甘肃＞四川＞青海＞宁夏＞云南＞广西＞贵州，在这一时期除贵州外，其他省（区、市）均保持着稳定的增长速度。"十一五"时期，西部各省（区、市）农业现代化发展指数的年均增长率的大小排序为：贵州＞内蒙古＞甘肃＞新疆＞云南＞宁夏＞青海＞广西＞陕西＞四川＞西藏＞重庆，除重庆农业现代化发展指数呈现递减态势外，其他省份均保持着稳定增长态势。

表4-6 西部域内农业现代化演进比较

地区	1988—2011 年	1988—2000 年	2001—2011 年	"七五"	"八五"	"九五"	"十五"	"十一五"
内蒙古	6.69	-1.36	17.65	26.19	-11.75	-1.36	20.27	18.42
广 西	8.70	12.73	5.67	33.79	7.24	12.73	1.89	7.78
重 庆	9.02	16.13	1.88	41.72	-9.74	16.13	11.86	-9.91
四 川	16.48	25.89	8.29	109.82	21.58	25.89	9.00	7.14
贵 州	-5.63	-10.68	9.50	8.81	2.59	-10.68	-100	29.67
云 南	28.40	50.65	7.47	314.25	8.89	50.65	6.11	11.46
西 藏	9.24	12.08	7.28	59.45	-8.47	12.08	14.33	1.94

地区	1988—2011 年	1988—2000 年	2001—2011 年	"七五"	"八五"	"九五"	"十五"	"十一五"
陕　西	19.60	31.54	9.08	178.06	20.52	31.54	9.77	7.74
甘　肃	12.22	16.27	9.38	41.02	−19.81	16.27	9.14	14.72
青　海	7.71	7.99	9.44	46.01	−24.35	7.99	8.41	9.75
宁　夏	7.10	6.41	9.43	30.53	−37.60	6.41	8.39	9.96
新　疆	5.64	1.76	12.68	20.59	−10.81	1.76	13.01	12.11

第二节　西部农业现代化演进特点与区域差异

一、西部农业现代化演进特点

（一）不稳定性与"台阶"式演进特征明显

总体来看，西部农业现代化演进在时间维度呈现典型的"台阶式"特征，1987—1998 年西部农业现代化发展指数均小于 100。到 1999 年西部农业现代化发展指数首次突破 100。但到 2000 年西部农业现代化发展指数出现小幅波动，又回归到小于 100 的状态。可以说从 1987 年一直到 2000 年，西部农业现代化演进的不稳定性、波动性都比较明显。从 2001 年开始，西部农业现代化发展进入"高位"且稳步发展的状态，迈上第二台阶，这一状态一直从 2001 年延续到 2009 年。从 2010 年开始西部农业现代化发展指数突破 200，演进至全新的发展阶段。从中也可以看出，西部农业现代化发展的"台阶式"增长特征十分显著，成长轨迹十分清晰，每上一个台阶后，农业现代化发展指数的增幅都会伴随着相应的调整。

（二）演进速度类似"N"型特征

虽然西部农业现代化发展指数整体上呈现逐年递增的态势，但"七五"

至"十一五"时期西部农业现代化发展指数的年均增长率仍然呈现出显著的阶段性差异。归纳提炼来看，"七五"至"十一五"时期西部农业现代化发展指数的年均增幅近似地呈现"N"型，"八五"和"十一五"时期西部农业现代化发展指数年均增幅仍然达到"两位数"，不稳定性、快速性并存是西部农业现代化发展中所呈现的最大特殊性。这主要是由西部特殊的发展"域情"所决定的。一是西部属于经济欠发达地区，结构性矛盾较多，表现最为明显的就是二元结构体制趋于固化。传统农业所占比重较大，且呈现封闭、自然经济的状态①。区域的特殊性以及结构性障碍使得农业现代化演进所呈现的波动性也十分明显。二是西部地区幅员辽阔、农业自然资源较为丰富，但内部差异十分巨大，生态脆弱性表征十分明显，农业现代化演进的外部环境制约十分明显。三是西部地区也是少数民族、贫困人口集聚区域，发展基础十分薄弱。政府统一的制度安排在面临区域异质性巨大的情形时所表现的政策效应差距也十分巨大。且各"五年计划"的战略重点、发展定位不同，对于农业现代化演进的聚焦力度、支持方式、制度配套不同，也会使西部农业现代化演进陷入政策实验的"漩涡"。

（三）西部农业现代化演进增幅整体较为平稳，但呈现间断平衡特征

从环比增长率来看，西部农业现代化发展指数的环比增速下降的年份只有五年，分别是1989年、1991年、1996年、1998年、2000年，全部集中于2000年以前，即西部大开发战略实施以前，振动幅度集中于 –29.04% 至 –2.86% 之间。西部大开发战略实施后，西部农业现代化发展指数并没有出现过负增长的状况，增长幅度介于 1.21% 至 14.26% 之间。从中可以看出，西部农业现代化发展指数的增长在西部大开发战略实施后，逐步趋于稳定。这也说明作为一种制度安排、制度创新，西部大开发战略可以在宏

---

① 聂华林：《中国西部三农问题报告》，中国社会科学出版社 2006 年版。

观层面实现西部地区市场、人力资本、物质资本等要素的重新配置[①]，为西部农业现代化发展提供有力支撑。据统计，2000—2009 年农业部从优质粮食产业工程、种养业良种、"退牧还草"、农产品质量安全、良种补贴、测土配方施肥补贴等层面共计投入资金 694 亿元改善西部地区农业生产条件和生产环境[②]，为西部农业现代化发展提供了良好的发展环境和外部条件。这其实也从侧面说明在农业现代化发展中维持西部大开发战略的长期性和稳定性同样具有重大战略意义。

（四）西部农业现代化演进对政策的敏感性较强

西部农业现代化演进对政策具有较强的敏感性。如邓小平提出的"两个飞跃"理论使得 1990 年西部农业现代化发展指数的环比增长率最高；西部大开发战略实施后，西部农业现代化发展指数增长效果较为显著，且随着西部大开发战略深入推进，西部农业现代化发展指数的增长也日趋稳步和快速。2006 年减免农业税前后，西部农业现代化发展指数的增长亦取得了不错成绩。为了验证所提出的观点，分别引入虚拟变量分析上述三个典型代表时期，政策因素对农业现代化演进的影响效应。设 D_{91-11}、D_{01-11}、D_{07-11} 三个时段为 1，其他年份均赋值为 0。运用最小二乘法进行多元回归，得到方程（4-1），其中"＊＊＊"表示变另在 1% 的显著性水平下显著。由模型可知，邓小平"两个飞跃"的提出致使农业现代化发展指数每年增加 42.75 个百分点；西部大开展战略的实施致使西部农业现代化发展指数每年增加 46.7 个百分点；减免农业税政策致使西部农业现代化发展指数每年

$$AMI = 30.748 + 42.754D_{91-11} + 46.696D_{01-11} + 63.951D_{07-11}$$

$$(3.07)^{***} \quad (4.51)^{***} \quad (3.61)^{***} \quad (5.27)^{***}$$

$$AdjR^2 = 0.867 \quad SE = 20.037 \quad F = 53.187$$

$$(4-1)$$

[①] 严奉宪：《中西部地区农业可持续发展的经济学分析》，中国农业出版社 2005 年版。

[②] 农业部：《西部大开发 10 周年农业发展计划情况》，http://district.ce.cn/zt/99587/xbdkf/。

增加 65.95 个百分点。由此可见，西部农业现代化演进与政策及其稳定性之间存在不可割舍的关系，对政策的反映和敏感性较强。

二、西部农业现代化演进的区域差异

（一）西部农业现代化演进在整体上滞后于中部和东部地区

虽然整体上西部农业现代化演进速度较为迅速，但若同中部和东部地区相比，西部农业现代化演进总体上呈现滞后性。加之西部农业现代化演进的特殊性，随着时间的推移，这种区域间的发展差距可能还会进一步加剧。从某种意义上来说，西部农业现代化发展与跨越仍然是我国农业现代化总体发展与目标预期实现的"着力点"。在市场经济条件下，由于西部农业现代化发展初始条件较差、起步较晚，在无政府配合的条件下，西部农业现代化发展同全国平均水平以及东部、中部的差距可能还会恶化。同时，农业生产受资源禀赋、自然环境、生产要素等多重因素的交织、交互影响，这在一定程度上决定了农业现代化演进的特殊性。因此，这就需要政府发挥好职能，扮演好自身角色，找准定位，继续加大对西部农业现代化的支持力度。这也是西方发达国家农业现代化发展所积累的经验：在农业现代化演进中，政府通过颁布法律、制定政策，全方位规范农业现代化健康发展。例如，法国政府的机械化政策激发了农户使用农机具的热情，使农田耕作效率、土地产出率在短期内得到巨大提高①。

（二）西北地区和西南地区农业现代化发展水平和演进速度存在显著差异

若从结构层面对西部区域进一步细分，可将其划分为西南和西北两部分。由上述分析可知，处于农业现代化发展高梯度的全部集中于西北地区，

---

① 黄庆华、姜松等：《发达国家农业现代化模式选择与重庆市战略取向》，《农业经济问题》2013 年第 4 期。

农业现代化发展"次弱"区域和最差区域全部聚集于西南地区，西北地区农业现代化发展水平明显优于西南地区的农业现代化水平。西北地区地域广阔，且农业资源比较丰富，比较优势十分显著：仅以土地资源为例，西北地区土地资源十分丰富，约占全国土地总面积的1/3，耕地面积和灌溉面积分别占全国耕地和灌溉面积的12%、11%[①]。相比而言，西南地区大多为喀斯特地貌，是我国重要的生态屏障，水土流失现象时有发生，且发生区域大多集中于云、贵、川三地。水土流失面积约占土地总面积的38%，远远高于全国平均水平[②]。这在一定程度上也解释了贵州和重庆为什么会是农业现代化发展的"次弱"区域和最差区域。

（三）西部各地区农业现代化演进存在显著差异，内部分化及不同步现象明显

在西部域内，内蒙古、广西、重庆、四川、贵州、云南、西藏、陕西、甘肃、青海、宁夏、新疆的农业现代化演进差异也十分明显。在发展水平方面，内蒙古、新疆是农业现代化的"高梯度"地区，重庆、贵州则属于西部农业现代化的"低梯度"地区。在演进速度方面，每个阶段西部各省（区、市）农业现代化演进也存在巨大差异，且在西部大开发战略实施后，西部各省（区、市）农业现代化的演进速度存在显著变化。西部大开发战略实施前，农业现代化发展指数的年均增长率排在前三位的是云南、陕西和四川，后三位的是新疆、内蒙古和贵州，而西部大开发战略实施后，排在前三位的变为内蒙古、新疆和贵州，后三位的变为西藏、广西和重庆。从各"五年计划"来看，"七五"时期至"九五"时期，农业现代化发展指数增速较快的均集中在云南、陕西、四川三省，只是位序不同。但农业现代化发展增速后三位的地区则呈现"交替"的现象：在"七五"时期，发展速度最慢的为内蒙古、新疆和贵州，"八五"时期为甘肃、青海和宁

---

① 朱玉春、杨瑞：《西北地区节水农业的问题、影响因素及对策》，《开发研究》2006年第1期。

② 唐华骏等：《西南地区农业跨越式发展战略》，《中国农业资源与区划》2001年第4期。

夏,"九五"时期为新疆、内蒙古和贵州,"十五"时期为云南、广西和贵州,"十一五"时期为陕西、西藏和重庆。总之,西部域内各省(区、市)农业现代化演进的内部分化及不同步现象较为严重,势必使西部整体农业现代化演进速度放缓,进而影响到西部农业现代化的全面"崛起"。

第三节 西部农业现代化预测与演进趋势

一、西部农业现代化预测

(一) 方法选择与简介

基于前文测度的农业现代化发展指数的时间序列展开西部农业现代化演进趋势的预测。时间序列的建模方法属于动态计量经济学的范畴,通常运用时间序列的过去值、当期值和滞后扰动项的加权和建立模型来"解释"时间序列的变化规律[①]。关于时间序列的模型大致可以分为平稳时间序列模型和非平稳序列模型两类。其中,平稳时间序列模型主要有自回归 AR(p)模型、移动平均 MA(q)模型以及 ARMA(p, q)模型。若西部农业现代化发展指数序列为平稳序列,其所对应的模型形式分别如式(4-2)、式(4-3)和式(4-4)所示。

$$AMI_t = c + \varphi_1 AMI_{t-1} + \varphi_2 AMI_{t-2} + \cdots + \varphi_p AMI_{t-p} + \mu_t, t = 1,2,\cdots,T$$
$$(4-2)$$

$$AMI_t = c + \mu_t + \varphi_1 \mu_{t-1} + \varphi_2 \mu_{t-2} + \cdots + \varphi_p \mu_{t-p}, t = 1,2,\cdots,T$$
$$(4-3)$$

$$AMI_t = c + \varphi_1 AMI_{t-1} + \cdots + \varphi_p AMI_{t-p} + \mu_t + \varphi_1 \mu_{t-1} + \cdots + \varphi_p \mu_{t-p},$$
$$t = 1,2,\cdots,T \qquad (4-4)$$

---

① 高铁梅:《计量经济分析方法与建模》,清华大学出版社 2009 年版。

式（4-2）即为 AR（p）模型。AR（p）模型主要依赖于 AMI_{t-1}、AMI_{t-2}、…、AMI_{t-p} 等序列滞后项和随机误差项 μ_t。式（4-3）为 MA（q）模型，MA（q）受随机误差项当期值 μ_t 以及其滞后项 μ_{t-1}、μ_{t-2}、…、μ_{t-p}。式（4-4）为 ARMA（p，q）模型，其可以看成是自回归 AR（p）模型和移动平均 MA（q）模型的混合模型，其依赖于序列 AMI 的滞后项 AMI_{t-1}、AMI_{t-2}、…、AMI_{t-p}，随机误差项 μ_t 以及其滞后项 μ_{t-1}、μ_{t-2}、…、μ_{t-p}。当时间序列为平稳序列时，运用上述三种模型可以很好地通过西部农业现代化演进的过去信息预测未来信息。但若西部农业现代化发展指数时间序列为非平稳序列，农业现代化演进的某些特征就会随着时间的变化而变化，在各个时点上的随机规律也是不同的，因此很难通过已知的信息去预测序列未来的演进趋势。为此，BOX-Jenkins 提出了适应非平稳序列的 ARIMA（p，d，q）模型，其所对应的形式如式（4-5）。

$$\Phi(L)(1-L)^d AMI_t = c + \Theta(L)\mu_t \tag{4-5}$$

其中，$\Phi(L) = 1 - \varphi_1 L - \varphi_2 L^2 - \cdots - \varphi_p L^P$，$\Theta(L) = 1 + \varphi_1 L + \varphi_2 L^2 + \cdots + \varphi_q L^q$。

（二）模型选择识别与建立

按照上述分析，时间序列的平稳性直接决定着预测模型的选择与形式。为此，在建模之前首先对时间序列的平稳性进行检验。本书综合运用 ADF、DFGLS、PP、KPSS 等方法对序列 AMI 进行综合判断，结果如表4-7所示。由结果可知，在 ADF、DFGLS、PP、KPSS 等方法中，序列 AMI 不能拒绝原假设，为非平稳性序列。为了将非平稳序列变为平稳序列，采用差分法对非平稳序列进行处理。由结果可知，经过差分变换后的序列 ΔAMI 在 1% 和 5% 的显著水平下均拒绝原假设，已经变为平稳序列。为此，需建立 ARIMA（p，d，q）模型来对西部农业现代化演进进行预测。

表4-7 单位根检验

单位根检验	类型	AMI	结论	ΔAMI	结论
ADF	趋势项与截距项	0.826 (0.999)	非平稳	-11.651 (0.000)***	平稳
DFGLS	趋势项与截距项	-2.448 (-3.770)	非平稳	-2.047 (-3.77)***	平稳
PP	仅含截距项	0.295 (0.973)	非平稳	-9.099 (0.000)***	平稳
KPSS	仅含截距项	0.735 (0.739)	非平稳	0.148 (0.146)**	平稳

注：以上数据根据 EViews 6.0 软件计算得到，括号内为 ADF、DFGLS、PP、KPSS 等检验所对应的统计量，**、***表示在5%和1%的显著性水平下显著。

进一步，运用自相关系数（AC）和偏相关系数（PAC）两个统计量来识别 ARIMA (p, d, q) 模型。一般而言，AR (p) 模型的自相关系数随着滞后阶数的增加而呈现指数衰减或震荡式衰减。而 MA (q) 模型的系数的具体形式随着 q 的变化较为复杂，但一般服从一个 MA (q) 对应一个 AR (∞) 模型。由图4-3可知，序列 AMI 的自相关系数一直都呈下降趋势，自相关函数在滞后1阶、2阶、3阶、4阶都超出了95%置信区间①，其他滞后阶数的自相关系数都位于置信区间内，说明这些自相关系数都不是显著的异于0。偏相关系数在滞后1阶处显示出统计意义上的"尖柱"，其余各滞后阶数的偏相关系数在统计上并不显著，说明移动平均过程 MA (q) 是低阶的。同时，由上述分析可知，$AMI \sim I(1)$，所以 $d = 1$。因此，综合上述分析结果，考虑建立模型 ARIMA $(1, 1, 1)$、ARIMA $(2, 1, 1)$、ARIMA $(3, 1, 1)$、ARIMA $(4, 1, 1)$，并分别将其记作模型Ⅰ、模型Ⅱ、模型Ⅲ、模型Ⅳ，并选择最优模型作为解析西部农业现代化发展指数预测模型。

---

① 图5-3中直方图两边的虚线为2倍标准差的边界线。一般而言，一个正态分布的随机变量的绝对值超过2倍标准差的概率为0.05。

Autocorrelation	Partial Correlation		AC	PAC	Q–Stat.	Prob.
		1	0.805	0.805	18.221	0.000
		2	0.687	0.111	32.064	0.000
		3	0.553	−0.080	41.440	0.000
		4	0.454	0.008	48.077	0.000
		5	0.346	−0.067	52.116	0.000
		6	0.242	−0.075	54.200	0.000
		7	0.166	0.005	55.231	0.000
		8	0.086	−0.057	55.525	0.000
		9	0.033	−0.002	55.571	0.000
		10	−0.045	−0.104	55.664	0.000
		11	−0.093	−0.017	56.082	0.000
		12	−0.152	−0.069	57.288	0.000

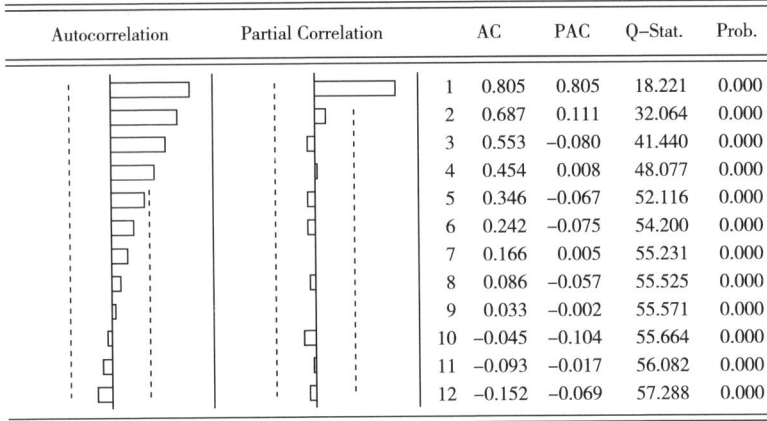

图 4 – 3　西部农业现代化指数的自相关和偏相关图

（三）模型估计与稳定性

运用最小二乘法 OLS 对模型Ⅰ、模型Ⅱ、模型Ⅲ、模型Ⅳ进行估计，结果如表 4 – 8 所示。由结果可知，各模型中 φ_1、φ_2、φ_3、φ_4、ϕ_1 在相应的显著性水平下均通过检验。且 F 值高度显著，说明各模型整体上是显著的。但由 R^2 和调整后的 R^2 的结果对比可知，模型Ⅳ明显优于其他各模型。同时，DW 值最小，说明残差序列不存在序列相关。因而，最终选择模型Ⅳ作为分析的依据。所估计的模型Ⅳ的 AR 过程有 4 个倒数复根，分别为 −0.31 ± 0.80i、−0.82 ± 0.26i，可以计算出这四个复根均小于 1；MA 过程有一个实数根，等于 0.93，也小于 1。因此，所估计的模型Ⅳ是平稳的且是可逆的。

表 4 – 8　各模型估计结果

系数	Ⅰ	Ⅱ	Ⅲ	Ⅳ
截距项	0.384 (0.763)	0.120 (1.370) *	0.026 (0.260)	− 0.018 （− 0.121）
φ_1	− 0.478 （− 9.138）***	− 1.194 （− 6.579）***	− 1.692 （− 8.733）***	− 2.265 （− 9.059）***

系数	I	II	III	IV
φ_2	—	-0.586 $(-3.614)^{***}$	-1.307 $(-4.446)^{***}$	-2.5 $(-5.26)^{***}$
φ_3	—	—	-0.533 $(-3.041)^{***}$	-1.671 $(-3.762)^{***}$
φ_4	—	—	—	-0.547 $(-2.678)^{**}$
ϕ_1	-1.667 $(-4.609)^{***}$	-0.997 $(-6.483)^{***}$	-0.968 (-34.312)	-0.930 $(-4.072)^{***}$
R^2	0.917	0.922	0.975	0.988
Adjusted R^2	0.908	0.908	0.967	0.982
F	104.922^{***}	63.429^{***}	126.920^{***}	168.458^{***}
DW	2.508	2.412	2.725	2.271

注：以上数据均根据 EViews 6.0 软件计算得到，其中系数下边括号内数据表示 T 值，F 值括号内为 P 值。***、**、* 分别表示在 1%、5%、10% 显著性水平下显著。

二、西部农业现代化演进趋势

基于上述分析，我们可以运用所设定的模型对西部农业现代化的演进趋势进行初步预测。一般模型对于预测的时间跨度都有严格要求，时间跨度越长，预测结果的误差可能就会越大，ARIMA 模型也是如此。基于这种考虑，只给出 2012—2020 年的农业现代化发展指数预测值，见表 4 - 9。从反映预测效果的指标来看，Theil 不相等系数为 0.04，且协方差比率为 0.87，说明模型的预测能力还是比较理想的，预测序列可以很好刻画西部农业现代化演进趋势。由结果可知，整体上看未来西部农业现代化发展指数并不是平稳前进、上升的，而是稳中递减的演进趋势。尤其是在 2015—2020 年西部农业现代化发展指数的变化较大。从阶段特征来看，"十二五"时期西部农业现代化发展指数仍将继续稳步增长，但之后的"十三五"时期，西部农业现代化发展指数会逐年递减。这也进一步验证了上文所提出

表4-9 西部农业现代化发展指数预测值

年份	2012	2013	2014	2015	2016	2017	2018	2019	2020
AMI	231.84	246.14	257.79	257.11	253.50	232.82	194.32	135.72	49.44

的西部农业现代化发展指数增长"N"型特征。同时，也进一步说明未来西部农业现代化演进的特殊性以及持续增长的艰巨性。若任凭西部农业现代化的这种规律性发展，西部农业现代化同东部和中部地区农业现代化发展的差距将进一步拉大，进而制约中国农业现代化整体水平和发展。

第五章 西部农业现代化演进过程及其差异性

演进即为演变、进化的意思，其可以很好地说明事物在较长时期的变化"动态性"规律和趋势，还可以刻画事物由低级状态向高级状态不断变化的过程。深刻理解演进内涵是分析西部农业现代化演进过程的基础。所以，本章期望通过对西部农业现代化演进过程解析，揭示西部农业现代化演进过程的规律性问题，并通过比较分析揭示西部农业现代化演进过程规律的差异性。

第一节 西部农业现代化演进过程特征与比较[①]

从西部农业现代化发展实际来看，虽然其演进速度较快，但存在波动性、不稳定性，而且由比较发现，西部农业现代化演进速度不但滞后于全国水平，而且与东部乃至中部地区均存在较大差异。同时，在西部域内也表现出个体差异较大、梯度明显的特征。基于此，有必要对西部及其域内农业现代化演进过程特征进行分析，以检验西部农业现代化演进过程是否同农业现代化演进过程一般规律发生背离。本部分将基于"收敛假说"探讨西部及其域内农业现代化演进过程特征，以揭示其存在的规律性问题。

---

① 此部分内容详见姜松、黄庆华、曹峥林：《中国西部农业现代化演进过程收敛性的实证分析》，《软科学》2015 年第 4 期。

一、西部农业现代化演进过程收敛性检验

（一）西部农业现代化演进过程特征的初步认知

基于量化数据，从经验事实层面对西部农业现代化演进过程特征进行简要分析，来验证西部农业现代化演进的离散程度是否会随时间推移而逐步减小。区域间方差或离散系数一般用标准差或者变异系数等统计量来衡量①。本书选择变异系数（CV）指标，即采用间接测度数据离散程度的方法，变异系数＝标准方差/平均数，计算结果如图5－1所示。总体来看，西部农业现代化演进的变异系数逐年递减，变异程度逐步减小，但存在明显的波动性和阶段性。尤其是在1990—1996年这段时间内，西部各地区农业现代化演进的离散、变异程度的波动性十分明显，类似"M"型。在1997—2000年呈现倒"U"型的波动性特征，变异程度十分不稳定。2000年后西部农业现代化演进过程的离散程度呈现"稳中有升"的态势，离散

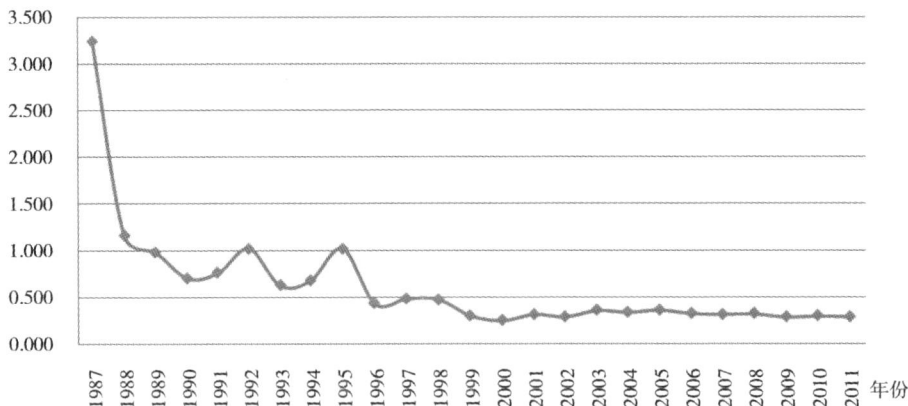

图5－1　西部农业现代化演进的变异系数比较

---

① 刘胜龙、王亚华等：《西部大开发成效与中国区域经济收敛》，《经济研究》2009年第9期。何江、张馨之：《中国省区收入分布演进的空间—时间分析》，《南方经济》2006年第12期。

程度逐步变大，由 2000 年的 0.25 上升到 2011 年的 0.29。这主要是因为 2000 年以来我国开始向西部地区实施一些政策倾斜，各种要素资源不断向西部集聚，农业生产中的技术发明、技术开发、技术运用、管理经验、服务经验、智力投资不断集聚，极大推动了科技进步速度以及科技转化为现实生产力的能力[1]，加速了农业现代化演进。这可能说明西部农业现代化演进过程是"收敛"的，会逐步趋于自身"稳态"。当然，这只是经验发展层面的描述分析，还需要在接下来的分析中运用计量模型展开实证检验。

（二）西部农业现代化演进过程特征的实证检验

"收敛假说"是经济增长研究的重要内容，在经济学中具有独特意义，可以反映两极化、不平等的问题[2]。经济增长是现代化的重要标志与内容，现代化发展同样会面临着两极化、不平等问题。农业现代化作为现代化的组成部分，同样可以借鉴"收敛假说"基本框架和思想来判断农业现代化演进过程特征。若西部农业现代化演进过程"收敛"，说明西部农业现代化在长期内可以实现"稳态均衡"。反之，若西部农业现代化演进过程不存在"收敛"现象，则说明西部农业现代化在长期内无法达到"稳态均衡"。为此，引入参数模型——萨拉—伊—马丁（Sala-I-Martin）模型对西部农业现代化演进过程的"收敛性"进行检验。式（5-1）中，GRO_{it} 为西部农业现代化发展指数的年均增长速度，AMI_{i0} 为初期农业现代化发展指数，ε_{it} 为随机误差项，α 和 β 为待估计的参数。若 $\beta > 0$，则说明西部农业现代化演进过程"收敛"。反之则不然。

$$GRO_{it} = \alpha - \beta\ln(AMI_{i0}) + \varepsilon_{it} \qquad (5-1)$$

为了综合判断西部农业现代化演进过程"收敛性"的类别，本书进一步给出了中国、东部和中部农业现代化演进过程"收敛"特征的检验结果。

① 姜松、王钊等：《粮食生产中科技进步速度及贡献研究——基于 1985—2010 年省级面板数据》，《农业技术经济》2012 年第 10 期。
② 张晓旭、冯宗宪：《中国人均 GDP 的空间相关与地区收敛：1978—2003》，《经济学（季刊）》2008 年第 2 期。

同时，由于模型中运用的是截面数据，可能会存在异方差现象。为了使模型更具信度和科学性，同时给出了 OLS 和 WLS 估计结果，见表 5 - 1。在模型 I 中，OLS 结果中的 BPG 检验、Harvey 检验、Glejser 检验及 White 检验在相应显著性水平下均拒绝同方差原假设。而 WLS 结果中的 BPG 检验、Harvey 检验、Glejser 检验及 White 检验结果则均接受同方差假设，不存在异方差，且 WLS 估计结果明显好于 OLS 估计结果，所以将其作为西部农业现代化演进过程"收敛性"的依据。同理，比较而言，模型 II 和模型 III 中，WLS 结果中的 BPG 检验、Harvey 检验、Glejser 检验及 White 检验结果均接受同方差假设，不存在异方差，中国、东部和中部的分析也以此为准。由模型 I 可知，样本跨期内，参数 α 和 β 在 1% 的显著性水平下通过检验，说明西部农业现代化演进过程为"收敛"的，收敛速度为 0.06%，但仅凭此无法判断其收敛类型，需要进一步结合中国、东部和中部的"收敛性"做进一步分析与判断。从模型 II 和模型 III 可知，其参数 α 和 β 也均在 1% 的显著性水平下通过检验，这说明中国、东部和中部农业现代化演进过程也均存在"收敛性"。所以综合而言，中国农业现代化演进过程具有典型的"俱乐部收敛"特征，西部、东部和中部地区会分别收敛于自身"稳态均衡"，西部、东部和中部地区无法收敛于相同"稳态"或说西部、东部和中部地区的"稳态"是彼此不相同的，不是"绝对收敛"的。因此，在区域间西部农业现代化演进的"不平等性"并不会发生改变。如果相关制度安排"缺位"或"不到位"这种区域间的"不平等性"可能还会加剧。

表 5 - 1　收敛模型估计结果

	I (西部)		II (中国)		III (东部和中部)	
	OLS	WLS	OLS	WLS	OLS	WLS
α	0.019 (2.39)**	0.018 (20.35)***	0.309 (16.63)***	0.314 (89.34)***	0.299 (14.28)***	0.297 (359.40)***

	I（西部）		II（中国）		III（东部和中部）	
	OLS	WLS	OLS	WLS	OLS	WLS
β	0.06 (10.79)***	0.061 (71.04)***	0.062 (13.57)***	0.063 (70.68)***	0.060 (11.512)***	0.060 (260.28)***
R^2	0.921	0.998	0.864	0.994	0.886	0.999
Adjusted R^2	0.913	0.998	0.859	0.994	0.880	0.999
F	116.314 (0.00)	5046.431 (0.00)	184.128 (0.00)	4996.115 (0.00)	132.519 (0.00)	0.018 (0.895)
BPG 检验	5.087 (0.02)	0.213 (0.64)	3.801 (0.05)	0.188 (0.66)	1.944 (0.16)	3.272 (0.07)
Harvey 检验	1.998 (0.16)	1.802 (0.18)	1.070 (0.30)	1.505 (0.22)	0.228 (0.63)	0.186 (0.123)
Glejser 检验	4.900 (0.03)	0.471 (0.49)	2.756 (0.10)	0.534 (0.47)	0.739 (0.39)	0.186 (0.67)
White 检验	11.102 (0.00)	3.268 (0.20)	25.098 (0.00)	0.493 (0.78)	14.526 (0.00)	0.439 (0.93)

注：其中 α 和 β 下边方括号内数据表示 T 值，F 值下方括号内为 P 值。***、**分别表示在 1%、5% 显著性水平下显著。

二、西部域内农业现代化演进过程收敛性检验

在西部域内，各省（区、市）又是否会收敛于相同"稳态"呢？这也有待于进一步验证。为此，进一步运用非参数 Kernel 核密度估计法，从分布演进过程的视角，判别西部域内各省（区、市）农业现代化演进过程的"收敛性"。

（一）Kernel 核密度估计方法及原理

非参数计量经济模型是运用适当技术方法，从样本观测信息直接估计

模型关系，对数据分布不附加任何假定，从数据本身出发研究数据分布特征的计量方法，避免了传统经典模型中模型具体形式未知而人为设置偏差以及与经济现实冲突问题，为研究提供了更为科学的分析范式。Kernel 核密度估计是非参数计量检验的重要方法，是密度函数非参数估计。其基本原理十分简单：在同分布情况下，如果某一个观测值在观测中出现了就认为这个数的概率密度较大。推而广之，和这个数位置近的数的概率密度也较大，位置较远的则概率密度较小。假设随机变量 AMI_1，AMI_2，$\cdots$，AMI_n 为同分布变量，将其密度函数位置，假设为 $f(ami)$，则其分布函数为：

$$F_n(ami) = \frac{1}{N} \sum_{i=1}^{n} I(AMI_i \leq ami) \qquad (5-2)$$

式（5-2）中，N 为观测值个数，$I(\cdot)$ 为指标性函数。当 $AMI_i \leq ami$ 时，$I(AMI_i \leq ami) = 1$，否则取 0。通过设置相关核函数就可以推导出一般的核密度估计式。如式（5-3），其中 h 是带宽（或平滑参数），K 表示核函数。

$$f(ami) = \frac{1}{Nh} \sum_{i=1}^{N} K(\frac{ami - AMI_i}{h}) \qquad (5-3)$$

（二）西部农业现代化演进过程特征分析

选择 Silverman 自动带宽[①]以及三角形核（Triweight）[②]，以西部样本跨期内农业现代化发展指数数据进行 Kernel 估计，结果如图 5-2。由于图中涉及信息较多，为了便于分析将图中的内容进行整理，形成表 5-2。整体而言，西部域内各省（区、市）农业现代化演进过程特征表现为双峰状—单峰状—双峰状—三峰状交替的"俱乐部收敛"特征，各省（区、市）无法收敛于相同"稳态"。若以西部大开发战略实施前后为分界点，则可以看出：

---

① Silverman 带宽，即基于数据的自动带宽，$h = 0.9k\frac{1}{N^5}\min(S, \frac{IQR}{1.34})$，其中，$IQR$ 是标准离差，k 为四分位距，为标准带宽变换。

② 相比其他核函数而言，三角形核函数效果较好，故选择之。

AMI

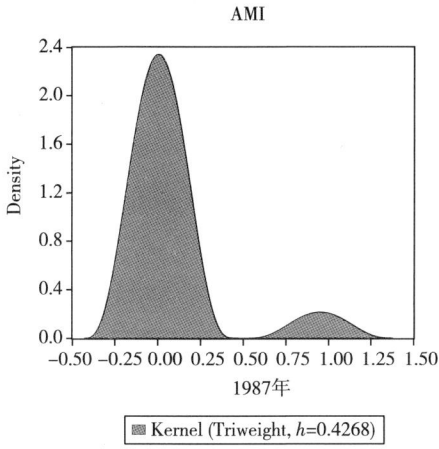

1987年

Kernel (Triweight, h=0.4268)

AMI

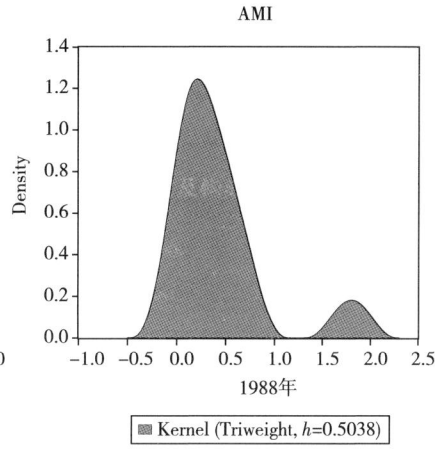

1988年

Kernel (Triweight, h=0.5038)

AMI

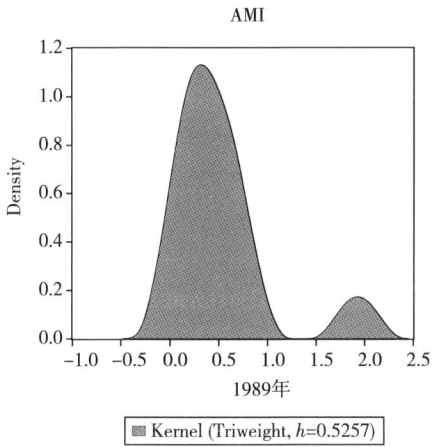

1989年

Kernel (Triweight, h=0.5257)

AMI

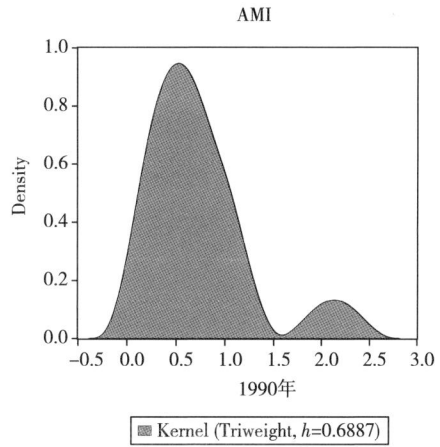

1990年

Kernel (Triweight, h=0.6887)

AMI

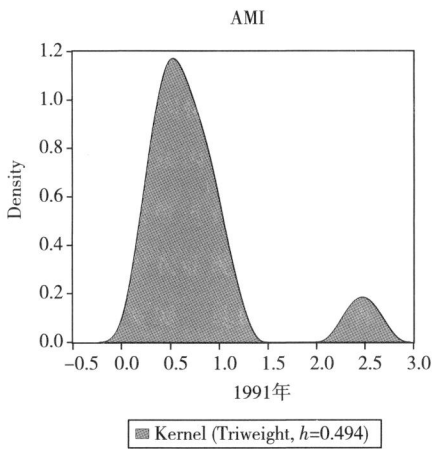

1991年

Kernel (Triweight, h=0.494)

AMI

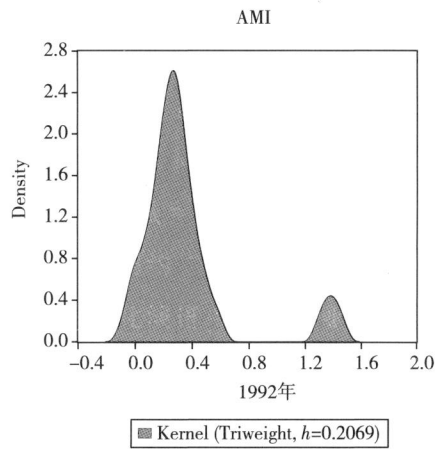

1992年

Kernel (Triweight, h=0.2069)

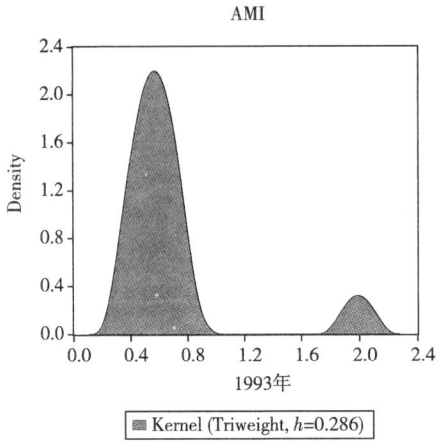

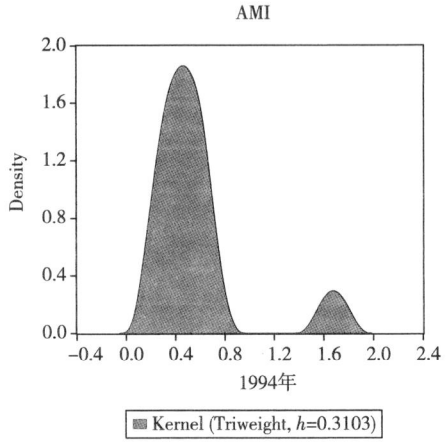

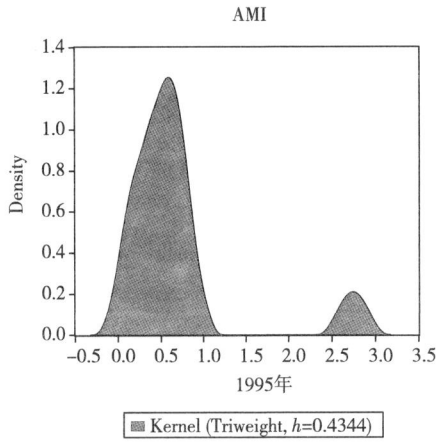

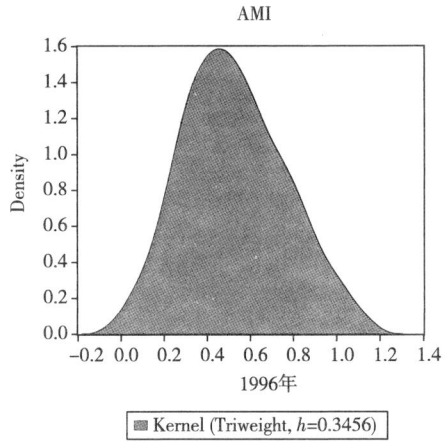

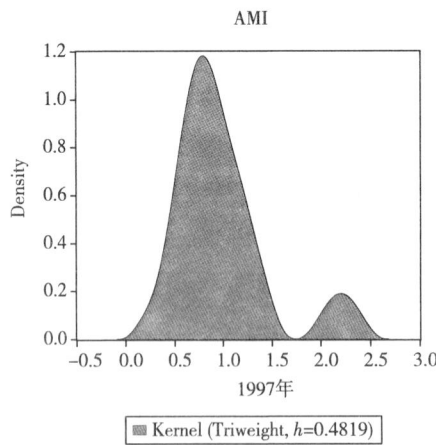

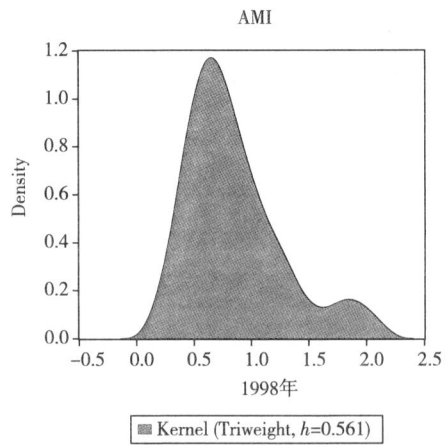

AMI

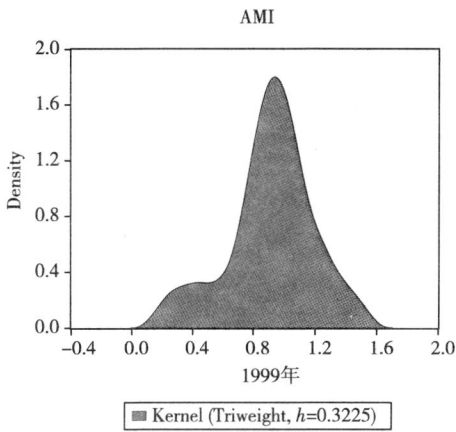

1999年

Kernel (Triweight, h=0.3225)

AMI

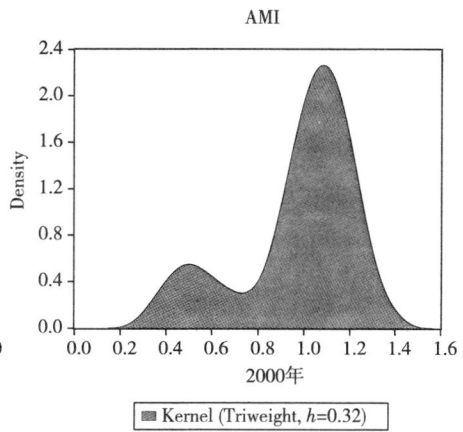

2000年

Kernel (Triweight, h=0.32)

AMI

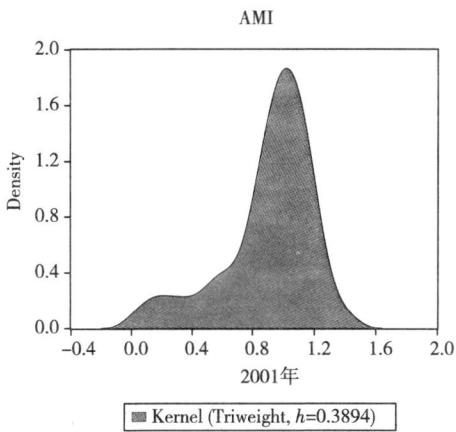

2001年

Kernel (Triweight, h=0.3894)

AMI

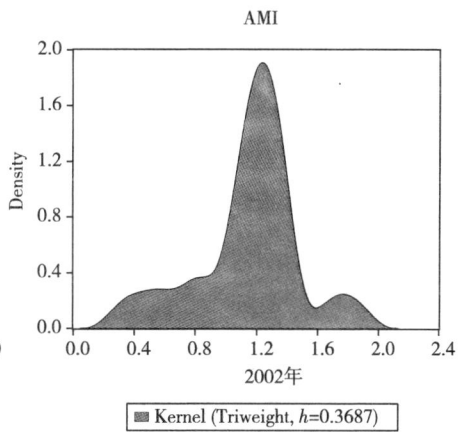

2002年

Kernel (Triweight, h=0.3687)

AMI

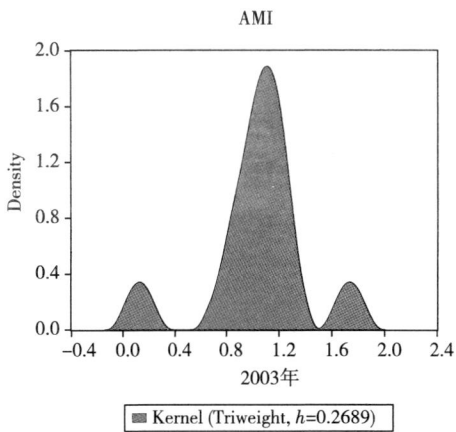

2003年

Kernel (Triweight, h=0.2689)

AMI

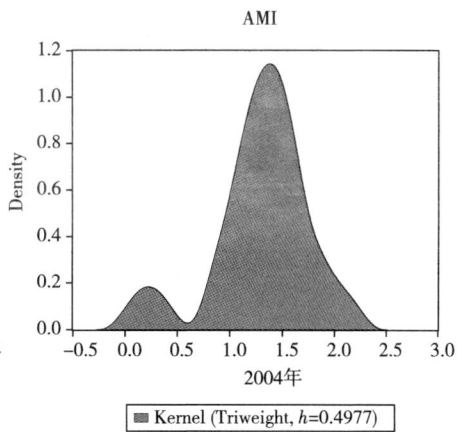

2004年

Kernel (Triweight, h=0.4977)

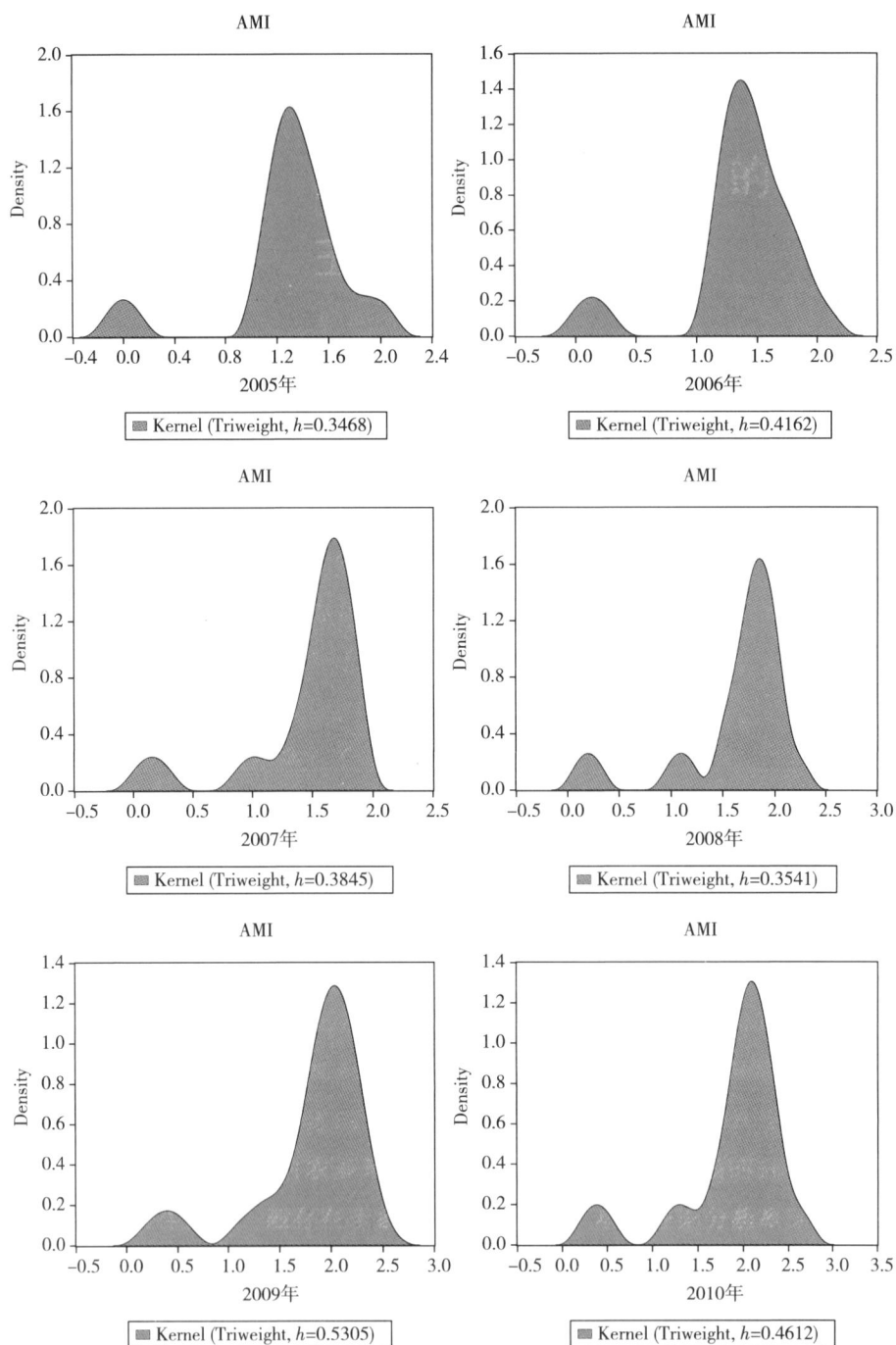

AMI

2005年

Kernel (Triweight, *h*=0.3468)

AMI

2006年

Kernel (Triweight, *h*=0.4162)

AMI

2007年

Kernel (Triweight, *h*=0.3845)

AMI

2008年

Kernel (Triweight, *h*=0.3541)

AMI

2009年

Kernel (Triweight, *h*=0.5305)

AMI

2010年

Kernel (Triweight, *h*=0.4612)

AMI

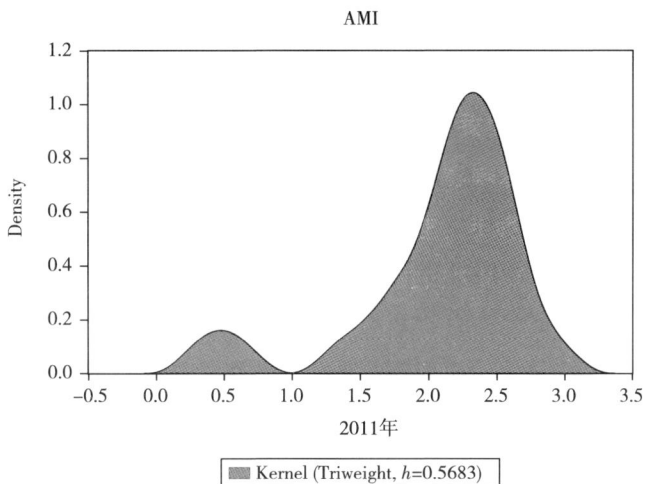

图 5 - 2 西部农业现代化演进特征的 Kernel 图

西部大开发战略实施前，西部农业现代化演进过程表现为双峰状—单峰状—双峰状交替的"俱乐部收敛"特征。而西部大开发战略实施后，西部农业现代化演进过程表现为双峰状—三峰状交替的"俱乐部收敛"特征。

具体而言，1987—1995 年西部农业现代化演进过程呈现出"双峰状"的"俱乐部收敛"特征，分布密集区大致处于 0—1.5 之间，说明西部大部分地区处于农业现代化发展的低水平发展阶段。除"主峰"之外，密度曲线仍存在小的"波峰"，但其规模和高度远小于"主峰"，为西部农业现代化发展较高水平集聚区，或称为"高水平俱乐部"。在这期间，西部大部分地区一般都集聚于农业现代化发展水平低的"主峰"极点附近，少数地区集聚于农业现代化发展的"波峰"周围。且"主峰"和"波峰"之间的高度差以及距离基本保持不变，说明低梯度地区要实现"赶超"十分艰难。

1996 年西部农业现代化演进为"单峰状"特征，密度函数形状和正态分布形状相似，说明在这一年西部农业现代化发展水平较为均衡，"高水平俱乐部"与"低水平俱乐部"的界限被打破。这可能得益于以下几个方面的原因：一是 1996 年国家开始了以粮食为代表的农产品流通体制"四分开、一完善"改革，施行政企分开、储备与经营分开、中央与地方责任分开、新老财务账目分开、完善粮食价格机制，扫清了深层次制度障碍，使农业产业链条上商业、工业、仓储、运输企业走出"高成本、低效率"发展困境，成为带动和服务农业现代化建设重要市场主体。二是"谁来养活中国"言论使政府对农业空前重视，江泽民更是基于此指出"我国那么多人的吃饭问题只能靠自己解决，在这个问题上不能有任何幻想，对农业生产尤其是粮食生产要始终抓的很紧"①，奠定了政府持之以恒重视农业、发展农业，推动农业现代化的"基调"。在新时期和新阶段，"改革驱动农业现代化发展"仍将是实现西部农业现代化均衡发展的重要路径。

1997—2000 年西部农业现代化演进过程表现为"双峰状"的"俱乐部收敛"特征，但存在差异。1997 年、1998 年西部农业现代化的分布形态同 1987—1995 年的"双峰状"相似，即"主峰"涵盖区域为"低水平俱乐部"，而"波峰"为"高水平俱乐部"。而 1999 年和 2000 年"主峰"和"波峰"所体现的内涵则正好相反，"主峰"为"高水平俱乐部"，"波峰"为"低水平俱乐部"。这说明 1999—2000 年西部农业现代化整体发展水平趋好，且各区域的差距有所缓和。从 2001 年至 2003 年，西部农业现代化演进过程表现为"三峰状"的"俱乐部收敛"特征，"主峰"和两个小"波峰"并存。"主峰"为"中等水平俱乐部"，代表西部农业现代化整体发展水平。前一个小"波峰"和后一个小"波峰"分别代表"低水平俱乐部"和"高水平俱乐部"，且"主峰"和"波峰"间距离逐渐拉大。在随后，尤其是西部大开发战略实施后，西部农业现代化演进过程基本上表现为三峰状—双峰状相互循环的"俱乐部收敛"特征："高—中—低"变为"高—低"，"高—低"又变为"高—中—低"，分化现象十分明显和频繁，但"主峰"和"波峰"间距离趋于"固化"，这说明西部域内农业现代化演进过程中"两极分化"现象表现十分明显。

---

① 中共中央政策研究室农村组：《江泽民总书记视察农村》，中国农业出版社 1998 年版。

表 5 - 2　西部农业现代化演进过程特征

时　间	过程特征
1987—1995 年	双峰状
1996 年	单峰状
1997—2000 年	双峰状
2001—2003 年	三峰状
2004 年	双峰状
2005 年	三峰状
2006 年	双峰状
2007—2010 年	三峰状
2011 年	双峰状

资料来源：根据图 5 - 2 内容归纳与整理。

三、西部农业现代化演进过程特征差异

通过对已实现农业现代化国家发展经验与轨迹进行比较就可以剖解出农业现代化演进过程的一般规律。由于资源禀赋、发展基础以及现实国情不同，西方发达国家农业现代化发展方式、道路、模式以及实现时间均存在显著差异，农业现代化技术路线选择也不同：如美国地广人稀就走上了"劳动节约型"农业现代化发展道路，以化解农业劳动力成本高昂困境。日本土地面积狭小，但劳动力资源较为丰富，所以走上了"资本节约型"农业现代化发展道路，通过生物科技实现稀缺土地资源的有效替代，以化解土地要素稀缺困境。而法国农业现代化发展面临的实际问题是，其既无像美国那样广阔的土地资源，也没有像日本那样富足的劳动力资源，所以其走向了"中性技术进步型"的农业现代化道路，实现了资本与劳动力的"双重"节约。此外，一些新兴经济体国家，如韩国，也通过"新村运动"走上了特色农业现代化道路。韩国农业现代化被世界称为"东亚模式"的成功典范，世界银行年度报告称它为"东亚奇迹"①。此外，以色列也在国

---

① 雷俊忠、饶开宇等：《中国农业现代化建设的理论与实践》，电子科技大学出版社 2011 年版。

土面积狭小、资源贫瘠及人口密度大的基础上实现了农业现代化。从中也可以看出：虽然世界各国农业现代化起步时间不同、技术路线选择不同，但结果却是相同的，均实现了农业现代化。所以，农业现代化演进过程存在"绝对趋同"或者说"绝对收敛"的特征，所有国家或地区存在"均等化""追赶性"趋势。

整体而言，中国农业现代化演进过程存在"俱乐部收敛"特征，西部、东部和中部地区会收敛于自身"稳态"，而它们彼此的"稳态"是不同的，这意味着从长远来看，西部地区农业现代化发展的"不平等性"仍可能会持续，其在中国农业现代化发展中的相对位置也会保持下去。换言之，在区域间西部农业现代化仍会是农业现代化发展的"低水平俱乐部"，仍然会保持着缓慢演进速度，并不存在西部、东部和中部的"均等化"现象，无法实现"追赶"。同时，从域内来看，西部农业现代化演进过程亦呈现典型的"俱乐部收敛"特征，具体表现为双峰状—单峰状—双峰状—三峰状交替的"俱乐部收敛"类型，且从"主峰"和"波峰"的间距可知，西部域内"低水平俱乐部"和"高水平俱乐部"彼此固化，不但无法实现"赶超"，而且表现出"两极分化"的现象，且这种现象在西部大开发战略实施后表现尤为突出。因此，无论是在区域间还是区域内，西部农业现代化演进过程特征均表现出和农业现代化演进一般规律明显的差异性。

第二节　西部农业现代化演进状态与转换

由演进内涵可知，事物演进意味着其逐渐由低级状态、简单和较差状态向高级、复杂、较好状态的连续变化，要系统刻画"过程"还应包含演进状态及其转换的内容。那么，西部农业现代化演进过程中状态变迁又如何呢？存在怎样的差异呢？为解答这一问题，本节将借鉴系统演进思想，运用马尔科夫链模型和有序样品聚类方法综合刻画西部农业现代化演进状态及转换，并将其同农业现代化演进一般规律进行比较，揭示西部农业现代化演进状态变化的特殊性。

一、分析方法选择

农业现代化同工业化、城镇化一样都是经济社会系统的子系统[①]。而对于"系统状态"进行描述最常用的方法就是马尔科夫链方法。马尔科夫链由俄国著名科学家马尔科夫（Markov）提出，在通信、经济以及社会科学等方面具有广泛运用。为此，运用马尔科夫链刻画西部农业现代化演进状态。假设农业现代化系统为 Ω，它所处状态分别为 E_1，E_2，$\cdots$，E_k，该系统可以在时间 $t = 1$，2，$\cdots$，n 时改变其状态。随着农业现代化系统 Ω 演进，定义一列随机变量 $AMI(n)$，$n = 0$，1，$\cdots$。$t = n$ 时，农业现代化系统 Ω 位于状态 E_k，将其表示为 $AMI(n) = k$。随机过程 $\{AMI_n, n \in T\}$ 满足下述特性：

$$P(AMI_{t+1} = k_{n+1} \mid AMI_0 = k_0, AMI_1 = k_1, AMI_2 = k_2, \cdots, AMI_{t-1} = k_{t-1},$$
$$AMI_n = k_n) = P(AMI_{t+1} = k_{n+1} \mid AMI_n = k_n)$$

$$(5-4)$$

式（5-4）即可称为马尔科夫链。继续假定 P_{ij} 为系统 Ω 从状态 E_i 转变为状态 E_j 的状态一步转移概率，并将其表示为式（5-5）。

$$P = \begin{bmatrix} P_{11} & P_{12} & \cdots & P_{1n} \\ P_{21} & P_{22} & \cdots & P_{2n} \\ \vdots & \vdots & \vdots & \vdots \\ P_{n1} & P_{n2} & \cdots & P_{nn} \end{bmatrix} \qquad (5-5)$$

式（5-5）满足 $P_{ij} \geq 0$，i，$j \in E$；$\sum_{j \in E} P_{ij} = 1$，$i \in E$。进一步地，在马尔科夫链中如果知道系统初始状态和转移 i，概率就可以推断出系统在任何时刻所处状态。通过对初始分布和稳态分布的对比，就可以明晰农业现代化系统在长期内的发展状态以及取向。

---

① 徐大伟、段珊珊等：《"三化"同步发展的内在机制与互动关系研究——基于协同学和机制设计理论》，《农业经济问题》2012 年第 2 期。

二、演进状态划分与求解

（一）西部农业现代化演进状态划分方法

运用马尔科夫链进行分析的第一步且关键一步就是系统状态划分。系统划分出来的多个状态就是分析西部农业现代化演进状态与转换的重要内容。关于系统状态划分方法有很多，归纳起来主要有数据序列约定俗成的分组法、有序聚类法、样本均值方差分解法、模糊聚类分析等。由于西部农业现代化演进过程是一个由低级向高级不断发展的"动态"过程，这一过程是不可逆的。换言之，阶段的顺序不能改变，否则就失去了研究意义。所以，本书中采用有序聚类法对农业现代化系统状态进行划分。假定要将 n 种样品分为 k 类，则一切可能的划分方法有 C_{n-1}^{k-1}，但若在 n 和 k 有限的情况下，有序样品的分类结果也是有限的，这就需要找出一种最优分割方法。在这种分割方法下应满足样品各段内变动幅度最小，段间变动幅度最大。在一定程度上可用变差或者极差来表示。比如样品段 $\{ami_k, ami_{k+1}, ami_{k+2}, \cdots, ami_l\}$，则其变差和极差分别可表示为式（5-6）和式（5-7）。要使各段内部差距最小，即所分成各段变差的总和（段内离差平方和，即总变差）为最小。在给定样品中，总变差是固定的量，若使段内离差平方和最小，段间离差平方和必须为最大。所以，使总变差（段内离差平方和）为最小的分割法就是最优分割法。沿用上述理论思路，在 Matlab 2013 软件中进行编程，即可求得最优分割点[①]。

$$\begin{cases} D_{kl} = \sum_{\alpha=1}^{l} \left[ami_\alpha - \overline{ami_{(k,l)}} \right]^2 \\ \overline{ami_{(k,l)}} = \frac{1}{l-k+1} \sum_{\alpha=1}^{l} ami_\alpha \end{cases} \quad (5-6)$$

$$D'_{kl} = \sum_{\alpha=1}^{m} \left(\max_{k \leq \beta \leq l} ami_{\alpha\beta} - \min_{k \leq \beta \leq l} ami_{\alpha\beta} \right) \quad (5-7)$$

① Matlab 计算中所运用的数据源代码，可向笔者索取。

（二）最优分割点求解与状态划分

按照 Matlab 代码，可计算得到最优分割点为 9、19、22，因而西部农业现代化演进过程可划分为四个状态：E_1、E_2、E_3、E_4，各状态所对应的区间分别为（$-\infty$，68.71）、[68.71，139.44）、[139.44，179.74）、[179.74，$+\infty$）。

三、西部农业现代化演进状态变迁及差异性

（一）西部农业现代化演进状态及转换分析

根据西部农业现代化演进状态就可以计算出西部农业现代化在各状态间的转移概率矩阵。表 5－3 给出了马尔科夫链的概率转移矩阵。由结果可知，绝大部分（85.7%）年份中，西部农业现代化演进状态在每一年年末保持状态 E_1 不变，只有 14.3% 的年份西部农业现代化演进状态在等级上上升一位。就状态 E_2 可知，这种现象更不容乐观。90.9% 的年份中，西部农业现代化演进状态在年末保持不变，仅有 9.1% 的年份中西部农业现代化演进状态在等级上上升一位。进一步地，主对角线上的转移概率揭示了西部农业现代化演进状态转换的内部"动态性"信息。在状态 E_1 和 E_2 中，如果西部农业现代化演进中处于当前状态，那么在年末仍属于这一状态的概率分别为 85.7%、90.9%，演进状态变化的可能性较小；而在后两种状态情

表 5－3　马尔科夫转移概率矩阵

$t/t+1$	E_1	E_2	E_3	E_4
E_1	0.857	0.143	0	0
E_2	0	0.909	0.091	0
E_3	0	0	0.667	0.333
E_4	0.333	0	0	0.667

况下，如果西部农业现代化演进中处于当前状态，那么年末仍属于这一状态的概率均为 66.7%。这充分表明西部农业现代化演进状态变化的艰巨性、复杂性，显然这同农业现代化演进一般规律是有较大区别的，充分体现了西部农业现代化演进的特殊性。

进一步地，根据转移概率矩阵，即可以计算出马尔科夫链的"稳态分布"。假设存在稳态分布 $\pi = (\pi_1, \pi_2, \pi_3, \cdots, \pi_N)$，若满足条件 $\pi P = \pi$，则可以构建方程组（5-8）。对其进行求解可得：$\pi_1 = 0.170$、$\pi_2 = 0.267$、$\pi_3 = 0.486$、$\pi_4 = 0.073$，将其写成矩阵形式就是马尔科夫链的"稳态分布"。为便于分析西部农业现代化演进状态变迁是否存在"重复性"，顺便给出马尔科夫链的"初始分布"，将结果汇总如表 5-4 所示。由表 5-4 可知，在西部农业现代化演进过程中，状态 E_1、E_2 在稳态分布中所占比重分别为 17%、26.7%，相对初始分布有所减少，而状态 E_3 在稳态分布下所占的比例为 48.6%，相对于初始分布的 12.5% 上升幅度较大，但演进状态 E_4 在稳态分布下所占的比例为 7.3%，相对初始分布的 13%，比例大致降低了一半，进而可能退化成其他状态。所以，从整体来看，西部农业现代化演进状态存在明显的"重复性"，这也有悖于世界农业现代化演进的一般规律。

$$
\begin{cases}
0.857\pi_1 + 0.333\pi_4 = \pi_1 \\
0.143\pi_1 + 0.909\pi_2 = \pi_2 \\
0.091\pi_2 + 0.667\pi_3 = \pi_3 \\
0.05\pi_3 + 0.667\pi_4 = \pi_4 \\
\pi_1 + \pi_2 + \pi_3 + \pi_4 = 1
\end{cases}
\tag{5-8}
$$

表 5-4　初始分布与稳态分布

分布类型	E_1	E_2	E_3	E_4
初始分布	0.291	0.458	0.125	0.13
稳态分布	0.170	0.267	0.486	0.073

（二）西部农业现代化演进状态变迁的差异性

对于现代化基本原理的研究，不同学者的研究成果"仁者见仁，智者见智"。中国科学院中国现代化研究中心何传启研究员对现代化基本原理进行了归纳总结，详见表5－5。表5－5揭示的是现代化的基本原理，而农业现代化是现代化在农业系统的反映，它必然遵循现代化的基本原理和一般规律①。农业现代化演进状态亦即农业状态，涵盖阶段、前沿、水平及国际地位等内容。因此，地位可变迁、中轴可变及状态非重复性均应是农业现代化演进的一般规律。其中，与本研究关联较为密切的是：农业现代化状态是变化的，且变化是不重复的，状态Ⅰ—变迁—状态Ⅱ。但通过运用马尔科夫链模型显示出马尔科夫链转移矩阵中主对角线上的概率较大。主对角线上概率较大意味着西部农业现代化演进状态间实现转换的可能性或概率较低，倾向于维持当前状态，表明西部农业现代化演进状态变化的艰巨性、复杂性。同时，通过对比马尔科夫链"初始分布"与"稳态分布"可知，不同演进状态在"稳态分布"中所占比重相对"初始分布"有增有减、有进有退，状态转换具有波动性、重复性，有的演进状态甚至存在退化可能性。因此，与农业现代化演进一般规律比较而言，西部农业现代化演进状态变迁概率低、可能性小，且状态变迁存在明显的重复性，充分体现了西部农业现代化演进过程的特殊性和差异性。

表5－5　现代化的基本原理

原　理	内容或解释
地位可变迁	现代化国家地位是可以变化的，发达国家降级概率约10%，发展中国家升级概率约为5%
状态不重复	现代化的状态是变化的，变化是不重复的，状态Ⅰ—变迁—状态Ⅱ
中轴转变	现代化中轴是变化的，不同领域有不同中轴（贝尔中轴原理）

资料来源：根据何传启《中国现代化报告2012——农业现代化研究》（北京大学出版社2012年版）有关内容整理，但有删减。

---

① 何传启：《中国现代化报告——农业现代化研究》，北京大学出版社2012年版。

第三节　西部农业现代化演进阶段规律

从世界农业现代化一般发展规律来看，18 世纪至 21 世纪，农业现代化经历了第一次现代化和第二次现代化两个阶段。从这个层面来讲，要系统解析农业现代化演进过程规律，还应从演进阶段角度对西部农业现代化演进阶段规律进行分析。通过对西部农业现代化演进阶段规律的分析，一方面可以清晰认知现阶段西部农业现代化演进所处具体阶段，另一方面还可以从动态比较维度，发现并揭示西部农业现代化演进阶段规律同一般规律的差异性，为理论深化提供素材。

一、Logistic 模型引入与演进阶段划分

现阶段学术界对于农业现代化发展阶段也进行了探索性研究，但总体来看，基本上以一定的衡量标准为依据[1]。梅方权（1999）[2]、徐星明和杨万里（2000）[3]、雷玲（2012）[4] 等基本上都将农业现代化的发展阶段划分为初始阶段、初步实现阶段、基本实现阶段以及完全实现阶段等。辛岭、蒋和平（2010）[5] 将农业现代化发展划分为起步、发展和成熟三个阶段。已有研究成果直接启迪着本书的写作思路。但通过对已有研究成果述评发现：现阶段学术界关于农业现代化阶段划分研究主观色彩浓重。一方面，各阶段"参考值"确定标准基本上采用"人工赋值"方法，无法客观、科学认知农业现代化发展客观规律和准确刻画农业现代化演进的"生命周期"。同时，按照这种方法划分的阶段，仍然滞留于现实"发展"层面，只能解释

---

① 辛岭、蒋和平：《我国农业现代化发展水平指标评价体系的构建和测算》，《农业现代化研究》2010 年第 6 期。

② 梅方权：《我国农业现代化的发展阶段和战略选择》，《农村改革与发展》2000 年第 2 期。

③ 徐星明、杨万江：《我国农业现代化进程评价》，《农业现代化》2000 年第 5 期。

④ 雷玲：《西部地区农业现代化发展评价研究》，西北农林科技大学 2012 年博士学位论文。

⑤ 辛岭、蒋和平：《我国农业现代化发展水平指标评价体系的构建和测算》，《农业现代化研究》2010 年第 6 期。

"短期"阶段内涵，无法揭示"长期"内农业现代化演进动态性以及各自具体时间"拐点"，也就无法基于生命周期"全过程"准确定位当下现实发展所处具体阶段。另一方面，在参考对象选择方面，一般以西方发达国家或地区为参照，并不考虑发展环境、禀赋条件以及外部因素等具体国情不同，这种"拿来主义"忽略时空因素和自身土壤，将其发展实际值作为农业现代化发展阶段"标准值"，显然是不科学的，研究结论是站不住脚的。考虑到现有研究的不足，我们将运用更为可信方法开展西部农业现代化演进阶段识别与判断的研究。

（一）西部农业现代化演进阶段划分原则

1. 客观性

任何事物演进都遵循一定的总体性和阶段性规律，农业现代化亦是如此。因此，在对农业现代化演进阶段进行划分时也应从西部域情以及具体发展实际出发。随着经济、社会不断发展，西方国家传统农业现代化道路受到了来自社会各方的质疑。如美国农业虽然具有很高的劳动生产率，但从 20 世纪 80 年代开始，其农业现代化发展模式表露出诸多矛盾、问题：在农业短期利益、眼前利益的"驱使"下，工业化推进中环境污染、生态破坏现象也如约在农业现代化领域"上演"[①]。中国及西部农业现代化发展是在西方发达国家基础之上的"扬弃"，是"取其精华、去其糟粕"的战略优化，直接决定了中国及西部农业现代化发展的"特殊性"。且西部地区作为我国的落后区域，农业现代化发展的差异性亦十分显著，是特殊中的"特殊"。因此，西部农业现代化演进的阶段只能基于西部地区的发展实际客观进行划分，不能直接运用其他国家或者发达地区的"标准值"。

2. 科学性

科学有效的研究方法是解释事物变化发展规律的工具，只有科学的研

---

① 庄卫民：《试论农业现代化的发展趋势》，《农业经济问题》2001 年第 6 期。

究方法才能得到令人信服的研究结论。现阶段在对农业现代化演进阶段进行划分时基本上运用的都是"主观"的划分方法，这种方法对于描述简单的现象具有一定的参考意义，但将其用于生命周期内农业现代化演进阶段的划分，其科学性、效力性有待提高。以原有方式确定的阶段"临界值"是静态的，而农业现代化演进阶段明显是一个"动态性"过程，这样无疑会降低研究结论的科学性、可信性。同时，已有研究中各阶段"临界值"的确定也非常随意，而不是通过科学模拟得到的。正因如此，现阶段关于农业现代化阶段划分方面的研究结论并不统一，甚至同一学者在研究同一问题时采用的标准都不一样。可想而知，在这样的"土壤"下所生成的农业现代化演进阶段划分结论的质量如何。为弥补现有研究的不足，期望运用更为可信的、科学的研究方法对其进行进一步验证，从而尽可能减少人为主观操作的可能性，全面认识农业现代化演进的阶段规律。

3. 前瞻性

农业现代化演进阶段划分的意义在于从"动态"变迁中掌握和刻画西部农业现代化演进的阶段规律。这就要求农业现代化演进阶段的划分要同时兼顾回顾过去、定位现实与展望未来的"三重"功能。通过农业现代化演进阶段的划分，我们不仅可以回顾过去农业现代化发展成就，而且可以定位现阶段农业现代化所处的演进阶段以及展望未来的发展走向，及时发现农业现代化演进过程中所存在的问题，从而未雨绸缪，采取相应的措施进行应对。既做到遵循客观规律，又可以发挥政府、农民以及社会各方的主观能动性，使加速农业现代化发展成为可能。但已有研究成果只能进行样本内的阶段划分，无法兼顾"三重"功能，研究存在深入推进和拓展的空间。

（二）西部农业现代化演进阶段划分方法：Logistic 模型的引入

农业现代化的演进是一个动态的过程，经历了内涵和外延不断拓展，由初级阶段向高级阶段不断迈进的"成长"变迁。同时，受经济因素、政治因素、社会因素、环境因素以及制度因素的综合影响，在未来农业现代化仍将不断"成长"。从这个层面来说，农业现代化演进过程同事物的"成长"过程一样，具有生命周期的特征。而成长曲线模型对于经济活动的过程具有很强的描绘功能，且一般的成长曲线都表现为 S 型[①]。鉴于此，最终选择 Logistic 成长曲线[②]来拟合西部农业现代化演进阶段。首先，记时刻 t 的农业现代化发展水平为 $AMI(t)$。当考察西部整体区域或者域内农业现代化发展水平时，$AMI(t)$ 是一个很大的数值。为了利用微分这一数学工具，将 $AMI(t)$ 视为连续、可微分的函数。记初始时刻 $t=0$ 的农业现代化发展水平为 $AMI(0)$。假定农业现代化的自然增长率为 g，则单位时间内 $AMI(t)$ 的增量 $\dfrac{\mathrm{d}AMI}{\mathrm{d}t}=g \times AMI(t)$，于是有：

$$\begin{cases} \dfrac{\mathrm{d}AMI}{\mathrm{d}t} = g(AMI) \times AMI \\ AMI(0) = AMI_0 \end{cases} \qquad (5-9)$$

继续假定 $g(AMI)$ 是 AMI 的线性函数，即 $g(AMI) = g - r \times AMI$（$g$，$r > 0$）。进一步，确定系数 r 的意义。假定受经济、政治、环境、制度等一系列因素交织影响条件下的西部农业现代化发展的最大水平为 $AMI_{\max}$，当 $AMI = AMI_{\max}$，农业现代化增长率 $g(AMI_{max}) = 0$ 时，$r = g/AMI_{\max}$，于是有：$g(AMI) = g(1 - AMI/AMI_{\max})$，并将其带入式（5-9）则可得：

$$\begin{cases} \dfrac{\mathrm{d}AMI}{\mathrm{d}t} = g \times AMI \times (1 - AMI/AMI_{\max}) \\ AMI(0) = AMI_0 \end{cases} \qquad (5-10)$$

式（5-10）中，$g \times AMI$ 体现了农业现代化自身规律的演进趋势，$(1 - AMI/AMI_{\max})$ 则体现了经济、政治、环境、制度等一系列因素对农业现代化演进的影响效应。很显然 AMI 越大，前一因子越大，后一因子越小，农业现代化演进是两个因子共同作用的结果。式（5-10）为典型的微分方程，

[①] 戴思锐：《计量经济学》，中国农业出版社 2009 年版。靳明：《绿色农业产业成长研究》，西北农林科技大学 2006 年博士学位论文。

[②] Logistic 成长曲线的函数图形如"S"形，因而人们通常又将 Logistic 成长曲线称为 S 曲线，在某种程度上其可以很好地拟合农业现代化演进过程。

且属于微分方程中的变量分离方程，将其进行变量分离，并同时积分可以得到：

$$AMI(t) = \frac{AMI_{max}}{1 + (AMI_{max}/AMI_0 - 1)e^{-gt}} = \frac{AMI_{max}}{1 + ce^{-gt}} \qquad (5-11)$$

式（5-11）中，$c = AMI_{max}/AMI_0 - 1$，若画出图形其应该是一条 S 形曲线（图 5-3），当 $t \to \infty$，$AMI \to AMI_{max}$。接下来，继续对等式（5-11）求导可得，$AMI = AMI_{max}/2$，并将其带入式（5-11）就可以求出时间 t_2，并按照相同的方法继续求导即可得到 t_1 和 t_3，具体结果见式（5-12）。由图 5-3 的 S 曲线可知西部农业现代化的演进过程可以划分为四个阶段：（0，t_1）、（t_1，t_2）、（t_2，t_3）、（t_3，$+\infty$），分别对应着西部农业现代化演进的形成期、成长初期、成长后期以及成熟期。在农业现代化形成期，农业现代化发展水平较低、演进速度较为缓慢。在农业现代化成长初期，先进生产要素在农业生产中发挥了较大作用、投入迅速增加，农业现代化水平显著提

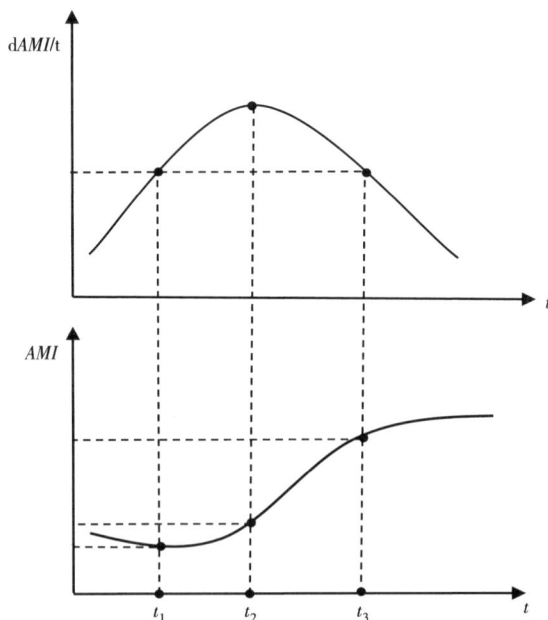

图 5-3　农业现代化演进的速度曲线与 S 曲线

高，发展速度非常迅速。在农业现代化成长后期，农业现代化发展水平已经达到高水平，演进速度开始放缓。在农业现代化成熟阶段，农业现代化发展水平和发展速度均趋于恒定，发展成熟。从农业现代化演进的速度来看：西部农业现代化整体演进过程基本上表现为"慢—快—慢"的阶段性特征。

$$\begin{cases} t_1 = (\mathrm{Ln}c - 1.317)/g \\ t_2 = \mathrm{Ln}c/g \\ t_3 = (\mathrm{Ln}c + 1.317)/g \end{cases} \qquad (5-12)$$

二、Logistic 模型估计与结果

（一）AMI_{max}的确定

关于AMI_{max}确定的方法很多，但由于可操作性的问题，在研究中运用并不广泛。从运用及操作层面来讲，AMI_{max}的确定方法大概有三点法、四点法、拐点法以及非线性拟合等[①]。选取西部农业现代化发展指数测度序列中的起始点（t_1，AMI_1）、中间点（t_2，AMI_2）、　（t_3，AMI_3），终点（t_4，AMI_4）4 个数据观测点来估计AMI_{max}，其计算公式为：

$$AMI_{max} = \frac{AMI_1 AMI_4 (AMI_2 + AMI_3) - AMI_2 AMI_3 (AMI_1 + AMI_4)}{AMI_1 AMI_4 - AMI_2 AMI_3}$$

$$(5-13)$$

（二）Logistic 模型估计方法的选择

由于 Logistic 模型是非线性模型，可将其转化为线性回归模型。但为了提高估计结果的精度和准确性，本书在对 Logistic 模型进行回归时选择非线性回归方法。首先，利用公式（5-13）估计出AMI_{max}，并对等式（5-11）

---

① 殷祚云：《Logistic 曲线拟合方法研究》，《数理统计与管理》2002 年第 1 期。李全喜：《基于 Logistic 回归分析的我国物流产业成长研究》，《软科学》2012 年第 9 期。

进行线性变换，就可以估计出 c 和 g。对式（5-11）进行变形可得：

$$\frac{AMI_{max} - AMI}{AMI} = ce^{-gt} \qquad (5-14)$$

将式（5-14）两边同时取对数可得：

$$Ln(\frac{AMI_{max} - AMI}{AMI}) = Lnc - gt \qquad (5-15)$$

令 $Y = Ln(\frac{AMI_{max} - AMI}{AMI})$，$b = Lnc$，则式（5-15）就可以转化为线性计量模型：

$$Y = b - gt \qquad (5-16)$$

运行线性最小二乘法对式（5-16）进行估计并将结果进行变换，就可以求解出 c 和 g，可将其作为初始值进一步进行非线性估计以提高估计效率和精准性。目前关于非线性估计的迭代法主要有麦夸尔特法（Levenberg-Marquardt）和序列二次规划法。本书选择麦夸尔特法对西部农业现代化演进阶段的 Logistic 曲线进行非线性估计。

（三）农业现代化演进曲线的拟合结果

首先，运用"四点法"估计 AMI_{max}。按照四分法的基本思想，t 选取1988年、1999年、2000年、2011年的数据序列，运用公式（5-1），可以算出西部农业现代化发展的最大水平值 AMI_{max} 为702.962。然后，根据 $Y = Ln[(AMI_{max} - AMI)/AMI]$ 以及西部农业现代化发展指数序列求出 Y 对应的值。设置相应的时间 t 虚拟变量序列，假设1988年为1，1989年为2，2011年为24，对等式（5-15）进行估计，就可以求出 b 和 g 所对应的参数值。为了便于比较西部农业现代化演进阶段规律的差异性，本书采用相同的方法对中国整体以及东部地区的农业现代化演进曲线进行拟合，如表5-6所示。

表 5－6　农业现代化演进曲线的线性估计结果

变量	西部	中国	东部
常数项	2.954 (59.171)***	3.728 (21.555)***	2.285 (21.868)***
t	0.086 (24.725)***	0.155 (12.774)***	0.104 (14.237)***
R^2	0.965	0.881	0.902
Adjusted R^2	0.964	0.876	0.898
F	611.323 (0.000)***	163.171 (0.000)***	202.678 (0.000)***
S. E. of regression	0.118	0.410	0.248
Sum squared resid	0.309	3.706	1.353

注：根据 EViews 6.0 软件计算得到。其中括号内表示 T 统计量，＊＊＊表示在 1%显著水平下显著。

根据上述分析结果可知，西部、中国以及东部地区模型中，常数项和 t 均在 1%的显著性水平下通过检验，且模型整体拟合效果非常理想。进一步地，将西部、中国以及东部地区通过"四点法"以及线性方程估计出来的 AMI_{max}、c、g 的值作为初始值运用非线性方法进行估计。迭代方法选择的是麦夸尔特法，估计结果如表 5－7 所示。由结果可知，在非线性估计结果中，R^2 显著提高，模型解释能力更强。

表 5－7　农业现代化演进曲线的非线性回归结果

参数		估计	标准误	95%置信区间		残差平方和	R^2
				下限	上限		
西部	AMI_{max}	2806.881	6828.439	－11393.635	17007.397		
	c	68.935	167.433	－279.260	417.130	1097.511	0.982
	g	0.074	0.012	0.050	0.099		

参数		估计	标准误	95% 置信区间		残差平方和	R²
				下限	上限		
中国	AMI_{max}	1680. 190	2461. 573	− 3438. 931	6799. 312		
	c	116. 026	131. 726	− 157. 915	389. 966	10287. 642	0. 940
	g	0. 136	0. 033	0. 068	0. 204		
东部	AMI_{max}	391. 927	144. 722	90. 961	692. 894		
	c	11. 156	3. 337	4. 216	18. 096	3546. 229	0. 945
	g	0. 102	0. 023	0. 055	0. 149		

注：上述数据根据 SPSS21 计算。

三、西部农业现代化演进阶段规律与比较

(一) 西部整体农业现代化阶段识别

前述实证结论表明，西部、中国以及东部地区农业现代化演进符合 Logistic 成长曲线规律，可以用其描述农业现代化演进阶段规律，农业现代化演进经历形成期、成长初期、成长后期及成熟期四个不同阶段。由农业现代化演进阶段划分模型的结果及等式（5 − 12）可以求出西部农业现代化演进阶段的第二个拐点增长值和拐点时间。根据模型可知，西部农业现代化演进的拐点增长值为第二个拐点增长值，即 $AMI = AMI_{max}/2$，所对应的拐点时间为 $t_2 = Lnc/g$，西部农业现代化发展水平的最大值 $AMI_{max} = 2806.88$。当 AMI 达到 1403.44 时，西部农业现代化演进速度最快，为西部农业现代化演进的峰值拐点水平指数，拐点时间约为 2045 年。当 $t_1 = （Lnc − 1.317）/g$ 时，即约为 2027 年的时候，西部农业现代化演进达到"生命周期"的第一拐点，相应的拐点值为 592.88。当 $t_3 = （Lnc + 1.317）/g$ 时，即约为 2063 年的时候，西部农业现代化演进达到"生命周期"的第三个拐点，拐点值为 2213.66。综上，西部农业现代化演进阶段的时间拐点分别为 2027 年、

2045 年、2063 年。

（二）西部域内各省份农业现代化演进阶段识别

由于区位条件、自然禀赋以及发展基础的差异，西部域内各省份农业现代化演进阶段又存在怎样的差异性呢？为此，有必要进一步对西部各省份所处的农业现代化演进阶段做进一步识别与判断。这样一方面可以从结构层面找出造成西部农业现代化演进阶段规律差异性表现最为显著的"区域"，使政府在制定相关政策时可以有所倾斜，从而对症下药、重点突破，增强政策的针对性、匹配性；另一方面，西部各省份还可以从中找准各自的发展位置，形成各自的"赶超"战略，全力推动西部农业现代化提档升级和跨越式发展。在已知西部整体农业现代化演进阶段"拐点值"的情况下，配合相应的趋势曲线，就可以求解出西部各省份到达"拐点值"的时间点。通过综合对比，最终选择二次曲线对其进行拟合，结果如表 5－8。由结果可知，内蒙古、四川、贵州、云南、西藏、陕西、甘肃、青海、宁夏、新疆符合二次曲线的一般特征，t 和 t^2 在相应的显著性水平下均通过显著性检验，调整后的 R^2 值均较高，说明模型拟合较好，F 值也表明各区域的模型整体显著性水平非常高。广西和重庆由于 t 在首次估计中并不显著，所以对其进行删减，只保留 t^2 进行重新估计。两个地区重新估计的结果中，t^2 在 1% 的显著性水平下通过检验。

表 5－8　西部各省份农业现代化演进曲线的估计结果

地区	常数项	t	t^2	Adjusted R^2	F
内蒙古	105.668 (10.149)***	-16.828 (-8.026)***	1.066 (12.105)***	0.937	173.159
广西	38.532 (1146.06)***	—	0.298 (74.41)***	0.996	5536.783
重庆	48.33 (26.326)***	—	0.297 (7.097)***	0.722	60.717

续表

地区	常数项	t	t^2	Adjusted R^2	F
四川	13. 655 (2. 481)**	5. 161 (4. 655)***	0. 173 (3. 715)***	0. 978	512. 174
贵州	256. 61 (72. 246)***	-22. 711 (-11. 695)***	0. 544 (6. 161)***	0. 999	205816. 6
云南	33. 322 (18. 226)***	5. 472 (22. 355)***	0. 069 (8. 912)***	0. 999	245487. 8
西藏	23. 692 (19. 252)***	3. 387 (17. 356)***	0. 223 (32. 603)***	0. 999	40133. 27
陕西	6. 359 (7. 37)***	3. 894 (24. 23)***	0. 29 (44. 871)***	0. 999	46938. 36
甘肃	24. 676 (7. 903)***	2. 588 (4. 086)***	0. 275 (10. 557)***	0. 996	2767. 231
青海	60. 121 (5. 2)***	-4. 907 (-2. 107)**	0. 558 (5. 71)***	0. 898	102. 633
宁夏	57. 931 (6. 128)***	-4. 146 (-2. 178)**	0. 521 (6. 52)***	0. 927	147. 452
新疆	87. 257 (9. 41)***	-8. 077 (-4. 325)***	0. 609 (7. 771)***	0. 901	105. 406

注：根据 EViews 6. 0 软件计算得到。其中括号内表示 T 统计量，***、** 表示在 1% 和 5% 显著水平下显著。

由此，西部各省份可以运用其模型计算各自到达"拐点值"的时间点，求解一元二次方程即可，计算结果如表 5 - 9 所示。由结果可知，西部各省份同西部农业现代化整体所处演进阶段一致，均处于农业现代化生命周期的"形成期"阶段，但西部各省份在农业现代化演进过程中，到达"拐点值"的时间点不同。最早到达第一个拐点的是内蒙古，同时陕西、青海、宁夏、新疆到达第一个拐点的时间均领先于西部整体"时间表"。广西、重庆、四川、贵州、云南、西藏到达第一个拐点的时间滞后于西部整体"时间表"。总体而言，西北地区到达第一个拐点的时间均领先于西南地区，西南地区较西北地区存在明显的滞后性。同时，在西南地区内部，到达第一个拐点值的时间也存在显著的差别，最早的为2019年，最晚的为2046年。因而，从结构层面而言，西部农业现代化演进阶段规律差异性最为明显的是西南地区。也正因如此，在国家层面实施相应制度安排时应有所侧重和倾斜，将西部大开发战略重点转移到西南地区，尤其是贵州、四川、云南和西藏等地，助力西部农业现代化演进。

表5-9 西部各省份拐点时间与演进阶段识别

地区	t_1	t_2	t_3	所处阶段
内蒙古	2019	2032	2041	形成期阶段
广西	2031	2056	2073	形成期阶段
重庆	2031	2056	2073	形成期阶段
四川	2033	2064	2085	形成期阶段
贵州	2042	2060	2073	形成期阶段
云南	2046	2094	2130	形成期阶段
西藏	2032	2060	2080	形成期阶段
陕西	2026	2051	2068	形成期阶段
甘肃	2029	2054	2072	形成期阶段
青海	2024	2042	2055	形成期阶段
宁夏	2024	2043	2057	形成期阶段
新疆	2024	2042	2054	形成期阶段

（三）西部农业现代化演进阶段规律的比较分析

同理，按照相同方法，可以计算出中国以及东部地区的农业现代化演进的"生命周期"拐点，将计算结果整理形成表5-10，并绘制成图5-4。从中可以看出，西部、中国以及东部地区农业现代化演进符合Logistic成长曲线的规律。从阶段识别来看：当前西部农业现代化仍处于Logistic成长曲线的第一阶段：形成期阶段。中国农业现代化演进则处于Logistic成长曲线的第二阶段：成长初期阶段。东部农业现代化则已演进至 Logistic 成长曲线第三阶段：成长后期阶段。比较来看，西部农业现代化演进规律的差异性特征十分明显。但西部农业现代化演进阶段并不是一成不变的，完全遵循其演进轨迹，在未来的演进中完全有可能因为具体的制度设计或者政策倾斜，使其出现结构性"突变"，形成跨越式发展。同时，受样本选取及容量的局限，模型并不能完全说明西部农业现代化演进阶段的全部问题，虽然曲线拟合较好，但只能说明其在样本区间内符合 Logistic 成长曲线规律，尤其是对"拐点"时间的计算只是具有参考价值。研究仅想说明在演进阶段层面西部农业现代化演进规律同中国以及东部地区所呈现的差异性特征，在未来的发展中需要政府在明确、认知西部农业现代化演进阶段规律的基础上，从结构性视角出发，加大对西部地区的政策扶持和投入力度，进一步明确发展重点和思路，找准制约各类体制、机制的弊端，"以改革增活力"，推动西部农业现代化跨越式发展。

表 5 – 10   西部农业现代化演进阶段判识与比较

类别	西部	中国	东部
t_1	2027	2013	1999
t_2	2045	2022	2011
t_3	2063	2038	2024
所处阶段	形成期阶段	成长初期阶段	成长后期阶段

上述分析中我们只是基于农业现代化演进的自身视角，揭示了西部农业现代化演进阶段规律的变异性。事实上，农业现代化作为现代化的重要组成部分，要全面刻画农业现代化演进过程规律发生变异的程度，还应从结构层面探析其与其他现代化内容间的动态均衡性。从世界经济和现代化发展进程来看，农业现代化、工业化和城镇化是同步推进的，这也是现代化发展的一般规律。任何国家若无视农业现代化的协调推进，即使其工业化、城镇化水平再高、取得成就再大，也难以彻底改变落后、贫穷的面貌，

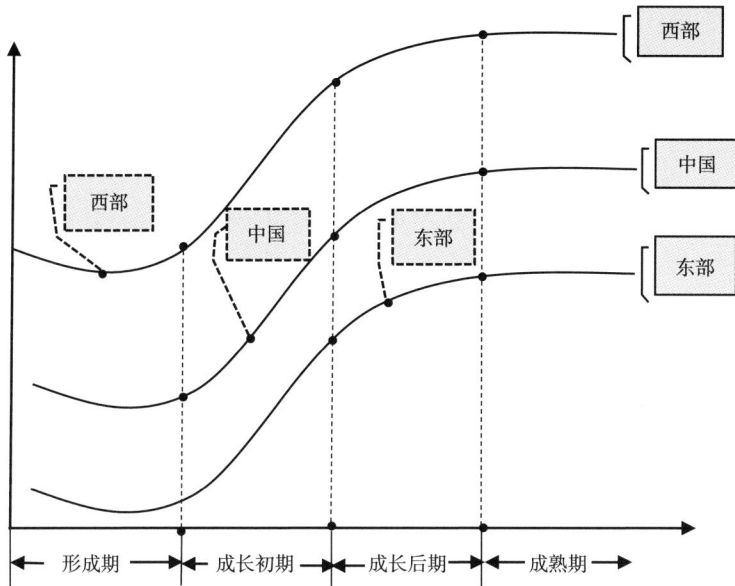

图 5 - 4　西部农业现代化演进阶段规律

甚至会相互牵扯，陷入动态失衡的困境。唯有"三化"的协调同步、同步提高才能实现经济、社会以及各方发展的良性互动。为此，有必要进一步从这个角度揭示西部农业现代化演进过程规律的变异性。在上文中我们已经对西部、中国以及东部农业现代化演进所处的阶段进行了识别与判断，所以当务之急则是对工业化、城镇化的演进阶段进行识别与判断。根据统计数据测算：2011 年西部城镇化率为 42.99%，东部城镇化率为 60.8%，中国城镇化率为 51.27%。按照世界城镇化发展的一般规律"诺瑟姆 S 曲线"的认知，当城镇化率达到 30% 时，进入快速发展阶段；当城镇化率在 30%—50% 这一区间内时，将处于加速阶段；当城镇化率在 50%—70% 时，将处于减速阶段。将其对应至上述 Logistic 成长曲线的阶段划分，则可知当前西部城镇化演进处于成长初期阶段，东部城镇化演进处于成长后期阶段，中国城镇化演进处于成长后期阶段。从工业化演进阶段来看，西部工业化演进已迈入了工业化中期的后半阶段，东部工业化已演进至工业化后期的后半阶段,中国工业化已演进至工业化后期①。为了便于分析,仍然参照 Logistic 成长曲线的阶段划分进行对应,则西部工业化演进处于成长初期阶段,东部处于成长后期阶段,中国处于成长后期阶段。

从表 5-11 和图 5-5 我们可知,东部地区农业现代化、工业化和城镇化演进均处于成长后期阶段,农业现代化演进同工业化、城镇化是同步的、动态均衡的,这也充分证实了"三化"同步以及动态均衡是现代化乃至农业现代化一般规律的体现。相比较而言,西部农业现代化演进过程却呈现出了与一般发展规律的变异性:具体而言,西部农业现代化演进整体滞后于工业化、城镇化,西部农业现代化演进的不同步、动态失衡性非常明显,也正因如此致使中国层面农业现代化演进与工业化、城镇化不同步、动态失衡以及脱节,充分证实了西部农业现代化演进过程规律的变异在某种程度上具有传导性。但就目前状态而言,中国层面的农业现代化演进的失衡性表现并不十分突出,并不像西部那么严峻。因此,要推动中国农业现代化。工业化以及城镇化的同步发展,关键在于西部,而要实现西部"三化"的同步发展,关键在于农业现代化。努力矫正西部农业现代化演进过程规律的差异性,找准"掣肘"西部农业现代化演进的关键因素,已成为新时期"三化"同步发展背景下诸多问题的关键,也成为推动经济、社会发展的重要契机,并已到了时不我待的地步,直接关系到全国整体目标进度的"时间表"。

表 5-11　西部农业现代化演进阶段的动态失衡

地区	农业现代化	工业化	城镇化
西部	形成期阶段	成长初期阶段（后段）	成长初期阶段（后段）
中国	成长初期阶段	成长后期阶段（前段）	成长后期阶段（前段）
东部	成长后期阶段	成长后期阶段（后段）	成长后期阶段（后段）

注:上述阶段均按照 Logistic 成长曲线的阶段划分方法进行了相应的处理与调整。

---

① 黄群慧:《中国工业化进程:阶段、特征与前景》,《经济与管理》2013 年第 7 期。

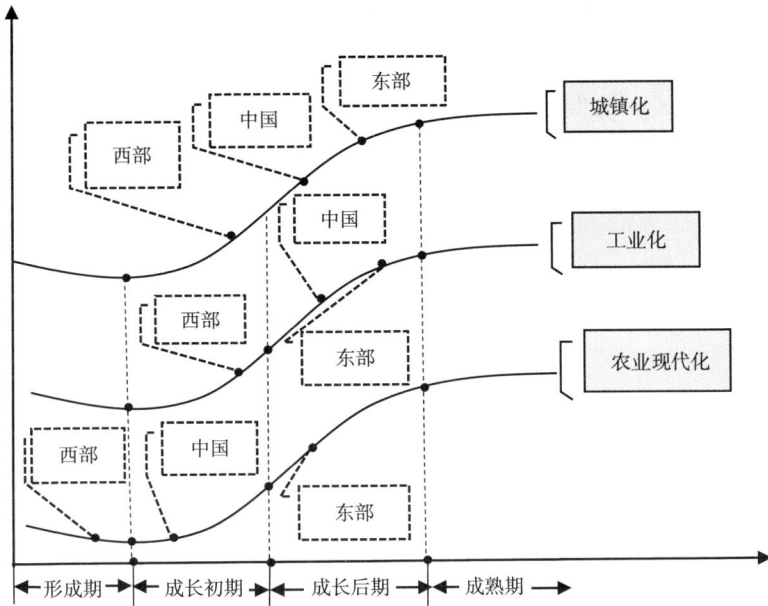

图 5-5　西部农业现代化演进阶段规律差异性

第四节　西部农业现代化演进差异性产生的后果

上文中我们从演进过程、演进状态及转换、演进阶段规律等多层面探究了西部农业现代化演进过程的差异性，但就事实层面而言，现阶段表现最为突出的就是西部农业现代化演进阶段规律的差异性，即西部农业现代化演进阶段不但滞后于中国和东部地区，而且也滞后于工业化、城镇化进程，西部农业现代化"发育"明显迟缓。西部农业现代化演进滞后将阻碍比较优势发挥，降低资源配置效率；阻碍农业生产结构调整，无法形成微观激励动力；抑制西部农民收入增长，造成内需不足；延缓我国全面小康社会建设及现代化进程的实现。具体而言：

一、阻碍比较优势发挥，降低资源配置效率

相比较而言，西部地区自然资源丰富，农业生产要素丰富且成本相对较低。2011 年西部土地面积 686.7 万平方公里，占全国比重的 71.5%，年底总人口 36221.7 万人，占全国比重的 27%[①]，是真正意义上的地广人稀。在耕地分布方面，西部地区耕地资源较为丰富，占全国比重为 36.9%，分别超过东部地区、中部地区、东北地区 15.2 个百分点、13.1 个百分点、19.3 个百分点。在农业从业人员年龄方面，西部地区存在绝对优势，且呈现"年轻化"趋势，人口红利充裕。第二次全国农业普查数据显示：西部地区 20 岁以下、21—30 岁、31—40 岁农业从业人员占比分别为 6.4%、16.5% 和 25.3%，高于全国、中部和东部水平。从其他农业资源来看，西部森林覆盖率为 5721.84 公顷，占全国的比重为 36%；草地面积 22360 公顷，占全国的比重为 55.9%；水能储量 5.57 亿千瓦，占全国的比重为 82.5%。但由于农业现代化演进滞后性的影响，并没有使西部农业发展的资源比较优势得以发挥，限制了资源配置效率。

表 5 - 12　西部自然资源情况

资源类别	数量	占全国百分比（%）
土地面积	686.7 万平方公里	71.5
森林面积	5721.84 公顷	36
草地面积	22360 公顷	55.9
水能储量	5.57 亿千瓦	82.5

注：以上数据中土地面积数据来自《中国统计年鉴》（2012），其他数据来自王钊、邓宗兵、吴江：《西部农村工业化与城镇化互动协调发展研究》，陕西科学技术出版社 2006 年版。

---

① 数据来源：《中国统计年鉴》（2011）。

表 5 −13　我国农业从业人员年龄构成

（单位：%）

农业从业人员年龄构成	全国	东部地区	中部地区	西部地区	东北地区
20 岁以下	5.3	4.2	4.9	6.4	6.4
21—30 岁	14.9	13.5	13.8	16.5	17.2
31—40 岁	24.2	22.0	24.5	25.3	25.4
41—50 岁	23.1	25.0	23.5	20.6	25.3
51 岁以上	32.5	35.3	33.3	31.2	25.7

资料来源：第二次农业普查数据。

二、阻碍农业生产结构调整，无法形成微观激励动力

产业结构调整通常是按照效益最大化或者成本最小化原则，对于农业生产进程中的各类生产要素进行重新整合、配置，以实现各层次产业的合理搭配、优化配置，提高农业劳动生产率和土地产出效率，进而形成微观激励动力，调动农民从事农业生产的积极性，促进农民收入增长。农业现代化演进滞后将通过以下几个途径阻碍农业生产结构调整：首先，农业现代化发展程度越高，农业"产业链条"越长，农户与市场的"兼容性"越好。但反之，农业现代化演进滞后则"小农户"与"大市场"的矛盾就会凸显，农民面临的市场风险较大。在这样的市场环境下，农民按照农业产业结构演变规律，自发调整农业生产决策行为的动力"不足"，尤其是在城乡收入差距的诱使下，务工收入会远高于家庭经营性收入，将对农业生产和农业产业结构调整形成巨大冲击。其次，在农业现代化发展水平较高的地区，与农业现代化发展配套的农业机械、化肥、农药等物质装备产业以及金融、物流、科技等支撑产业的发展水平都较好。从这个意义上讲，农业现代化水平的高低直接决定着产业结构的演变方向。再次，农业现代化演进过程实质上就是先进生产要素对落后生产要素的替代以提高农业劳动生产率、土地产出率和商品化率的过程。若农业现代化发展演进滞后则意

味着其不能"挤出"蕴藏在农业生产中的落后要素、无法寻求"替代",对农业结构的调整形成拖累。最后,农业现代化的发展水平提高意味着农民消费习惯的变化,可以促进农产品质量的结构转变,进而实现农业生产结构的转变。但反之,农业现代化演进滞后所产生的后果则不言而喻。

三、抑制西部农民收入增长,造成内需不足

农业现代化演进过程势必伴随着农业生产力水平的提高以及农村经济的发展。农业现代化演进的"动态均衡"是让农民共享农业现代化的发展成果,实现农民收入增长。从这个意义上来说,实现农民收入增长是农业现代化演进的核心目标。农业现代化演进对农民增收的作用主要通过两条路径来实现:一是农业现代化演进可以促进农业生产力的提高,农民可以直接从生产力中分享发展收益,实现收入水平的提高。二是基于生产力的提高,农业生产关系发生变革会导致农民城镇化、市民化,实现收入增长[1]。从这个意义上来说,较为发达的农业现代化发展水平将是实现农民持续增收的坚实"后盾"。但西部农业现代化演进迟缓、滞后,这无疑会制约西部农民收入增长。从长远来看,其将成为"扩大内需"战略实施的"绊脚石"。据统计资料显示(见表5-14):西部农民收入一直呈现递增态势,1990—2011年西部农民家庭人均纯收入由552.7元,上升至5246.7元,年均增长率为22.7%,其中,农民家庭人均工资性收入年均增长率为34.32%,家庭经营收入年均增幅17.8%,转移性收入年均增幅达29.14%[2]。从结构层面来看,农民收入增长基本上源于工资性收入、转移性收入以及财产性收入的增长,与农业现代化演进紧密相关的农民家庭经营收入增长不但较慢,且占总收入的比重不断下降,由1990年的82.7%下降至2011年的53%,降幅近30个百分点,充分反映了农业现代化演进滞

---

[1] 蒋俊毅:《农业现代化与农民增收:一个新的理论框架》,《农村经济》2008年第6期。

[2] 西部12个省份1990年农民财产性收入值缺失,故在计算年均增长率时基期从1995年开始。

后对农民收入增长的影响，且最终将抑制西部消费市场的发展和内需的扩大。

表 5 - 14　西部 12 个省份农民收入情况及构成

年　份	1990	1995	2000	2005	2011
纯收入（元/人）	552.7	1116.8	1661.0	4417.9	5246.7
其中：工资性收入（元/人）	70.5	149.4	390.9	1499.3	1811.4
家庭经营收入（元/人）	457.5	889.6	1182.4	2403.1	2780.8
财产性收入（元/人）	–	29.6	31.2	113.6	137.3
转移性收入（元/人）	24.7	48.3	56.4	401.9	517.2
纯收入构成（%）	100	100	100	100	100
其中：工资性收入（%）	12.8	13.4	23.5	33.9	34.5
家庭经营收入（%）	82.7	79.7	71.2	54.4	53.0
财产性收入（%）	–	2.6	1.9	2.6	2.6
转移性收入（%）	4.5	4.3	3.4	9.1	9.9

资料来源：《中国农村统计年鉴》（2012）。

四、制约"四化"同步，威胁经济社会协调发展

党的十八大高瞻远瞩、顶层设计，提出促进工业化、信息化、城镇化、农业现代化"四化"同步发展的战略方针，诠释了新时期经济社会协调发展的新思路、新内涵、新要求。从国际经验来看：同步推进"四化"发展的关键是加快推进农业现代化演进，实现工农、城乡协调发展[①]。因此，西部发展实践中农业现代化演进的滞后性势必会制约"四化"同步，威胁经济社会协调发展。具体而言：首先，农业现代化演进可以为工业化提供其所需的生产资料、原材料，奠定工业化推进的物质基础。同时，随着农业

---

① 韩长赋：《加快推进农业现代化，努力实现"三化"同步发展》，《求是》2011 年第 19 期。

现代化演进，其对机械、化肥、电力等工业产品的需求增大，为工业化产品提供广阔的市场空间。且农业现代化演进必然伴随着科技进步，倒逼工业部门科技效应的"外溢"。此外，在"推—拉"机制的作用下，农业现代化演进"排挤"出来的农业剩余劳动力可以为工业部门提供发展所需要的劳动力生产要素。但如果农业现代化演进滞后，其不但不能为工业化发展提供所需要的基础积累，而且在"反馈机制"缺乏的情形下，还会对农业现代化演进形成冲击。其次，农业现代化演进将使传统的"小农"意识逐步淡化，农民的"职业性"不断增强，为城镇化的快速推进打下坚实的基础。而农业现代化演进的滞后性无疑会延缓西部地区整体城镇化进程。同时，农业现代化演进滞后将延缓城镇文明向农村的扩散速度，深化"二元"结构体制，不利于城乡一体化进程的推进。最后，农业现代化演进将激活对农业资源环境、生产管理、农产品及生产资料市场、农业科学教育等方面的信息需求，推动信息化发展。但就西部而言，演进滞后的农业现代化将阻隔信息化发展，减缓农业现代化与信息化的融合进度，产生不良后果。

五、延缓我国全面小康社会建设及现代化目标的实现

由于我国"二元"经济结构特征，城乡发展体制、制度、观念等原因，城乡教育、卫生、医疗、经济、文化等差异逐步扩大，农业还比较脆弱，农村还比较落后，农民还比较贫苦，"三农"问题成为整个经济、社会、文化等协调发展的瓶颈，严重影响了区域协调发展目标的实现①。加速农业现代化演进是化解"三农"发展痼疾的主要途径，也是实现我国全面小康社会的重要战略路径。西部地区由于所处地理位置以及发展基础的特殊性、多元性、脆弱性，其农业现代化演进的滞后性和差异性无疑将延缓我国全面小康社会建设和现代化目标的实现。具体而言，首先，西部地区是我国经济落后区域，2011 年西部 GDP 为 99618.7 亿元，占全国比重为 19.2%，

---

① 姜松：《重庆市统筹城乡发展制约因素及推进路径研究》，西南大学 2011 年硕士学位论文。

人均 GDP 为 27730.8 元，远低于全国的 35083 元[①]，发展落后程度可见一斑。但西部地区同时也是自然资源富集、比较优势显著的区域，农业现代化演进滞后会将西部地区推入"资源诅咒"的深渊、无法自拔，拖延西部进入全面小康和现代化的"时间表"。没有西部地区共享成果、协同并进的现代化是不完整也是不健康的现代化。其次，西部是我国贫困人口聚集区域，并呈现"连片聚集"、阶层固化、间断返贫的现象。根据国家统计局的贫困监测数据显示：2001—2009 年，西部地区贫困人口占比从 61% 上升至66%，民族地区八个省份贫困人口占比从 34% 上升到 40.4%。西部地区农业现代化演进的滞后性不但不能抑制和消除贫困，反倒会与贫困交互影响，形成"恶性循环"的封闭圈。一个没有消除贫困人口的社会不是全面小康社会，一个没有贫困阶层共享的现代化不是彻底的现代化。最后，西部地区地处祖国边陲，是少数民族聚集区域，民族问题、敌对势力与落后的经济问题和社会问题相互交织。从某种意义上来说，西部农业现代化演进滞后问题已经远远超出了农业生产领域。没有少数民族聚集区共享的小康社会和现代化是不长久和不可持续的。找准"掣肘"西部农业现代化演进成因，加快推进西部农业现代化演进，将成为未来中国发展中的关键战略选择。

---

① 　数据来自《中国统计年鉴》（2012）和《中国统计摘要》。

第六章　西部农业现代化演进的
主要影响因子实证

在上述分析中，本书刻画了西部农业现代化演进过程，并从演进过程特征、演进状态及转换、演进阶段规律三个维度揭示了西部农业现代化演进过程的差异性。那么，究竟是哪些因子在影响西部农业现代化演进？其影响程度如何？各因子影响效应存在怎样的差异性？为此，本章将以理论分析框架和各章节的分析为认知起点，建立计量经济学模型，展开西部农业现代化演进的主要影响因子实证，以剖析主要因子对西部农业现代化演进的影响方向、程度和效应，并基于实证结果综合比较，揭示引致西部农业现代化演进差异的影响因子。

第一节　主要影响因子梳理

农业现代化系统是国民经济社会发展的重要子系统。系统的演进不仅和系统内部各要素的协同配合、牵扯互动有关，而且和系统外部的制度安排、市场经济环境等外在因子有密切关系。既然如此，基于系统演进视角，可以将西部农业现代化演进的影响因子分为内生影响因子和外生影响因子两类。其中，内生因子对农业现代化演进的影响效应是直接的且存在"反馈效应"，外生因子一般存在于系统外部。为此，基于理论分析框架以及学术界研究成果，从内生因子和外生因子两个层面，基于可行性、可操作性原则提炼、梳理影响西部现代化演进的主要影响因子。

一、内生因子

在理论框架中由农业现代化演进过程及条件我们可知,农业人力资本、农业比较优势[①]、农业研究与发展(R&D)[②]为影响农业现代化演进的重要内生因子。同时,根据现有学者的研究成果进一步将农业结构、农业分工演化等纳入影响西部农业现代化演进的主要的内生因子范畴。

(一)农业人力资本

对世界而言,20世纪是人力资本的世纪,人力资本是驱动经济增长的主要动力[③],其对经济增长的贡献已经远远超过物质资本积累、劳动力数量的增加。在农业现代化发展中,农业人力资本的作用也逐渐凸显。农民获得"能力"在农业现代化发展中是"头等"重要的。这些"能力"与资本品一样是被生产出来的生产资料,但能力的获得并不是免费的,这些"能力"需要有实在的、可以确定的成本[④]。舒尔茨说的这种能力就是"人力资本"。在传统农业中,农业生产活动基本上是以家庭为单位而展开的,农业人力资本获取渠道单一,基本上是通过家庭生产活动、长期以来形成的耕作经验以及技能的代际传承获取。因此,农业人力资本投资高收益率的机会在传统农业生产活动中并不会出现,要促进农业现代化发展必须提高农民的人力资本存量。从某种意义上来说,农业人力资本的"零值静态"均衡或是"高水平"动态均衡是传统农业向现代化农业转变的分界[⑤]。从供给

---

① 农业比较优势可以较好地包涵农业现代化发展的资源禀赋以及各类基础条件,如耕地、劳动力、农业物质资本等,这一点从几种主要的农业现代化发展模式、后文的论述以及林毅夫所构造的农业比较优势系数可以得到反映。

② 农业科技研发是获得科学技术新知识,并创造性地运用科学技术新知识的系统活动,是一种创新活动,也是农业科技进步的"源泉"。

③ Goldin, C. , Lawrence, F. K. , "Long-run Changes in the Wage Structure:Narrowing, Widening, and Polarizing", *Brookings Papers on Economic Activity*, 2, 2007.

④ 西奥多·W. 舒尔茨:《改造传统农业》,商务印书馆2006年版。

⑤ 郭剑雄:《人力资本的稳态转变与农业发展》,《西北大学学报(哲学社会科学版)》2005年第1期。吕小萍:《提高中国农村人力资本存量水平的路径选择》,《社会科学战线》2010年第6期。

视角来看，在农业现代化演进中，需要有"有文化""懂技术""会经营"的新型的、高人力资本积累的现代农民与之相匹配，人力资本欠缺将导致农业新技术采用受阻①。从需求视角来看，农业现代化演进不仅意味着农业劳动力生产率、土地产出率和商品化率的大幅提升，也意味着产量的"能级跃升"以及收入提档升级。受利益最大化驱使，作为理性"经济人"的农民，也更易通过多渠道、多方式实施人力资本投资，推动农业现代化发展。因此，农业人力资本在实现农业现代化发展与演进中是至关重要的②。

（二）农业比较优势

基于技术和要素禀赋的比较优势理论是新古典贸易理论的核心③。大卫·李嘉图基于亚当·斯密绝对优势理论提出了基于"生产技术"差异的比较优势理论，主张在国际贸易中一个国家应该生产那些具有较高劳动生产率的产品，进口较低劳动生产率的产品。基于要素禀赋的比较优势理论则放宽了基于"生产技术"差异比较优势理论的基本假设，认为劳动力、资本、土地等要素禀赋的"丰歉"是国际贸易实施与模式选择的成因。但实际上，比较优势理论不只出现于国际贸易中，其同样可以运用到优化生产结构以及提高劳动生产率上④，可以延伸至任何生产活动中，成为生产经营活动能否顺利推展的先决条件。相反，比较优势扭曲将导致效率损失。作为自然再生产与经济再生产"交织"的农业部门，发展布局的基本依据也理应是比较优势⑤。从这个层面来讲，农业比较优势是农业现代化演进的

---

① Foster, A. D., Rosenzweig, M. R., "Learning by doing and learning from others：Human capital and technical change in agriculture", *Journal of political Economy*, 6, 1995.

② 陈至发、桑晓晴：《农村人力资本供求非均衡特征与农业现代化》，《农业现代化研究》2002年第4期。

③ Costinot, A., "An Elementary Theory of Comparative Advantage", *Econometrica*, 4, 2009.

④ 厉为民：《比较优势和高效农业》，《农业技术经济》1994年第4期。

⑤ 李应中：《比较优势原理及其在农业上的运用》，《中国农业资源与区划》2003年第2期。伍山林：《WTO环境下农民、农村与农业发展模式论略》，《财经研究》2004年第1期。

重要基础条件。农业现代化发展必须依托不同区域农业发展禀赋及特点，农产品具有比较优势的区域更易实现农业现代化内涵中的专业化①。但农业比较优势并不是固定不变的，而是"动态"演进的，是一个不断消失又不断被创造的过程②。有的学者就发现，随着经济发展以及实际工资率的增加，一些国家或地区的经济比较优势正逐步从农业转移到非农产业，农业的比较优势正在丧失③，可能会对农业现代化演进产生冲击。

（三）农业研究与发展

在"新增长理论"模型中，R&D 溢出是潜在的促进内生经济增长的主要源泉之一。发生于发达国家的 R&D 是创新的基础，推动了全世界经济增长。在农业经济领域，随着时间推移，农业研究与发展对于农业经济增长以及农业现代化演进的贡献不断增大。农业 R&D 不但在增加农产品供给方面发挥了重要作用，成为农业生产率增长的重要来源（阿尔弗兰卡和哈夫曼，2007）④，而且在市场经济条件下，集中于资本使用以及增加农产品方面的农业 R&D 对诱致性技术创新起到了至关重要的作用⑤，成为推动农业现代化演进重要的利导因子。陈孟平（2003）⑥ 研究发现，政府出资组建"非营利"性农业科研结构或者在政府主导下通过"补贴"形式扶持农业基础

① 蔡昉：《比较优势与农业发展政策》，《经济研究》1994 年第 6 期。胡新萍等：《从广西—东盟农业比较优势看农业现代化》，《广东农业科学》2013 年第 12 期。

② 周鹏：《区域农产品比较优势再造论》，《农业经济问题》2008 年第 3 期。

③ 蔡昉：《从比较优势与贸易利益看中国的粮食供求问题》，《国际经济评论》1997 年第 1 期。Otsuka，K.，"Food Insecurity，Income Inequality，and the Changing Comparative Advantage in World Agriculture"，*Agricultural Economics*，44，2013。

④ Alfranca，O.，Huffman，W. E.，"Aggregate Private R&D Investments in Agriculture：The Role of Incentives，Public Policies，and Institutions"，*Economic Development and Cultural Change*，1，2003. Mullen，J.，"Productivity Growth and the Returns from Public Investment in R&D in Australian Broadacre Agriculture"，*Australian Journal of Agricultural and Resource Economics*，4，2007.

⑤ Esposti，R.，"The Impact of Public R&D and Extension Expenditure on Italian Agriculture：An Application of a Mixed Parametric-nonparametric Approach"，*European Review of Agricultural Economics*，3，2000.

⑥ 陈孟平：《农业现代化与制度创新》，《北京社会科学》2001 年第 3 期。

性的研究与开发，对于推动农业现代化发展是非常必要的、迫切的。包宗顺（2008）[1] 通过对发达国家农业现代化发展考察发现：自第二次世界大战以后，发达国家在农业现代化发展中均建立了比较完善的农业科研体系，农业科技研发成果对农业现代化发展产生了重大的推动力。李纪生（2011）[2] 认为在农业劳动力出现"结构性"短缺情况下，推动农业现代化发展需要发挥技术的"替代效应"，加强对农机的科研投资。

（四）农业结构

结构改革和调整一直是影响经济持续增长的重要因素。在发展中国家，经济持续增长与"非均衡"的结构性转变存在密切关系[3]。在农业部门，结构改革同样是促进农业现代化发展和演进的重要因子。在相关政策指引下，农业结构改革可以实现农业要素"质"和"量"的比例转换[4]，有效改变传统农业"弱质性"特征，实现供给和需求动态均衡，推动农业现代化发展。当然，这可以从发达国家农业现代化演进轨迹中得到经验佐证。在日本农业现代化发展过程中，以农业结构调整为导向的"一村一品"运动，对于推动日本农业现代化发展"功不可没"[5]。当然"一村一品"也成为许多国家借鉴和学习农业现代化经验的"蓝本"。美国农业结构的转变，也在一定程度上使美国农地规模经营方式由粗放的机械化带动向集约的生物农业转变[6]，有效促进了农业现代化发展。法国在农业现代化发展进程中，也实施了"农业结构"改革运动，通过农场合并方式以达到扩大平均规模，

---

① 包宗顺：《国外农业现代化借鉴研究》，《世界经济与政治论坛》2008 年第 5 期。

② 李纪生：《不同投资结构的农业科研投资生产率增长效应——基于空间面板模型的实证分析》，《软科学》2011 年第 7 期。

③ 中国经济增长和宏观稳定课题组：《城市化、产业效率与经济增长》，《经济研究》2009 年第 10 期。

④ 何忠伟：《农村城镇化与农业结构调整协调发展的实证研究》，《农业经济问题》2004 年第 11 期。

⑤ 孙能利：《省域农业竞争力比较研究》，华中农业大学 2012 年博士学位论文。

⑥ 林政：《美国农地开发规模化的经济分析及启示》，《国际经贸探索》2004 年第 5 期。

实现农业规模经济①，取得了不错效果。从中我们发现，农业结构调整有效提高了农业全要素生产率②，实现农业生产组织方式、经营方式的变革，对于推动农业现代化发展具有重要现实意义③。

（五）农业分工演化

分工演化是促进社会劳动力生产率和生产力提高，实现经济、社会发展的重要因素。最早对分工理论进行论述的是亚当·斯密，在其著作《国富论》中首次提出了"劳动生产力上最大的改进，以及在劳动生产力指向或应用的任何地方所体现的技能，熟练性和判断力的大部分，似乎都是分工的结果"。马克思在肯定亚当·斯密分工理论的基础之上，进一步将分工划分为一般分工和特殊分工，一般分工是指农业、工业等部门的分工，特殊分工则是将上述大的部分进一步细分为重工业、轻工业、种植业、畜牧业等产业或者行业的分工。以杨小凯、黄有光为代表的新古典学派将分工作为一个主导性因素引入到经济学分析框架中④，为后续研究提供了一个可靠和科学的理论架构。农业现代化演进与分工演化之间存在紧密联系，分工演进是推动农业现代化演进的重要机制。夏英和牛若峰（1996）⑤认为农业现代化的本质就是分工。顾巍、唐启国等（2000）⑥认为农业现代化发展意味着产前、产后分工精细化，产中的农业生产活动成为独立的产业。高

---

①　卢海元：《实物换保障：完善城镇化机制的政策选择》，中国社会科学院 2002 年博士论文。

②　Huffman, W. E., Evenson R. E., "Structural and Productivity change in US Agriculture, 1950 – 1982", *Agricultural Economics*, 2, 2001. 哈夫曼和艾文森（Huffman 和 Evenson，2001）运用美国各州 1950—1982 年的汇总数据，通过结构性的计量经济模型研究发现，无论是在种植部门还是在养殖部门，农业结构的变动都是影响全要素生产率 TFP 的重要因素。在控制其他变量的情况下，农业结构变动通过专业化、规模效应以及农业"兼业化"等途径作用于 TFP。

③　王祖强：《农业结构调整与农业现代化》，《浙江社会科学》2001 年第 2 期。陈锴：《农业结构调整、农业多功能性与农民收入变化——基于长三角苏、浙、沪地区的实证研究》，《经济问题》2011 年第 11 期。

④　胡晓鹏：《从分工到模块化：经济系统演进的思考》，《中国工业经济》2004 年第 9 期。

⑤　夏英、牛若峰：《农业产业一体化理论及国际经验》，《农业经济问题》1996 年第 12 期。

⑥　顾巍、唐启国等：《农业现代化内涵的再界定》，《现代化农业》2000 年第 12 期。

帆（2009）[①] 认为中国农业现代化发展的主要动力应该是促进物质资本迂回、人力资本迂回、专业组织推进、内部结构调整和外部劳动流转五种类型的分工演进。郝亚光（2012）[②] 认为生产过程的社会化，促使农村剩余劳动力由农业转向非农产业，参与社会化大分工，为农业现代化发展与演进创造了条件。

二、外生因子

如果将农业现代化看作是一个系统，系统演进结果固然是内生影响因子起决定性的作用，但内生影响因子效应的发挥也离不开存在于系统外部的外生性因子的相互联系、协同配合。因而，"置身"于系统外部的市场经济环境、制度安排等外生性因子也对系统演进具有重要影响。从现实发展来看，中国改革开放三十多年，经济社会取得了长足发展，但是逐渐暴露出的许多问题，昭示了传统发展理念和发展方式已难以为继。党的十八大提出："推动信息化和工业化深度融合、工业化和城镇化良性互动、城镇化和农业现代化相互协调，促进工业化、信息化、城镇化、农业现代化同步发展"，就体现了变理念、调结构、转方式的总体要求。在新的历史条件下"四化同步"也重新"注脚"并"嵌入"了我国整体经济发展环境，成为诠释现实实践发展的闪亮"标牌"。同时，2015 年中央一号文件再次聚焦农业现代化建设，打破已有制度安排的"效率损耗"困境，实现体制机制创新，以改革驱动农业现代化演进的路径"跃然纸上"。基于此，将工业化、城镇化、信息化以及制度安排考虑为影响农业现代化演进的主要外生性因子。

---

① 高帆：《论二元经济结构的转化趋向》，《经济研究》2005 年第 9 期。
② 郝亚光：《从男耕女织到男工女耕："农业女性化"产生的缘由——以生产社会化为分析视角》，《社会主义研究》2012 年第 2 期。

（一）城镇化[1]

人口城镇化是所有城市发展的基础，是人口往城镇集聚的过程。人口城镇化被经济学家公认为经济发展中的积极力量，引起了世界广泛关注，成为社会科学家研究的主体内容[2]。但城镇化的持续增长受到农村人口向城镇迁移速度、人口自然增长率等因素的牵制，尤其是在工业化初期，农村人口向城市的迁移是城市化增长的主要来源[3]。自 1978 年以来，我国农村人口向城市迁移的总量规模在世界历史上都是前所未有的，在促进城镇化发展的同时，也为农业现代化发展带来了绝佳机遇[4]。因此，学术界关于城镇化与农业现代化关系的研究广泛且多视角，基本形成了一个共识：二者间存在着密切的互动关系[5]，尤其在要素禀赋、技术进步和制度创新等方面存在着密切的互动关系，是新农村建设这一问题的两个方面[6]。一方面，陈锡文（2012）[7] 认为城镇化对发展现代农业、转移农村劳动力具有带动作用，对提供农村公共服务水平和能力具有辐射作用。夏春萍、刘文清（2012）[8]

---

[1] 在国外一般称为城市化（Urbanization）。Urban 包含城市（City）和镇（Town），中国设有镇的建制，人口规模不少于国外的小城市相当，人口不仅向"City"集聚，而且向"Town"集聚，所以城市化和城镇化并没有本质的区别（简新华、黄锟，2010）。为此，按照"中国特色的城镇化"的基本要求，本书中沿用城镇化的提法。

[2] Davis, K., "The Urbanization of the Human Population", *The City Reader*, 213, 1966.

Sovani, N. V., "The Analysis of Over-Urbanization", *Economic Development and Cultural Change*, 2, 1964.

Ravallion, M., Chen, S., Sangraula, P., "New Evidence on the Urbanization of Global Poverty", *Population and Development Review*, 4, 2007.

[3] Zhang, K, H., Song, S., "Rural-urban Migration and Urbanization in China: Evidence from Time-series and Cross-section Analyses", *China Economic Review*, 4, 2003.

[4] Zhang, K, H., Song, S., "Rural-urban Migration and Urbanization in China: Evidence from Time-series and Cross-section Analyses", *China Economic Review*, 4, 2003.

[5] 韩长赋：《加快发展现代农业》，《人民日报》2010 年 11 月 22 日。

[6] 韩长赋：《加快推进农业现代化 努力实现"三化"同步发展》，《求是》2011 年第 19 期。郭剑雄：《城镇化与农业结构调整的相关性分析》，《财经问题研究》2002 年第 3 期。尹成杰：《关于"三化同步"推进的理性思考与对策》，《农业经济问题》2011 年第 11 期。

[7] 陈锡文：《中国特色农业现代化的几个主要问题》，《改革》2012 年第 10 期。

[8] 夏春萍、刘文清：《农业现代化与城镇化、工业化协调发展关系的实证研究》，《农业技术经济》2012 年第 5 期。

运用 VAR 模型研究表明从长期来看，城镇化与农业现代化互动显得更为突出。但周战强、乔志敏（2012）[①] 则并不认同这种观点，其发现城镇化变动是农业现代化变动的格兰杰原因，但农业现代化变动并不是城镇化的格兰杰原因。这主要源于两者都用单一指标衡量农业现代化，且选取指标不同所致[②]。另一方面，在非良性的发展状态下，城镇化和农业现代化在土地、劳动力、资金及生态环境等方面相互制约[③]。

（二）工业化

工业革命使 19 世纪上半叶英国的工业生产总值提高了 400%。自此以后，通常发展在某种程度上就和工业化进程被认为是"同义"的了[④]，工业化成为衡量一个国家经济发展、现代化发展水平的重要标志。尤其是自第二次世界大战结束以来，工业化成为世界特别是发展中国家竞相实施的大政方针和计划宏图[⑤]。在学术界尤其是进入 20 世纪，发展经济学家纷纷提出了以"工业化"为中心的发展战略。如霍夫曼（Hoffmann，1931）[⑥] 在其成名作《工业化的阶段和类型》中从结构的视角将工业化发展划分为四个阶段，并由此得出著名的"霍夫曼定理"[⑦]。但此时都基于一个重要假设条

---

① 周战强、乔志敏：《工业化、城镇化与农业现代化》，《城市发展研究》2012 年第 10 期。

② 夏春萍、刘文清（2012）在衡量农业现代化时选用的指标为人均机械总动力，周战强、乔志敏（2012）选取的指标为农业总产值/农业机械总动力。通过本书的研究可知，这两种处理方法都是对农业现代化内涵特征的偏颇理解，研究结论有待后续研究的进一步考证。

③ Henderson, V., "The urbanization Process and Economic Growth: The so-what Question", *Journal of Economic Growth*, 8, 2003.

Md, M., Parves, R., "Urbanization and sustainability: challenges and strategies for sustainable urban development in Bangladesh", *Environ Dev Sustain*, 13, 2011.

朱莉芬、黄季焜：《城镇化对耕地影响的研究》，《经济研究》2007 年第 2 期。张红宇：《城镇化进程中农村劳动力转移：战略抉择和政策思路》，《中国农村经济》2011 年第 6 期。

④ Hobsbawm, E. J., *The Pelican Economic History of Britain*, Vol. 3, *from 1750 to the Present Day: Industry and Empire*, Pelican Books, 1967.

⑤ 张培刚：《农业与工业化（中下合卷）：农业国工业化问题再论》，华中科技大学出版社 2002 年版。

⑥ 霍夫曼：《工业化的阶段和类型》，中国对外翻译出版社 1980 年版。

⑦ 霍夫曼定理认为：消费品工业与资本品工业的净值之比是逐步下降的，二者的比值越大，说明工业化水平越低。

件：农业是停滞的，农民是愚昧的①。为此，发展经济学奠基人张培刚教授在其哈佛大学的博士论文《农业与工业化》中指出：农业是工业化过程中不可分割的一部分，工业化的内涵必须包括工业现代化和农业现代化，奠定了学术界深入研究工业化和农业现代化关系的理论"基石"。但受我国长久以来的体制性"掣肘"，农业沦为"工业化"的附属部门，对农业现代化发展产生了不良影响。如李溦、冯海发（1993）② 通过测算发现：在推进工业化中，我国从农业中"剥离"和"抽调"了约1万亿的"农业剩余"，约占 GNP 的 22.4% 左右。随着农业完成工业化原始积累使命，学者们开始主张"以工补农"，实现工农协调。范从来（1994）③ 认为应以工农协调为基础，在保障农业现代化发展基础上推进工业化。范国庆（2006）④ 研究发现，当进入工业化中期后，"反补农业"推动农业现代化发展刻不容缓、意义重大。此外，宋洪远和赵海（2012）⑤、陈志峰等（2012）⑥ 也均论证了工业化对农业现代化的影响效应和作用路径。

（三）信息化

20 世纪 90 年代，西方发达国家出现了信息技术革命，其基本特征是互联网和计算机技术的普及应用，并由此引发了一场新的产业革命⑦。以美国为例，1995 年以前美国国内经济增长一直没有显著的增长，但在 1995—1999 年间，美国国内生产总值呈现显著的上升趋势，年均增幅均超过 4%，

---

① 西奥多·W. 舒尔茨：《改造传统农业》，商务印书馆 2006 年版。

② 李溦、冯海发：《农业剩余与工业化的资本积累》，《中国农村经济》1993 年第 3 期。

③ 范从来：《工业化与农业资金积累研究》，《南京大学学报（哲学·人文科学·社会科学）》1994 年第 2 期。

④ 范国庆：《略论工业反哺农业的长效措施》，《社会科学辑刊》2006 年第 6 期。

⑤ 宋洪远、赵海：《我国同步推进工业化、城镇化和农业现代化面临的挑战与选择》，《经济社会体制比较》2012 年第 3 期。

⑥ 陈志峰等：《工业化、城镇化与农业现代化"三化同步"发展的内在机制和相关关系研究》，《农业现代化》2012 年第 3 期。

⑦ 张培刚：《农业与工业化（中下合卷）：农业国工业化问题再论》，华中科技大学出版社 2002 年版。

非农商业部门劳动生产率的年均增幅达 2.5%，约为前 25 年的一倍[1]，呈现劳动力生产率与信息技术投资的增长双管齐下、"并驾齐驱"的局面[2]。而这其中最重要的原因就是信息技术革命"引致"的信息化的发展。奥利纳和西切尔（Oliner 和 Sichel，2000）[3] 的研究结论表明，信息化对劳动生产率的增长贡献大约为 2/3。当然，在信息技术革命时代和全球化的历程中，"信息化"产生的作用不仅仅局限于非农业部门，信息技术已经成为农业等各个产业竞争力的基本支撑[4]，为农业现代化发展做出了重要贡献。梅方权（2001）[5] 认为信息化发展可以通过"叠加效应"，大幅度、高效率提高农业现代化的发展速度和质量。曹俊杰（2007）[6] 认为我国作为发展中国家，可利用"后发优势"，通过信息化实现传统农业改造，加快农业现代化发展步伐。周强（2011）[7] 认为信息化是世界发展"大趋势"，必须加快信息化发展步伐，以信息化带动农业现代化发展。蓝庆新、彭一然（2013）[8] 研究发现，信息化是一种新型"生产力"，可以引领现代农业发展转型的方向，促进农业现代化发展。崔凯、冯献（2013）[9] 发现信息化发展为新时期农业现代化建设提供了重要手段，可以提高农业的精准性、规范性，丰富农业现代化发展内涵。

---

[1] 数据来源：Oliner,S. D. ,Sichel,D. E. ,"The Resurgence of Growth in the Late 1990s：Is Information-tion Technology the Story?"*The Journal of Economic Perspectives*,2000,Vol. 14,No. 4,pp. 3-22。

[2] Stiroh,K. J. ,"Information Technology and the US Productivity Revival：What do the Industry Data Say?"*The American Economic Review*,5,2002.

[3] Oliner,S. D. ,Sichel,D. E. ,"The Resurgence of Growth in the Late 1990s：Is Information Technology the Story? *The Journal of Economic Perspectives*,4,2000.

[4] 张培刚：《农业与工业化（中下合卷）：农业国工业化问题再论》，华中科技大学出版社 2002 年版。Cox,S. ,"Information Technology：The Global Key to Precision Agriculture and Sustainability"，*Computers and Electronics in Agriculture*,2,2002。

[5] 梅方权：《农业信息化带动农业现代化的战略分析》，《中国农村经济》2001 年第 12 期。

[6] 曹俊杰：《我国农业信息化建设存在问题及对策》，《经济纵横》2007 年第 7 期。

[7] 周强：《推进"四化两型"建设　加快湖南科学发展》，《求是》2011 年第 16 期。

[8] 蓝庆新、彭一然：《论"工业化、信息化、城镇化、农业现代化"的关联机制和发展策略》，理论学刊 2013 年第 5 期。

[9] 崔凯、冯献：《"四化"演进轨迹：1950—2012 年》，《改革》2013 年第 7 期。

（四）制度安排与农业政策

监管和制度在经济增长中的作用在 20 世纪 90 年代开始受到真正的关注，这与经济学家道格拉斯·诺斯（Douglass North）的著作存在很大的关系，从那时起"获取正确制度安排"成为发展经济学"主文献"研究中的重点内容①。学者们发现一个国家法律体系、监管机制、产权安排以及市场繁育等因素与经济增长之间存在正向效应，在经济增长中扮演着重要角色，是影响生产单元生产效率的至关重要的因素（阿西莫格鲁和约翰逊等（Acemoglu 和 Johnson 等），2002；罗德里克和萨勃拉曼尼亚（Rodrik 和 Subramanian），2003）②。按照诺斯（1990）③ 的划分，制度一般包括正式规则、非正式约束以及在这些规则和约束中发挥作用的组织。其中，正式规则包括宪法、法律和法规等；非正式约束则主要包括道德、伦理、行为以及传统习俗等。农业现代化演进过程也是科技自身演进过程。受技术演进和环境变化的影响，原本促进农业发展的有效制度安排可能变得无效率，这就需要运用"新的"制度安排对"旧的"制度安排进行替换。从这个层面来说，制度安排是影响农业现代化演进至关重要的因素。同时，任何国家的农业现代化，都不可能仅仅依靠农民自身的力量，需要政府政策支持与辅助。农业政策是农业经济配置方式、调控手段以及各类激励机制等一系列制度安排的总称④。因而，学术界在展开制度安排对农业现代化发展的影响

---

① North, D. C., *Institutions, Institutional change and Economic Performance*. Cambridge University Press, 1990.

Rodrik, D., Subramanian, A., "The Primacy of Institutions", *Finance and Development*, 2, 2003.

Acemoglu, D., Robinson, J. A., "De facto Political Power and Institutional Persistence", *The American Economic Review*, 2, 2006.

② Acemoglu, D., Johnson, S., Robinson, J. A., "Reversal of Fortune: Geography and Institutions in the Making of the Modern World Income Distribution", The *Quarterly Journal of Economics*, 4, 2002.

Rodrik, D., Subramanian, A., "The Primacy of Institutions", *Finance and Development*, 2, 2003.

③ North, D. C., *Institutions, Institutional change and Economic Performance*. Cambridge University Press, 1990.

④ 陈锡文：《走中国特色农业现代化道路》，《求是》2007 年第 22 期。蔡昉：《比较优势与农业发展政策》，《经济研究》1994 年第 6 期。

时，有的也从农业政策的角度来研究，涌现出的成果较多。陈孟平 (2001)[1] 认为政府最重要的任务就是安排农业现代化发展所需的制度，并认为关税政策、出口补贴和汇率等政策均会对农业现代化发展产生重要影响。

第二节　实证设计及面板数据检验

一、指标选取及描述性统计信息

（一）实证指标选取及数据来源

在被解释变量实证指标选择时沿用上文中所测度的农业现代化发展指数（AMI），对于其就不再赘述。此部分重点对解释变量的实证选取进行说明。

1. 农业人力资本存量（HUC）

农业人力资本是农业现代化最重要的标志，其对农业现代化演进的推动作用不言而喻。用农村居民家庭平均受教育年限作为人力资本的代理变量，因为人均受教育年限比其他指标更接近于人力资本的含义[2]。参照《中国农村统计年鉴》统计口径将农村家庭劳动力受教育程度划分为五个层次：文盲或半文盲、小学、初中、高中及中专、大专及以上，并依次将教育年限设定为 2 年、6 年、9 年、12 年、16 年。因此，农村居民家庭劳动力平均受教育年限 HUC 可表示为式（6 - 1）。其中，ILL 为文盲或半文盲比重，PRI 为小学文化程度比重，JHS 为初中文化程度比重，HSC 为高中文化程度比重，JUC 为大专及以上文化程度人口比重。由于重庆市数据在 1996 年之后才开

---

① 陈孟平：《农业现代化与政府行为》，《北京社会科学》2003 年第 1 期。
② 陈钊、陆铭等：《中国人力资本和教育发展的地区差异：对于面板数据的估算》，《世界经济》2004 年第 12 期。

始公布，对于之前数据按年均增长率进行估算。西藏数据缺少1987年的，亦按照同样方法处理。所有数据均来自《中国农村统计年鉴》。

$$HUC = 2 \times ILL + 6 \times PRI + 9 \times JHS + 12 \times HSC + 16 \times JUC$$

$$(6-1)$$

2. 农业比较优势（COA）

在关于比较优势指标度量方面，林毅夫（2002）[①] 构造了衡量制造业部门比较优势的指数 TCI，即制造业的实际资本劳动比率与整个国民经济的资本劳动比率之间的比值，$TCI = (K_i/L_i) / (K/L)$，K_i 表示制造业资本存量，L_i 表示制造业劳动力数量，K 表示国民经济资本存量，L 为劳动力总数量。参照上述方法构建农业比较优势系数 COA，如式（6-2）所示。其中，AK 表示农业资本存量，AL 表示农业劳动力。

$$COA = \frac{AK}{AL} \div \frac{K}{L} \qquad (6-2)$$

关于西部各省（区、市）国民经济资本存量的测算方法，采用戈德史密斯（Goldsmith，1951）[②] 所采用的"永续盘存法"，其计算公式如（6-3）所示。式中 I_t 表示全社会固定资产投资，K_{t-1} 表示上一年的资本存量，δ 表示固定资产折旧率。西部各省（区、市）K_{t-1} 以及 δ 的数据均来自单豪杰（2008）[③] 的测算结果且折旧率 δ 取值为 10.96%。至于上一年农业资本存量的确定同样采用"永续盘存法"，数据源自徐现祥、周吉梅和舒元（2007）[④] 的测度结果。缺失的农林牧渔固定资产投资用农林牧渔固定资本形成来替代。在总体劳动力数量确定方面，采用人口学意义上对劳动力的认定标准："年龄在15—64岁期间的劳动适龄人口"。在数据收集时只得到1987—2011年"15—64岁人口占比"这一指标，所以要计算总体劳动力数

---

① 林毅夫：《发展战略、自生能力和经济收敛》，《经济学（季刊）》2002年第2期。

② Goldsmith, R. W., "A Perpetual Inventory of National Wealth", NBER, Working Paper No. 610, 1951.

③ 单豪杰：《中国资本存量K的再估算：1952—2006》，《数量经济技术经济研究》2008年第10期。

④ 徐现祥、周吉梅等：《中国省区三次产业资本存量估算》，《统计研究》2007年第5期。

量需将 15—64 岁人口占比乘以总人口数来确定。15—64 岁人口占比数据来自中宏教研支持系统 MCDB 数据库，总人口数量来自《中国统计年鉴》。农业劳动力数量来自《中国农村统计年鉴》，但到 2002 年以后农业劳动力数量统计口径进行了调整，只统计乡村从业人员[①]。因此，用乡村从业人员来替代。

$$K_t = I_t + K_{t-1}(1 - \delta) \qquad\qquad (6 - 3)$$

3. 农业研究与发展（AGR）

衡量研究与发展的指标也非常多。如邵帅、齐中英（2008）[②] 用研究与开发机构从业人员占总人数的比重来衡量 R&D。陈佳贵、黄群慧（2006）[③] 则用每百万人中从事研究与开发的科学家和工程师数量来衡量。但现阶段学术界较多地仍是采用 R&D 资金投入来衡量。因为 R&D 投入量是评价一个国家技术创新总体规模与运行情况的重要依据[④]。由于农业研究与发展投入的数据并不能直接获取，采用以下方法进行折算：首先收集西部各省份研究与开发投入的总额，然后用每一年农业产值占 GDP 的比重乘以研究与发展投入的总额以得到农业的研究与发展投入总额，但实证分析时用其占农业 GDP 的比重来表示。关于研究与发展总额的数据是从 1997 年后才开始统计的，为此之前数据采用各地区科技活动经费内部支出进行替代，但1987—1989 年的数据仍旧缺失，为了维持数据统一性，采用年均增长率进行估算。数据来自历年《中国科技统计年鉴》以及《中国统计年鉴》。

---

① 在统计中，农业劳动力指乡村人口中经常参加合作经济组织（包括乡村办企业事业单位）和从事家庭经营生产劳动的整、半劳动力。其主要是根据劳动者所从事的主业来划分的，如某些兼营商业的劳动力仍然作为农业劳动力。在劳动年龄上面，超过或者没有达到劳动年龄，但也从事农业劳动的有时按半劳动力计算，有的则未计入。在从业时间上面，乡村劳动力的从业时间至少要两个月才算。但乡村从业人员在农业普查中则并不受年龄限制，只要其从业时间在 10 天以上都会计入其中。因此，乡村劳动力和乡村从业人员实质上并没有区别，只是乡村从业人员在统计口径上更为宽泛。

② 邵帅、齐中英：《西部地区的能源开发与经济增长——基于"资源诅咒"假说的实证分析》，《经济研究》2008 年第 4 期。

③ 陈佳贵等：《中国地区工业化进程的综合评价和特征分析》，《经济研究》2006 年第 6 期。

④ 李雪灵：《风险投资支撑环境作用机理研究》，吉林大学 2005 年博士学位论文。刘树、张玲：《我国各省专利发展的有效性的 DEA 模型分析》，《统计研究》2006 年第 8 期。

4. 农业结构（SOA）

农业是国民经济发展和社会稳定的基础性产业部门，涵盖范围较广。从广义来看主要包括种植业、养殖业、林业、副业等多种产业形式。从狭义来看，农业就是指种植业，包括粮食作物、经济作物、油料作物以及饲料作物种植等。为此，可以从广义和狭义两个层面来衡量农业结构。用农业产值占农林牧渔业总产值的比重来表示广义农业结构（NAM），用粮食作物播种面积占农作物总播种面积的比重来表示狭义的农业结构（SAG）。

5. 农业分工（DIV）

由于内涵较广，衡量分工的指标也较多。如张红凤、周峰等（2009）[①]用"区位熵"来反映产业区域分工优势。张军和刘志彪等（2007）[②]、刘明宇和芮明杰等（2010）[③] 分别利用"贵公司供应商数量"以及"参加团队人数"来衡量分工。就农业而言，分工意味着生产力发展水平提高。在传统农业社会中，农业分工形式主要体现为"性别分工"。"男耕女织"的生活方式是"自然分工"的结果。而新中国成立后，特别是"包产到户"后，生产过程的社会化使农村剩余劳动力不断转向非农产业，以参与到社会化大分工中（郝亚光，2012）[④]。鉴于此，用第二、三产业从业人员占总从业人员的比重来表示农业分工水平。数据来自中宏教研支持系统。

6. 城镇化（CIT）

目前对城镇化的测度基本上从两个层面展开：一是建立指标体系对城镇化水平进行测度，二是采用单一指标方法进行测度。建立指标体系虽然可以更好涵盖城镇化所有内涵特征，但由于主观因素以及操作复杂性问题，

---

① 张红凤、周峰等：《环境保护与经济发展双赢的规制绩效实证研究》，《经济研究》2009 年第 3 期。

② 张军、刘志彪等：《产业链定位、分工与集聚如何影响企业创新——基于江苏省制造业企业问卷调查的实证研究》，《中国工业经济》2007 年第 7 期。

③ 刘明宇、芮明杰等：《生产性服务价值链嵌入与制造业升级的协同演进关系研究》，《中国工业经济》2010 年第 8 期。

④ 郝亚光：《从男耕女织到男工女耕："农业女性化"产生的缘由——以生产社会化为分析视角》，《社会主义研究》2012 年第 2 期。

这种方法在实证中的运用范围有限。而现阶段单一指标法主要是建立在户籍制度基础上的，且有些城镇居民虽然居住于城镇，但并没有城镇户口[1]，可能会造成城镇化水平的低估，但其由于简洁性、易操作性的特点深受各位学者的青睐。万广华、陆铭和陈钊（2005）[2]、简新华和黄锟（2010）[3]、陈斌开和林毅夫（2010）[4]、吴一平和芮明（2010）[5] 等均采用城镇人口占总人口的比重来衡量城镇化水平。为此，本书也采用城镇人口占总人口的比重来衡量城镇化水平。数据来自中宏教研支持系统。

7. 工业化（IND）

对工业化认知也存在广义和狭义之分，对工业化内涵界定不同，定量分析的指标也就不同。从目前的研究来看，也存在指标体系和单一指标衡量两种思路。在指标体系方面，陈佳贵等（2006）[6]、谢康等（2012）[7] 从经济发展水平、产业结构、工业结构、就业结构、空间结构等维度来对我国大陆各省级区域工业化水平进行测度。采用指标体系可以全面的诠释工业化的影响效应，研究更为科学，但操作较为复杂。关于工业化"空间结构"衡量采用的是城镇化指标，这就使得在"四化"同步的背景下存在信息重叠现象，无法刻画城镇化的效应。为此，许多学者从狭义工业化概念入手，用单一指标来对工业化进行度量。周业安、冯兴元和赵坚毅（2004）[8] 认为

① 姜松、王钊：《农民专业合作社、联合经营与农业经济增长——中国经验证据实证》，《财贸研究》2013 年第 4 期。姜松、王钊：《农民专业合作社联合经营经济效应及实现条件》，《广东商学院学报》2013 年第 3 期。

② 万广华、陆铭等：《全球化与地区间收入差距：来自中国的证据》，《中国社会科学》2005 年第 3 期。

③ 简新华、黄锟：《中国城镇化水平和速度的实证分析与前景预测》，《经济研究》2010 年第 3 期。

④ 陈斌开、林毅夫：《重工业优先发展战略、城市化和城乡工资差距》，《南开经济研究》2010 年第 1 期。

⑤ 吴一平、芮明：《收入分配不平等对刑事犯罪的影响》，《经济学（季刊）》2010 年第 1 期。

⑥ 陈佳贵等：《中国地区工业化进程的综合评价和特征分析》，《经济研究》2006 年第 6 期。

⑦ 谢康、肖静华等：《中国工业化与信息化融合质量：理论与实证》，《经济研究》2012 年第 1 期。

⑧ 周业安、冯兴元等：《地方政府竞争与市场秩序的重构》，《中国社会科学》2004 年第 1 期。

第二产业 GDP 占总 GDP 的比重可以反映工业化发展水平。钞小静和任保平（2011）[1]、张启良（2010）[2]、姜松和王钊（2013）[3] 等均采用工业化率指标。本书亦采用工业化率作为衡量工业化的主要指标，即用工业增加值占 GDP 的比重来衡量。所有数据均来自《中国统计年鉴》。

8. 信息化（INF）

对于信息化发展水平的衡量也基本上从指标体系和单一指标两个层面展开：在指标体系方面，王斌和余冬筠（2004）[4]、谢康等（2012）[5] 均从不同方面对信息化水平进行度量。在单一指标方面，陈建军、陈国亮和黄洁（2009）[6] 用人均移动电话数来表示信息化水平。周业安、赵坚毅（2004）[7] 选择人均电话拥有量来衡量信息化水平。指标体系中涵盖内容较多，但由于时间跨度较长，数据缺失较为严重。遵循可行性原则，参照周业安、赵坚毅（2004）[8] 的研究，我们用固定电话入户率来表示信息化发展水平。数据源自中宏教研支持系统以及《中国人口与就业统计年鉴》。

9. 制度安排与政策支持（IAP）

整体来看，由于中国特殊发展实际，制度安排一直是"双轨制"。这里所说的"双轨制"不仅指制度安排具有的"二元"结构特性，也指制度运

①　钞小静、任保平：《中国经济增长质量的时序变化与地区差异分析》，《经济研究》2011 年第 11 期。

②　张启良：《我国收入差距持续扩大的模型解释》，《统计研究》2010 年第 12 期。

③　姜松、王钊：《农民专业合作社联合经营经济效应及实现条件》，《广东商学院学报》2013 年第 3 期。

④　王斌、余冬筠：《中国信息化结构效应分析——基于计量模型的实证研究》，《中国工业经济》2004 年第 7 期。

⑤　谢康、肖静华等：《中国工业化与信息化融合质量：理论与实证》，《经济研究》2012 年第 1 期。

⑥　陈建军、陈国亮等：《新经济地理学视角下的生产性服务业集聚及其影响因素研究——来自中国 222 个城市的经验证据》，《管理世界》2009 年第 4 期。

⑦　周业安、赵坚毅：《市场化、经济结构变迁和政府经济结构政策转型——中国经验》，《管理世界》2004 年第 5 期。

⑧　周业安、赵坚毅：《市场化、经济结构变迁和政府经济结构政策转型——中国经验》，《管理世界》2004 年第 5 期。

行过程本身的双重机制①。鉴于此，用"二元"结构反差系数（DUA）来刻画"双轨制"的制度安排，如式（6-4）。其中，*AGDP* 和 *AEMP* 分别代表西部各省（区、市）的农业产值比重和农业就业比重，*NGDP* 和 *NEMP* 分别代表非农产值和非农就业比重。在整体"双轨制"的制度安排下，政府也开始持续关注"三农"问题，聚焦农业的政策种类开始增多，但最具代表性的则是财政支农政策和金融支农政策。为此，着重考虑财政支农（FSA）、金融支农（FIN）两种政策对农业现代化演进的影响效应，用财政支农和金融支农的资金投入占 GDP 的比重来表示。对于缺失数据仍然采用年均增长率估算。数据均来自《中国统计年鉴》《新中国六十年统计资料汇编》《新中国五十五年统计资料汇编》《新中国五十年统计资料汇编》以及中宏教研支持系统。

$$DUA = \frac{|AGDP - AEMP| + |NGDP - NEMP|}{2} \qquad (6-4)$$

（二）实证数据处理与描述性统计信息

为了使解释变量的口径与农业现代化发展指数的处理标准保持一致，按照农业现代化发展指数的处理方法将全部解释变量处理成统一口径，以提高实证结果可信度与科学性。各变量的描述性统计信息如表6-1。

表6-1　解释变量的描述性统计信息

变量	类别	平均值	标准差	最小值	最大值	观测值
HUC	整体	6.711	1.249	3.010	8.920	300
	组间		1.102	3.841	7.782	12
	组内		0.667	5.228	8.810	25
COA	整体	4.981	3.853	0.070	20.430	300
	组间		1.879	1.631	8.357	12
	组内		3.405	-2.096	18.715	25

---

① 渠敬东、周飞舟等：《从总体支配到技术治理——基于中国30年改革经验的社会学分析》，《中国社会科学》2009年第6期。

续表

变量	类别	平均值	标准差	最小值	最大值	观测值
AGR	整体	0.006	0.006	0.0002	0.030	300
	组间		0.006	0.001	0.021	12
	组内		0.002	0.0003	0.014	25
NAM	整体	0.601	0.113	0.320	0.840	300
	组间		0.106	0.447	0.783	12
	组内		0.050	0.471	0.783	25
SAG	整体	0.712	0.113	0.330	0.910	300
	组间		0.100	0.480	0.828	12
	组内		0.060	0.561	0.876	25
DIV	整体	0.399	0.102	0.190	0.670	300
	组间		0.063	0.274	0.469	12
	组内		0.082	0.236	0.621	25
CIT	整体	0.352	0.136	0.130	0.790	300
	组间		0.089	0.226	0.520	12
	组内		0.105	0.122	0.624	25
IND	整体	0.321	0.088	0.060	0.490	300
	组间		0.079	0.076	0.372	12
	组内		0.045	0.208	0.469	25
INF	整体	0.339	0.314	0.005	1.230	300
	组间		0.078	0.202	0.473	12
	组内		0.305	−0.118	1.160	25
DUA	整体	0.370	0.069	0.060	0.540	300
	组间		0.049	0.304	0.489	12
	组内		0.050	0.073	0.466	25
FSA	整体	0.897	0.293	0.155	1.909	300
	组间		0.225	0.292	1.153	12
	组内		0.200	0.419	1.900	25
FIN	整体	0.060	0.032	0.004	0.167	300
	组间		0.024	0.016	0.092	12
	组内		0.023	0.0141	0.140	25

注：以上数据由 Stata 10.0 软件计算得到。解释变量为未处理前的数据。

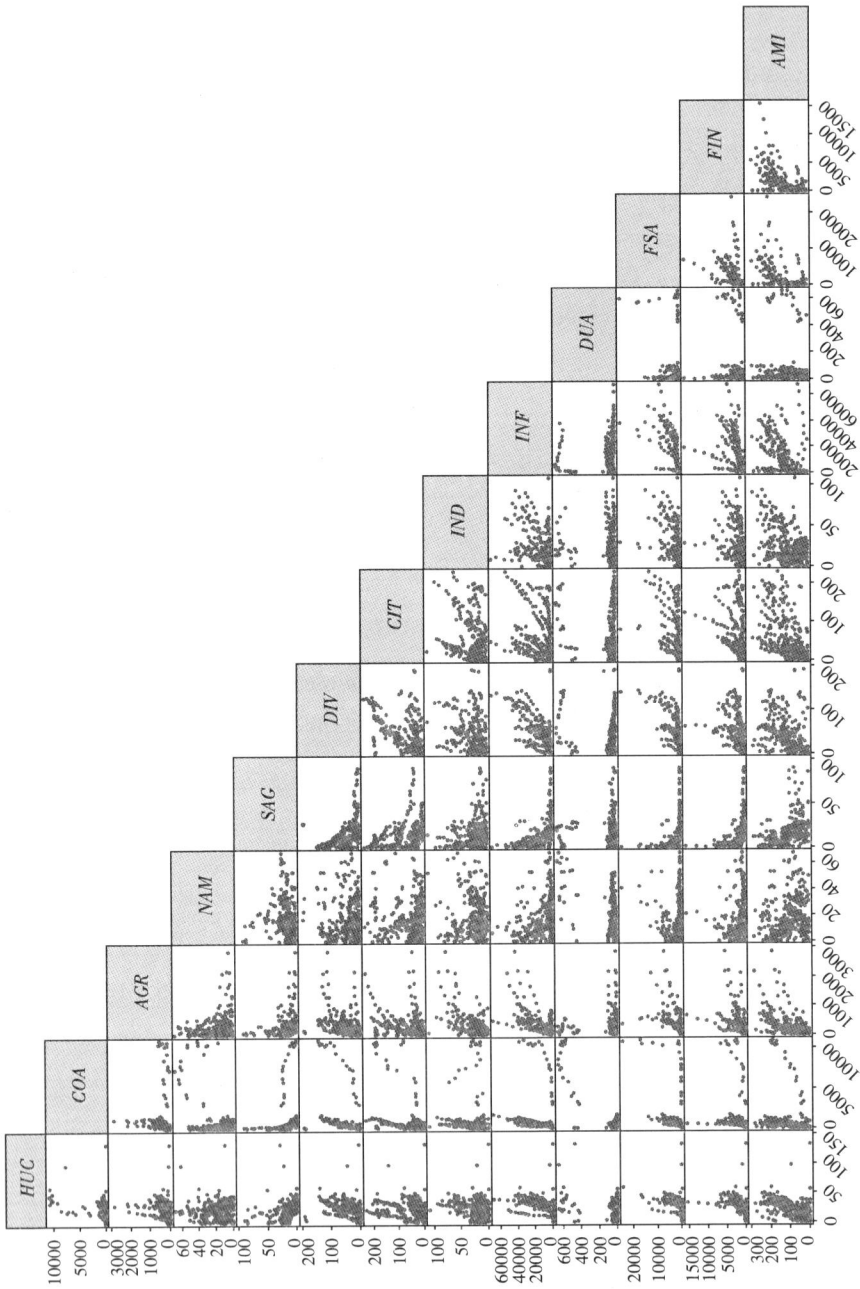

图6-1　所有解释变量与农业现代化指数的叠加散点矩阵图

二、实证模型选择及设定

近年来，面板数据（panel data）模型发展较为迅速，在学术研究中得到广泛运用。面板数据包含时间与截面两个统计维度，极大扩充了样本容量，克服了在现实发展中时间序列数据样本容量有限且易存在多重共线性的问题，具有更广阔的研究维度和更丰富的研究意义。为此，拟采用面板数据建立回归模型分析影响西部农业现代化演进的主要因素，具体设定如下：

$$AMI_{it} = \alpha + \beta X'_{it} + \mu_i + \varepsilon_{it} \qquad (6-5)$$

式（6-5）中，i（$=1, \cdots, N$）表示地域，t（$=1, \cdots, T$）表示时间，AMI 为（$N \times 1$）向量，X' 表示一系列影响西部农业现代化演进的变量，为（$N \times K$）向量，α、β 为待估计的参数，μ 表示个体效应，ε 表示随机误差项。参照上述分析中所列举的主要指标，对影响因素进行扩展，将式（6-5）改写为：

$$
\begin{aligned}
AMI_{it} = {} & \alpha + \beta_1 DIV_{it} + \beta_2 NAM_{it} + \beta_3 SAG_{it} + \beta_4 HUC_{it} + \beta_5 COA_{it} \\
& + \beta_6 AGR_{it} + \beta_7 CIT_{it} + \beta_8 IND_{it} + \beta_9 INF_{it} + \beta_{10} DUA_{it} \\
& + \beta_{11} FSA_{it} + \beta_{12} FIN_{it} + \mu_i + \varepsilon_{it}
\end{aligned}
$$

$$(6-6)$$

传统计量经济分析中极大地忽视了地区数据模型存在空间异质性和观测中存在空间依赖性两大问题，违反了回归模型的 Gauss-Markov 假设[①]。而空间计量经济学是基于对空间结构规范描述，关于模型设定、估计、假设检验以及预测的计量经济学方法[②]，很好解决了传统经济学中忽视的两大问题。这就需要在传统计量经济学模型中引入空间权重矩阵 W_{ij}，为（$N \times N$）向量，j（$=1, \cdots, M$）也表示区域。空间权重矩阵刻画的是截面个体之间空间相关的结构，是一个"无量纲"的矩阵。基于此，建立西部农业现代

---

① 高铁梅：《计量经济分析方法与建模》，清华大学出版社 2009 年版。

② Anselin, L. , *Spatial Econometrics: Methods and Models*, Springer, 1988.

化演进影响因素的空间滞后模型（SLM）。

$$AMI_{it} = \alpha + \beta_1 DIV_{it} + \beta_2 NAM_{it} + \beta_3 SAG_{it} + \beta_4 HUC_{it} + \beta_5 COA_{it}$$
$$+ \beta_6 AGR_{it} + \beta_7 CIT_{it} + \beta_8 IND_{it} + \beta_9 INF_{it} + \beta_{10} DUA_{it}$$
$$+ \beta_{11} FSA_{it} + \beta_{12} FIN_{it} + \lambda W_{ij} AMI_{it} + \mu_i + \varepsilon_{it}$$

$$(6-7)$$

模型（6-7）仅表明各变量对西部农业现代化演进的影响效应是线性的，但事实上各影响因素对西部农业现代化演进的影响可能并不是简单的纯线性关系。某些在线性条件下影响效应不显著的变量，可能就是因为未跨越"门槛值"存在非线性转换特征。为此，以汉森（Hansen，1999）[①] 的模型为基础，建立多门槛面板回归模型，进一步就各变量对西部农业现代化演进的非线性效应进行检验。

$$AMI_{it} = \psi_i + \rho_1 OTH_{it} + \rho_2 GOA_{it} I(THR_{it} \leq \pi_1)$$
$$+ \rho_3 GOA_{it} I(\pi_1 < THR_{it} \leq \pi_2) + \rho_4 GOA_{it} I(THR_{it} > \pi_2) + \varphi_{it}$$

$$(6-8)$$

式（6-8）中，OTH 表示非门槛变量，GOA 表示与门槛变量相对应的目标解释变量，THR 表示门槛变量，$I(\cdot)$ 为指示性函数，π_1 和 π_2 分别为门槛值。且 $\pi_1 < \pi_2$。

三、面板数据的平稳性及协整检验

（一）实证面板数据的平稳性检验

由于面板数据涉及时间、截面两个维度，极易出现"伪回归"现象。因此，为了避免建模时出现的"伪回归"现象，对各变量进行单位根检验。本书综合运用 LLC（Levin，Lin & Chu t）、IPS（Im，Pesaran and Shin W-

---

[①] Hansen, B. E., "Threshold Effects in Non-dynamic Panels: Estimation, Testing, and Inference", *Journal of Econometrics*, 2, 1999.

stat）、ADF（ADF-Fisher Chi-square）、PP（PP-Fisher Chi-square）[①] 等方法对实证面板数据的平稳性进行检验，表6-2给出了各变量的平稳性检验结果。由结果可知，除 *HUC*、*DIV*、*SAG* 三个变量在相应的显著水平下拒绝原假设，即为平稳序列外，变量 *AMI*、*COA*、*AGR*、*NAM*、*CIT*、*IND*、*INF*、*FSA*、*FIN*、*DUA* 均为非平稳序列[②]。为了将非平稳序列变为平稳序列，我们采用差分法对非平稳性序列进行处理。由结果可知，经过处理后的 Δ*AMI*、Δ*COA*、Δ*AGR*、Δ*NAM*、Δ*CIT*、Δ*IND*、Δ*INF*、Δ*DUA*、Δ*FSA*、Δ*FIN* 在相应的显著性水平下均拒绝原假设，说明这些数据已经变成平稳的了。

表6-2 西部各变量面板数据平稳性检验结果

变量	LLC	IPS	ADF	PP
AMI	2.828 （0.998）	1.984 （0.976）	20.665 （0.658）	34.907 （0.070）
Δ*AMI*	-16.591 （0.000）	-17.759 （0.000）	252.257 （0.000）	814.459 （0.000）
HUC	-26.275 （0.000）	-26.442 （0.000）	910.100 （0.000）	623.022 （0.000）
COA	1.545 （0.939）	1.953 （0.975）	29.709 （0.195）	270.749 （0.000）
Δ*COA*	-3.615 （0.000）	-3.843 （0.000）	57.280 （0.000）	331.926 （0.000）
AGR	-0.991 （0.161）	-1.218 （0.112）	34.405 （0.078）	29.288 （0.210）
Δ*AGR*	-13.362 （0.000）	-13.369 （0.000）	170.678 （0.000）	211.585 （0.000）
NAM	-1.614 （0.053）	-0.495 （0.310）	22.936 （0.524）	17.782 （0.814）

---

① 下面在做协整检验时亦采用同样方法。

② 本书的检验标准较为严格，只有在四种方法下同时通过检验才被认为是平稳性的面板数据，否则继续进行一阶差分处理，并对差分序列进行平稳性检验。

变量	LLC	IPS	ADF	PP
ΔNAM	-10.135 (0.000)	-9.141 (0.000)	113.322 (0.000)	216.681 (0.000)
SAG	-23.482 (0.000)	-25.636 (0.000)	906.947 (0.000)	576.410 (0.000)
DIV	-2.175 (0.015)	-2.034 (0.021)	40.411 (0.019)	41.661 (0.014)
CIT	1.597 (0.945)	2.974 (0.999)	11.361 (0.986)	15.992 (0.888)
ΔCIT	-12.907 (0.000)	-9.716 (0.000)	118.522 (0.000)	118.734 (0.000)
IND	0.838 (0.7989)	-0.662 (0.254)	32.867 (0.107)	21.941 (0.583)
ΔIND	-9.489 (0.000)	-10.928 (0.000)	138.575 (0.000)	151.611 (0.000)
INF	-1.606 (0.054)	-0.809 (0.209)	42.533 (0.011)	41.228 (0.016)
ΔINF	-8.607 (0.000)	-13.032 (0.000)	165.436 (0.000)	597.775 (0.000)
DUA	-0.364 (0.358)	-0.623 (0.267)	23.704 (0.479)	22.976 (0.521)
ΔDUA	-7.176 (0.000)	-10.140 (0.000)	126.245 (0.000)	129.591 (0.000)
FSA	0.397 (0.654)	-1.131 (0.129)	45.755 (0.005)	49.851 (0.002)
ΔFSA	-2.918 (0.002)	-5.279 (0.000)	121.134 (0.000)	469.273 (0.000)
FIN	-2.059 (0.020)	-1.654 (0.049)	32.891 (0.106)	33.207 (0.099)
ΔFIN	-12.155 (0.000)	-10.625 (0.000)	132.461 (0.000)	394.845 (0.000)

注：由 EViews 6.0 软件计算得到，括号内为 P 值。

同理，为了便于后文中进行比较分析，同样综合运用 LLC、IPS、ADF、PP 等方法对中国和东部地区面板数据进行平稳性检验，结果如表 6 - 3。由结果可知，中国除 *NAM* 变量为平稳序列外，其他变量均为非平稳序列，东部地区除 *AMI*、*NAM*、*IND* 变量为平稳序列外，其他变量均为非平稳序列。依然采用差分法对非平稳序列进行处理，由结果可知，经过处理的各变量均在相应的显著性水平下拒绝原假设，说明面板数据已经变成平稳序列了。

表 6 - 3 中国和东部各变量面板数据平稳性检验结果

变量	中国				东部			
	LLC	IPS	ADF	PP	LLC	IPS	ADF	PP
AMI	6.4 (1.00)	11.8 (1.00)	11.0 (1.00)	21.1 (1.00)	-1.6 (0.05)	-3.5 (0.00)	49.6 (0.00)	59.1 (0.00)
Δ*AMI*	-28.7 (0.00)	-28.2 (0.00)	628.1 (0.00)	814.8 (0.00)	-	-	-	-
HUC	4.4 (1.00)	7.5 (1.00)	50.1 (0.86)	54.2 (0.75)	-1.6 (0.06)	1.7 (0.95)	17.5 (0.62)	19.5 (0.49)
Δ*HUC*	-12.6 (0.00)	15.1 (0.00)	383.6 (0.00)	630.3 (0.00)	-7.3 (0.00)	-8.8 (0.00)	112.8 (0.00)	119.5 (0.00)
COA	6.1 (1.00)	9.9 (1.00)	26.1 (1.00)	20 (1.00)	0.7 (0.77)	2.9 (1.00)	14.5 (0.8)	12.7 (0.89)
Δ*COA*	-9.2 (0.00)	-9.5 (0.00)	221.9 (0.00)	404.7 (0.00)	-7.3 (0.00)	-6.7 (0.00)	83 (0.00)	99.5 (0.00)
AGR	23.2 (1.00)	20.8 (1.00)	27.8 (1.00)	27.1 (1.00)	16.6 (1.00)	15.5 (1.00)	12.2 (0.9)	12 (0.91)
Δ*AGR*	-10.8 (0.00)	-10.5 (0.00)	276.6 (0.00)	403.6 (0.00)	-2.9 (0.00)	-2.7 (0.00)	55.4 (0.00)	73.7 (0.00)
NAM	-3.6 (0.00)	-2.0 (0.02)	82.5 (0.04)	121 (0.00)	-11.9 (0.00)	-11.4 (0.00)	128.4 (0.00)	125.4 (0.00)
Δ*NAM*	-	-	-	-	-	-	-	-
SAG	-9.8 (0.00)	-1.41 (0.08)	168.9 (0.00)	184.3 (0.00)	-5.5 (0.00)	-2.3 (0.01)	52.6 (0.00)	48.6 (0.00)

续表

变量	中国				东部			
	LLC	IPS	ADF	PP	LLC	IPS	ADF	PP
DIV	−1.7 (0.04)	−3.2 (0.00)	100.1 (0.00)	72.9 (0.01)	0.4 (0.64)	2.9 (1.00)	5.4 (1.00)	4.8 (1.00)
ΔDIV	−	−	−	−	−8.5 (0.00)	−9.8 (0.00)	120.8 (0.00)	114.4 (0.00)
CIT	8.9 (1.00)	10.9 (1.00)	18.4 (1.00)	43.8 (0.96)	3.4 (1.00)	5.5 (1.00)	4.0 (1.00)	21.3 (1.00)
ΔCIT	−18.3 (0.00)	−19 (0.00)	414.5 (0.00)	585.1 (0.00)	−7.7 (0.00)	−11.4 (0.00)	144.3 (0.00)	225.5 (0.00)
IND	−0.01 (0.49)	0.57 (0.71)	63 (0.44)	61.6 (0.49)	−3.2 (0.00)	−10.8 (0.00)	38.9 (0.00)	39.6 (0.00)
ΔIND	−19.8 (0.00)	−20 (0.00)	432.9 (0.00)	486.3 (0.00)	−	−	−	−
INF	17.6 (1.00)	19.9 (1.00)	1.94 (1.00)	0.001 (1.00)	7.3 (1.00)	9.6 (1.00)	0.3 (1.00)	2.4 (1.00)
ΔINF	−6.8 (0.00)	−8.1 (0.00)	173.1 (0.00)	161.3 (0.00)	−3.4 (0.00)	−5.6 (0.00)	65.6 (0.00)	33.9 (0.00)
DUA	1.3 (0.9)	−0.2 (0.43)	63.9 (0.41)	54.7 (0.73)	1.5 (0.92)	0.6 (0.74)	17.2 (0.64)	13.5 (0.86)
ΔDUA	−15.6 (0.00)	−17.3 (0.00)	375.5 (0.00)	368.8 (0.00)	−8.1 (0.00)	−9.2 (0.00)	113 (0.00)	110.1 (0.00)
FSA	40.3 (1.00)	31.9 (1.00)	0.28 (1.00)	0.01 (1.00)	42.6 (1.00)	16.4 (1.00)	0.002 (1.00)	0.003 (1.00)
ΔFSA	−7.8 (0.00)	−12.9 (0.00)	467.1 (0.00)	1015.2 (0.00)	−8.5 (0.00)	−4.9 (0.00)	93.6 (0.00)	317.3 (0.00)
FIN	41.2 (1.00)	36.9 (1.00)	7.9 (1.00)	7.1 (1.00)	25.4 (1.00)	19.8 (1.00)	4.6 (1.00)	4.5 (1.00)
ΔFIN	−6.7 (0.00)	−5.5 (0.00)	163.2 (0.00)	180.3 (0.00)	−3.1 (0.00)	−2.1 (0.02)	66.3 (0.00)	73.4 (0.00)

注: 由 EViews 6.0 软件计算得到, 括号内为 P 值。

（二）实证面板数据的协整检验

如果一组非平稳数据存在一个平稳的线性组合，说明该组数据就是协整的。只有当各数据间存在协整关系，研究才具有深入推进的价值。从研究意义上来讲，面板数据间的协整关系意味着向量分量存在着长期稳定的"均衡协调关系"，可能在短期内这些关系受某种因素的影响而并不显著，由不同的动态过程所支配，但从长期来看，"协整"将各个变量"捆绑"在一起。因此，有必要进一步对西部各变量的协整关系做进一步检验。首先建立西部地区 *AMI* 与解释变量间的回归模型，然后对各截面回归方程的残差进行单位根检验。同理，为了便于后文比较，仍然按照同样方法对中国和东部地区 *AMI* 与解释变量间进行协整检验，所有结果见表 6 - 4。由 LLC、Breitung、IPS、ADF、PP 等检验结果可知，各截面残差不存在单位根，即表示这些残差序列是平稳的，从而表明西部地区、中国及东部地区 *AMI* 与 *HUC*、*COA*、*AGR*、*NAM*、*SAG*、*DIV*、*CIT*、*IND*、*INF*、*DUA*、*FSA*、*FIN* 间均存在协整关系，可以进一步建立模型剖析影响因子的影响效应及差异性。

表 6 - 4　中国分地区面板数据的协整关系检验

地区	方法	统计量	P 值	截面数	观测值
西部	LLC	- 10.296	0.000	12	279
	Breitung	- 7.903	0.000	12	267
	IPS	- 12.910	0.000	12	279
	ADF	166.498	0.000	12	279
	PP	289.291	0.000	12	288
中国	LLC	- 1.656	0.049	31	720
	IPS	- 3.124	0.001	31	720
	ADF	129.150	0.000	31	720
	PP	173.924	0.000	31	744

续表

地区	方法	统计量	P 值	截面数	观测值
东部	LLC	−1.758	0.039	11	258
	IPS	−1.918	0.028	11	258
	ADF	38.487	0.016	11	258
	PP	54.017	0.000	11	264

注：由 EViews 6.0 计算得到，采用群体单位根检验（Group Unit Root Test）。

第三节　实证结果及比较分析

一、参数估计与实证结果分析

（一）西部农业现代化演进主要影响因子的线性模型估计结果与分析

本书中采用的是西部地区 12 省（区、市）1987—2011 年的面板数据，是具有典型意义的"长面板"数据，即时间维度包含的信息远远大于截面所包含的信息，这样可能会造成估计结果的偏误与不一致。为了选取拟合较好的实证结果进行分析，综合比较多种估计方法下实证结果的拟合程度，结果见表 6 – 5。模型 I – IV 为传统的没有考虑空间因素的面板估计结果。其中，模型 I 给出的是最小二乘法的估计结果（OLS），模型 II 给出的是面板修正的标准差估计结果（PCSE），模型 III 给出的是可行的广义最小二乘法的估计结果（FGLS），模型 IV 给出的是极大似然估计结果（MLE）。而对于空间自回归模型的估计方法，Lee 和 Yu（2010）[①] 建议采用"准极大似然"

---

① Lee, L., Yu, J., "Estimation of Spatial Autoregressive Panel Data Models with Fixed Effects", *Journal of Econometrics*, 2, 2010.

估计方法（QMLE）①。为此，模型 V 给出的是"准极大似然"的估计结果。由结果可知，没有引入空间因素前，各种方法的估计结果并无较大的差异，这说明估计方法并没有受到面板数据结构的限制，估计结果具有较强的可信度。对比各模型，可以看出引入空间滞后项后，模型的拟合优度较其他估计方法显著提高。在线性模型中以模型 V 的实证结果为基础展开分析。

表 6 - 5　西部农业现代化演进影响因子的线性模型估计结果

	模　　型				
	I	II	III	IV	V
截距项	57. 476 (5. 88)***	57. 476 (5. 50)***	57. 476 (6. 02)***	66. 269 (5. 50)***	26. 001 (2. 35)**
HUC	1. 118 (5. 28)***	1. 118 (3. 96)***	1. 118 (5. 40)***	0. 717 (2. 97)***	0. 902 (4. 63)***
COA	0. 008 (2. 28)**	0. 008 (2. 58)**	0. 008 (2. 33)**	0. 007 (1. 79)*	0. 010 (3. 04)***
AGR	0. 007 (1. 37)	0. 0068 (1. 79)*	0. 007 (1. 40)	0. 013 (2. 14)**	0. 009 (2. 08)**
NAM	− 0. 829 (− 3. 72)***	− 0. 829 (− 3. 37)***	− 0. 829 (− 3. 80)***	− 0. 710 (− 2. 97)***	− 0. 428 (− 2. 01)**
SAG	− 0. 521 (− 2. 67)***	− 0. 521 (− 3. 23)***	− 0. 521 (− 2. 73)***	− 0. 965 (− 3. 47)***	− 0. 410 (− 2. 19)**
DIV	− 0. 272 (− 2. 84)***	− 0. 272 (− 2. 77)***	− 0. 272 (− 2. 90)***	− 0. 225 (− 2. 02)**	− 0. 239 (− 2. 68)***
CIT	0. 444 (8. 45)***	0. 444 (7. 64)***	0. 444 (8. 64)***	0. 484 (9. 16)***	0. 384 (7. 81)***
IND	0. 792 (5. 23)***	0. 792 (5. 30)***	0. 792 (5. 34)***	0. 753 (4. 61)***	0. 653 (4. 61)***

---

① 按照"Quasi-Maximum Likelihood Estimators"翻译。

续表

	模 型				
	I	II	III	IV	V
INF	−0.014 (−1.73)*	−0.014 (−1.76)*	−0.014 (−1.77)*	−0.014 (−1.77)*	−0.017 (−2.26)**
DUA	−0.133 (−2.79)***	−0.133 (−3.28)***	−0.133 (−2.86)***	−0.119 (−1.97)**	−0.157 (−3.59)***
FSA	0.063 (3.01)***	0.063 (2.74)***	0.063 (3.08)***	0.063 (2.89)***	0.065 (3.38)***
FIN	0.020 (1.14)	0.020 (1.18)	0.020 (1.16)	0.020 (1.16)	0.015 (0.91)
$W_{ij}AMI$					0.326 (5.93)***
R^2	0.569	0.569			0.6191
Wald/LR[1]	−	233.810	395.970	283.82	−
观测值	25×12	25×12	25×12	25×12	25×12

注：模型 I–IV 由 Stata 10.0 软件计算得到。模型 V 由 Matlab2012 计算，计算源代码由 Elhorst 编写。括号内为 t 值，***、**、* 分别表示在 1%、5%、10% 显著性水平下显著，无标记则表示不显著。

从主要的内生影响因素来看：农业人力资本（HUC）对西部农业现代化演进的影响效应为正，在 1% 的显著性水平下显著，且其影响系数最大，为 0.902。这和舒尔茨（1964）[2] 的研究结论不谋而合。农民人力资本水平的提高是促进西部农业现代化演进"头等"重要的因素，其与教育发展以及教育资金投入的增加[3]存在着不可割舍的关系。同时，随着教育投入的增加，国家也在政策倾斜上更注重结构上、区域间的平衡与优化，重点向西部地区、边远山区、民族地区倾斜：1997—2009 年西部国家财政性教育经

---

① 模型 II 和模型 III 中为 Wald 值，模型 IV 为 LR 值。

② 西奥多·W. 舒尔茨：《改造传统农业》，商务印书馆 2006 年版。

③ 整体而言，随着经济的不断发展，教育支出已经成为地方财政的第一大支出。2011 年地方财政教育支出 15498.28 亿元，占地方财政一般预算支出总额 92733.68 亿元的 16.71%。

费投入年均增幅达到 23.91%，西部各省（区、市）财政性教育经费投入基本上达到了"两位数"的增长速度，内蒙古的年均增速达到 43.74%[①]，为农业人力资本积累及其效应发挥做出了重要贡献。

农业比较优势（COA）对西部农业现代化演进的影响效应为正，且在 1% 的显著性水平下显著，影响系数为 0.01。西部地区自然资源丰富、劳动力和土地等要素获取成本较低、人口"红利"富足，这些都将转换成为推动西部农业现代化演进的比较优势与强大发展后劲。尤其是随着西部大开发战略的实施，各类先进生产要素不断涌入，发展战略的改变，使先进生产要素对传统要素的"替代效应"不断凸显，弥补了西部农业发展中资金不足、资本稀缺的劣势，形成了"动态比较优势"的转化，有利于促进西部农业现代化演进。但从边际影响系数来看，农业比较优势对西部农业现代化演进的影响系数仍旧较小，说明现阶段西部农业比较优势并未发挥"殆尽"，仍存在较大空间。在未来应不断开发、培育具有西部比较优势的特色农业支柱产业[②]，助力西部农业现代化发展。

农业研究与发展（AGR）对西部农业现代化演进的影响效应为正，且在 5% 的显著性水平下显著。就西部发展实际来看，其是我国贫困人口"聚集"区域，农业研究与发展的投资回报率也最高[③]。因此，各种聚焦农业研究与发展而开展的"人才培养项目"也在西部展开，如中科院"西部之光"人才培养计划等，农业研究与发展的"溢出效应"不断彰显。同时，自 2006 年中央一号文件提出"把农业科研投入放在公共财政支持的优先位置，提高农业科技在国家科技投入中的比重"后，推动农业研发与推广的公共投资也成为西部政府重点关注的领域[④]，进而推动了西部农业现代化演进。

---

① 根据《中国教育统计年鉴》1998—2010 年数据整理计算。

② 顾益康：《西部大开发接轨东部大市场——对新世纪中国东西部合作开发的战略思考》，《求是》2000 年第 10 期。

③ 樊胜根：《科研投资、投入质量以及中国农业科研投资的经济报酬》，《中国农村经济》1997 年第 2 期。

④ 柯炳生：《关于加快推进现代农业建设的若干思考》，《农业经济问题》2007 年第 3 期。钟甫宁、何军：《增加农民收入的关键：扩大非农就业机会》，《农业经济问题》2007 年第 1 期。

但农业研究与发展的边际影响系数较小。这可能与农业研究与发展实施周期较长，技术进步效应的发挥存在"时滞"有关。同时，从结构层面来看，区域科技资源分配不均、投入效率不高，以及政府与市场角色"错位"① 等问题也可能是造成其边际影响系数较低的重要原因。

农业结构（SOA）的两个替代指标 NAM、SAG 对西部农业现代化演进的影响均为负。其中，广义的农业结构（NAM）的影响效应为负，在5%的显著性水平下显著。这充分说明西部农业结构性问题已较为突出，农、林、牧、渔等部门的比例失调、协调性较差，已经成为制约西部农业现代化演进的重要障碍。狭义的农业结构（SAG）对西部农业现代化演进的影响效应为负，在5%的显著性水平下显著。受"退耕还林、还草"的影响，西部地区在种植业结构调整中存在规模较大的"压粮扩经"现象②。同时，受西部市场化建设进程滞后、信息不对称的影响，西部农民在种植业结构调整中的"盲从"、"跟风"行为明显，如"陕西苹果现象"，造成政府决策与农民决策的"偏差"，使种植业结构失衡的问题不断凸显，成为"掣肘"西部农业现代化演进的重要因素。这也从侧面说明，保证作物占比平衡、确保粮食安全是促进西部农业现代化演进的重要基础性条件。

农业分工（DIV）的影响效应为负，在1%的显著水平下显著。这主要是由于西部经济增长以及非农产业发展，创造了更多的非农就业机会，务工收入和财产性收入在农民收入中所占的比重日益增加③。受"收益最大化"原则的影响，西部劳动力流动速度加快，分享分工收益的边际倾向提高④。但随着劳动力分工的深化，农业经营的兼业化、多样化和小规模化现

---

① 一般而言，农业科研由政府投资，而非农产业的科研投资由市场完成。但现在的实际情况则恰恰相反。政府拨款资助的科技活动往往用于非农业产业的科技研发，农业科技研发投入有待进一步提高。

② 刘彦随、陆大道：《中国农业结构调整基本态势与区域效应》，《地理学报》2003年第3期。

③ 姜松、王钊等：《不同土地流转模式经济效应及位序》，《中国土地科学》2013年第8期。

④ 如以2008年为例，西部外出劳动力数量达4513万人，占农村劳动力资源总量的28.35%。参见杨尚飞：《西部农村劳动力转移与农村发展问题研究》，兰州大学2011年博士学位论文。

象较为普遍①。在缺乏新型农业生产经营主体的情况下，农业劳动力分工所形成的"兼业化"会造成劳动生产率不高、土地产出率低下、商品化率低迷等情况的出现，使农业陷入"分工抑制"的困境，进而制约西部农业现代化演进。

从主要外生影响因素来看，城镇化（CIT）的影响效应为正，在1%的显著性水平下显著，边际影响系数达0.384。这说明城镇化发展对西部农业现代化演进具有重要推动作用。在"拉力"机制的作用下，城镇化将成为农业现代化演进的重要支撑。从城镇化的影响程度来看，城镇化发展水平每增加1个百分点，农业现代化发展水平提高0.384%。这与西部地区重视城镇化建设、强化城镇化建设投资有重要关联。按照统计资料计算，2011年西部城镇化水平已经达到42.99%，虽然较同期全国51.27%的水平还存在一定差距，但按照"诺瑟姆S曲线"的认知，西部城镇化发展已迈入"快车道"，西部地区将成为国家城镇化政策的主攻方向，可以大胆预见未来其对农业现代化演进的效应会继续增强。

工业化（IND）的影响效应为正，在1%的显著性水平下显著，这说明工业化发展可以有效促进西部农业现代化发展。从影响程度来看，工业化对农业现代化演进的边际影响系数为0.653，即工业化水平每增加1个百分点，农业现代化水平增加0.653%。比较来看，在所有外生影响因素中工业化的边际影响系数是最大的，高于城镇化。这说明工业化产生的"利润剩余"会通过"以工补农"的形式促进农业现代化发展，"反哺"农业的主要途径应该是"以工补农"②。

信息化（INF）对西部农业现代化演进的直接影响效应为负，在5%的显著性水平下显著。这主要是因为在样本区间内西部信息化建设并未发挥促进农业现代化演进的效应。这在一定程度上也反映了西部地区信息化建

---

① 郭红东、蒋文华：《影响农户参与专业合作经济组织行为的因素分析——基于对浙江省农户的实证研究》，《中国农村经济》2004年第5期。

② 洪银兴：《工业和城市反哺农业、农村的路径研究——长三角地区实践的理论思考》，《经济研究》2007年第8期。凌耀初：《中国县域经济发展分析》，《上海经济研究》2003年第12期。

设滞后的现状：农民信息化意识淡薄、信息网络基础设施建设相对滞后、农业信息人才匮乏，强化信息化对农业现代化的"服务"职能势在必行①。

制度安排以及政策支持对西部农业现代化演进的影响各异。其中，"二元"结构体制（DUA）对西部农业现代化演进的效应为负，在1%的显著性水平下显著。从影响程度来看，其对农业现代化演进的影响弹性为 - 0.157。财政支农政策（FSA）对西部农业现代化演进的影响效应为正，在1%的显著性水平下显著。从影响程度来看，财政支农政策影响西部农业现代化演进的边际系数为0.065。金融支农政策（FIN）对西部农业现代化演进的影响效应为正，但并不显著。这说明金融支农政策在促进农业现代化演进过程中存在不确定性，其所揭示的恰恰是政府相关政策的偏差、金融体系不合理、金融支农运行效率低下的事实②。

（二）西部农业现代化演进主要影响因子的非线性模型估计结果与分析

上述线性模型只能揭示各变量对西部农业现代化演进的"线性"效应，并不能揭示变量影响效应转换的可能性。如金融支农政策（FIN）在线性模型中的影响效应并不显著，这可能是因为其对西部农业现代化演进的影响效应存在非线性转换特征。而有些影响效应为负的变量，在突破相应的"门槛值"后其影响效应也可能转变为正。研究的必要性在于，通过检验解释变量的"门槛值"，有利于进一步提炼新发现和新认识，推动研究的进一步深化。为此，首先设置3000次的Bootstrap方法模拟计算"似然统计量"LM值，对变量的门槛效应进行检验。表6-6给出了门槛变量的检验结果。由结果可知，变量 HUC、DIV、FIN、INF 存在三个"门槛值"，变量 COA、NAM、SAG 存在一个"门槛值"，变量 AGR、CIT、IND、DUA 存在两个"门槛值"。

---

① 袁文坤：《西部农村信息化的现状与思考》，《社会科学研究》2011年第3期。刘世洪、许世卫：《中国农村信息化测评方法研究》，《中国农业科学》2008年第4期。

② 温涛等：《财政金融政策的总体效应与时空差异——基于中国省际面板数据的研究》，《农业技术经济》2011年第1期。

表6－6 门槛效应的假设与检验

门槛变量	假设检验	Bootstrap LM 值	临界值		
			90%	95%	99%
HUC	H_0：没有门槛 H_1：有一个门槛	8.779***	2.915	4.125	6.668
	H_0：有一个门槛 H_1：有两个门槛	8.536***	2.646	3.775	6.910
	H_0：有两个门槛 H_1：有三个门槛	5.311**	-0.086	1.750	6.340
COA	H_0：没有门槛 H_1：有一个门槛	97.092***	2.703	3.811	6.896
AGR	H_0：没有门槛 H_1：有一个门槛	32.0201***	2.737	4.083	7.096
	H_0：有一个门槛 H_1：有两个门槛	23.133***	2.636	4.086	6.615
NAM	H_0：没有门槛 H_1：有一个门槛	4.865**	2.558	3.614	6.499
SAG	H_0：没有门槛 H_1：有一个门槛	41.974***	2.632	3.748	7.099
DIV	H_0：没有门槛 H_1：有一个门槛	62.815***	2.668	3.912	6.461
	H_0：有一个门槛 H_1：有两个门槛	29.193***	29.193	3.480	5.529
	H_0：有两个门槛 H_1：有三个门槛	7.439***	2.819	3.948	6.596
CIT	H_0：没有门槛 H_1：有一个门槛	34.005***	2.864	4.108	6.883
	H_0：有一个门槛 H_1：有两个门槛	7.568***	2.679	3.799	7.196
IND	H_0：没有门槛 H_1：有一个门槛	9.485***	2.708	3.864	6.629
	H_0：有一个门槛 H_1：有两个门槛	6.617***	2.670	3.820	6.557
INF	H_0：没有门槛 H_1：有一个门槛	8.571***	2.590	3.802	6.688
	H_0：有一个门槛 H_1：有两个门槛	3.640*	3.064	4.235	7.267
	H_0：有两个门槛 H_1：有三个门槛	4.634**	3.257	4.750	7.441
DUA	H_0：没有门槛 H_1：有一个门槛	29.029***	2.782	3.767	6.749
	H_0：有一个门槛 H_1：有两个门槛	12.321***	2.637	3.839	6.781
FSA	H_0：没有门槛 H_1：有一个门槛	18.885***	2.788	3.954	7.012
	H_0：有一个门槛 H_1：有两个门槛	10.330***	2.949	4.259	6.858
FIN	H_0：没有门槛 H_1：有一个门槛	18.303***	2.555	3.848	6.783
	H_0：有一个门槛 H_1：有两个门槛	16.458***	2.697	3.876	6.800
	H_0：有两个门槛 H_1：有三个门槛	6.776***	2.624	3.597	6.497

注：以上数据均由 Stata 10.0 计算得到，***、**、*分别表示在1%、5%、10%显著性水平下显著。

由于空间面板模型下，各变量的线性影响效应已经给出，为避免多重共线性而引起的"伪回归"现象，分别建立解释变量同 AMI 的回归方程，并且只考虑门槛效应。采用汉森（Hansen，1999）[1] 的门槛回归方法[2]，对各模型进行估计。表 6-7 给出了各模型的估计结果。

表 6-7　门槛效应参数估计

门槛变量	区间	估计系数	个数	占比
HUC	$HUC \leqslant 7.115$	-6.089 (-2.106)**	52	17.33%
	$7.115 < HUC \leqslant 27.733$	0.972 (1.694)*	148	49.33%
	$27.733 < HUC \leqslant 42.578$	2.339 (5.930)***	85	28.33%
	$HUC > 42.578$	1.444 (1.9111)**	15	5.00%
COA	$COA \leqslant 1347.814$	0.134 (8.387)***	279	93.00%
	$COA > 1347.814$	0.014 (10.596)***	21	7.00%
AGR	$AGR \leqslant 25.049$	-2.780 (-4.102)***	70	23.33%
	$25.049 < AGR \leqslant 1276.342$	0.168 (7.842)***	199	66.33%
	$AGR > 1276.342$	0.062 (13.791)***	31	10.33%
NAM	$NAM \leqslant 17.132$	-3.663 (-3.939)***	172	57.33%
	$NAM > 17.132$	-2.071 (-5.873)***	128	42.67%

---

① Hansen，B. E.，"Threshold Effects in Non-dynamic Panels：Estimation，Testing，and Inference"，*Journal of Econometrics*，2，1999.

② 在 statal0.0 中其所对应的代码为 XTPTM。

续表

门槛变量	区间	估计系数	个数	占比
SAG	$SAG \leqslant 28.947$	-5.361 (-14.229)***	266	88.67%
	$SAG > 28.947$	-2.665 (-10.311)***	34	11.33%
DIV	$DIV \leqslant 15.782$	-0.324 (-0.422)	121	40.33%
	$15.782 < DIV \leqslant 62.849$	2.067 (10.739)***	120	40.00%
	$62.849 < DIV \leqslant 120.173$	1.261 (9.622)***	44	14.67%
	$DIV > 120.173$	0.385 (2.573)***	15	5.00%
CIT	$CIT \leqslant 67.194$	1.999 (9.575)***	211	70.33%
	$67.194 < CIT \leqslant 186.587$	0.933 (13.165)***	71	23.67%
	$CIT > 186.587$	0.700 (9.532)***	18	6.00%
IND	$IND \leqslant 15.034$	2.548 (2.468)***	133	44.33%
	$15.034 < IND \leqslant 26.62$	0.549 (0.989)	76	25.33%
	$IND > 26.62$	1.894 (8.718)***	91	30.33%
INF	$INF \leqslant 85.490$	-0.451 (-2.640)***	123	41.00%
	$85.490 < INF \leqslant 521.722$	0.0002 (0.005)	144	48.00%
	$521.722 < INF \leqslant 834.158$	0.094 (3.525)***	13	4.33%
	$INF > 834.158$	0.017 (5.228)***	20	6.67%

续表

门槛变量	区间	估计系数	个数	占比
DUA	$DUA \leqslant 5.446$	13.1137 (3.100)***	41	13.67%
	$5.446 < DUA \leqslant 54.144$	−1.1244 (−3.575)***	205	68.33%
	$DUA > 54.144$	0.1880 (3.668)***	54	18.00%
FSA	$FSA \leqslant 121.707$	−0.211 (−1.766)*	195	65.00%
	$121.707 < FSA \leqslant 475.037$	0.192 (4.435)***	90	30.00%
	$FSA > 475.037$	0.067 (6.901)***	15	5.00%
FIN	$FIN \leqslant 37.649$	1.150 (1.907)*	41	13.67%
	$37.649 < FIN \leqslant 189.621$	−0.170 (−1.703)*	299	99.67%
	$189.621 < FIN \leqslant 307.185$	0.277 (4.404)***	7	2.33%
	$FIN > 307.185$	0.023 (0.775)	23	7.67%

注：以上数据均由 Stata 10.0 计算得到，＊＊＊、＊＊、＊分别表示在 1%、5%、10% 显著性水平下显著，无标记则表示不显著。

从主要的内生影响因素来看：当 $HUC \leqslant 7.115$ 时，农业人力资本对农业现代化演进的影响效应显著为负。但处于这一区间的样本数只有 52 个，占比仅为 17.33%。对西部整体的农业人力资本效应的促进效应的发挥并不明显。当西部农业人力资本跨越"门槛值"7.115，也就是迈入 $7.115 < HUC \leqslant 27.733$ 这一区间后，其对西部农业现代化演进的影响效应将显著为正，边际影响系数为 0.972，这与上文中线性模型下的估计结果十分相似。处于这一区间的样本数为 148 个，占比为 49.33%。这一区间的实际情况代表了现阶段西部农业人力资本对西部农业现代化演进的主要影响水平。当人力

资本存量跨越"门槛值"27.773，进入 $27.733 < HUC \leqslant 42.578$ 这一区间后，农业人力资本存量对西部农业现代化演进的边际影响效应将达到最大，边际影响系数为2.339。当农业人力资本跨越门槛值42.578后，其对西部农业现代化演进的边际影响系数为1.444。从中可以看出，人力资本对西部农业现代化演进的影响效应存在明显的倒"U"型特征。

当 $COA \leqslant 1347.814$ 时，农业比较优势对农业现代化演进的影响效应显著为正，边际影响系数为0.134，落入这一区间的样本数为279，占比93%。当 COA 迈过门槛值1347.814后，其对农业现代化演进的影响效应仍旧为正，但边际影响系数变小。这主要说明由资源禀赋形成的西部农业比较优势是动态转换的。如不能充分发挥比较优势，先天的资源禀赋也可能陷入"资源诅咒"的怪圈。

当 $AGR \leqslant 25.049$ 时，农业研究与发展对西部农业现代化演进的影响效应显著为负，落入这一区间的样本数为70个，占比23.33%。当其跨越门槛值25.049，进入 $25.049 < AGR \leqslant 1276.342$ 时，农业研究与发展对西部农业现代化演进的影响显著为正，落入这部分区域的样本数为199个，占比约为66.33%，这也体现了现阶段西部农业研究与发展对农业现代化演进的整体效应。当 $AGR > 1276.34$ 时，其对西部农业现代化演进的影响效应仍然为正，但其边际影响系数则变小，这说明当到达一定的"门槛"高度后，农业研究与发展对农业现代化演进的影响效应将趋于稳定。

当 $NAM \leqslant 17.132$ 和 $NAM > 17.132$ 时，广义农业产业结构在两个区间内对西部农业现代化演进的影响效应均为负，处于这两个区间内的样本数占比分别为57.33%和42.67%。这从侧面进一步说明农、林、牧、渔各部门协调发展对于西部现代化演进具有重要意义。当 $SAG \leqslant 28.947$ 和 $SAG > 28.947$ 时，狭义农业结构对农业现代化演进的影响效应也均为负，处于这两个区间内的样本数占比分别为88.67%和11.33%。从中也可以看出，即使 SAG 跨越相应门槛值28.947，其负面效应仍然存在。因此实现粮经比例合理、保障粮食安全贯穿于西部农业现代化演进全过程，任何时候都不能放松、不能忽略。

当 $DIV \leqslant 15.782$ 时，农业分工对西部农业现代化演进的影响效应显著为负，且位于这一区间内的样本数量为 121 个，占总样本比重为 40.33%，占比为最高的。这说明在这一区间内，农业分工对于西部农业现代化演进的制约作用。当其跨越门槛值 15.782 后，农业劳动分工对西部农业现代化演进的影响效应显著为正，且在 $15.782 < DIV \leqslant 62.849$ 区间内，其对农业现代化演进影响的边际系数最大。但随着门槛效应的转化，其对农业现代化演进的影响系数呈现递减的趋势。这主要说明虽然农业劳动分工产生的专业化是现代农业发展的方向不容否定，但农户"兼业化"与农业现代化发展并不相悖，"兼业化"也可能是推动农业现代化演进的有力"杠杆"[1]。

从主要外生影响因素来看：当 $CIT \leqslant 67.194$ 时，城镇化对西部农业现代化演进的影响效应显著为正，落入这一区间的样本个数为 211，占比为 70.33%。整体而言，现阶段西部地区整体处于城镇化"快速推进"阶段，快速城镇化发展也为农业现代化演进提供了重要支撑。当 $67.194 < CIT \leqslant 186.587$ 和 $CIT > 186.587$ 时，城镇化对农业现代化演进的影响效应仍显著为正，且趋于平稳。位于这两个区间的样本数分别为 71 和 18，占比分别为 23.67% 和 6%。这说明随着城镇化发展阶段的跨越，其对农业现代化演进的影响程度也日趋稳定，继续推进城镇化并形成其与农业现代化的良性循环是西部未来重要的战略选择。

当 $IND \leqslant 15.034$ 时，工业化对农业现代化的影响效应显著为正，落入这一区间的样本数为 133 个，占比 44.33%，说明现阶段西部工业化的发展已经成为大部分地区农业现代化演进的重要推进因素。当 $15.034 < IND \leqslant 26.62$ 时，其对西部农业现代化演进的影响效应为正但并不显著，这可能与进入工业化发展新阶段，传统工业化面临发展战略调整、结构转型和升级有关。从描述性信息可以看出，位于这一阶段的样本数仅为 76 个，占比 25.33%，说明现阶段西部较少地区迈入这一较高"区制"。但从另一侧面

---

① 冯海发：《亦论兼业化农业的历史命运——与陆一香同志商榷》，《中国农村经济》1988 年第 11 期。赵军翔：《论我国农村兼业问题》，《世界经济文汇》1988 年第 2 期。

也说明西部工业化转型升级中要遵循"渐进式"思路，切记"大跃进"，以此避免其对农业现代化演进的不良影响。当工业化跨越门槛值 26.62 后，进入 $IND > 26.62$ 这一高"区制"后，其对农业现代化演进的影响显著为正。

当 $INF \leqslant 85.490$ 时，信息化对西部农业现代化演进的影响效应为负，落入这一区间的样本数为 123 个，占比 41%。当 $85.490 < INF \leqslant 521.722$ 时，信息化对西部农业现代化演进的影响效应并不显著，落入这一区间的样本数为 144 个，占比 48%。综合而言，落入这两个区间的样本总数为 267 个，占比 89%。这也进一步论证了上文所指出的西部农业信息化发展滞后与薄弱的客观事实。当信息化跨越门槛值 521.722 和 834.158，迈入较高"区制"$521.722 < INF \leqslant 834.158$ 和 $INF > 834.158$ 后，信息化对农业现代化演进的影响将显著为正，但就目前来看，位于这两个区间的样本占比仍旧较低，分别为 4.33% 和 6.67%。

当 $DUA \leqslant 5.446$ 时，"二元"的结构体制对农业现代化演进的影响显著为正，且位于这一区间内的样本数为 41，占比为 13.67%。当其跨越第一个门槛值，进入 $5.446 < DUA \leqslant 54.144$ 这一区间后，其负面效应开始凸显，且在这一区间内的样本数为 205，占比 68.33%。当 $DUA > 54.144$ 时，其对西部农业现代化的影响显著为正。由于"二元"结构反差指数是反向指标，这说明"二元"结构系数越小，其推动农业现代化演进的效应越大，随着二元结构反差指数的增大，其对西部农业现代化演进的制约作用也就越强。且从描述性信息可知，落入 $5.446 < DUA \leqslant 54.144$ 这一区间的样本数为 205 个，说明现阶段"二元"结构体制已经成为制约西部农业现代化演进的重要障碍。

当 $FSA \leqslant 121.707$ 时，财政支农政策对农业现代化演进的影响为负。当其跨越第一个门槛值 121.707 和第二个门槛值 475.037 时，财政支农对农业现代化演进的影响效应均显著为正，但影响效应呈现递减性，这可能说明财政支农政策作为一种外生政策，其适应性问题可能会制约整体政策效应的发挥。当 $FIN \leqslant 37.649$ 时，金融支农政策对西部农业现代化演进的影响效应显著为正。当其跨越门槛值 37.649，进入 $37.649 < FIN \leqslant 189.621$ 区间

后，其对西部农业现代化演进的影响效应显著为负。当其跨越门槛值189.621，进入189.621＜*FIN*≤307.185区间后，其对农业现代化演进的影响效应显著为正。当*FIN*＞307.185时，其影响效应变为不显著。这说明金融支农政策对农业现代化演进的影响效应存在波动性和不确定性。同时，农村金融准入门槛放宽后，大量银行类金融机构纷纷下乡设点，监管成本与监管效率难以统一，造成农村金融市场混乱①，可能是引起其效应反复的原因。

二、实证结果比较与西部差异性

（一）中国和东部地区的实证结果与分析

前面我们已经分析了主要影响因子对西部农业现代演进的影响方向及影响程度。要解析西部农业现代化演进差异性，就需将其同中国及东部地区农业现代化演进影响因子的影响效应进行实证分析，并将实证结果进行比较。基于面板数据平稳性及协整检验的基本认知，进一步对面板模型参数进行估计，结果见表6－8。其中，中国模型采用的是广义最小二乘法的估计结果（FGLS）②。东部地区面板数据同西部一样，也呈现典型的"长面板"特征。"长面板"模型一般采用面板模型修正的标准差法PCSE（Panel-Corrected Standard Errors）进行估计。实际上，PCSE和FGLS的区别在于，PCSE方法在无自相关时采用OLS来估计参数，而存在自相关情形时采用Prais-Winsten来估计参数，并使用FGLS来估计随机误差项的协方差矩阵。而FGLS则完全采用可行的GLS来估计参数及随机误差项的协方差矩阵③。

---

① 赵天荣：《农村金融监管的理论必然与现实制约——基于我国农村金融新格局的思考》，《农业经济问题》2007年第10期。余新平、熊晶白等：《中国农村金融发展与农民收入增长》，《中国农村经济》2010年第6期。

② 按照上述分析，引入空间滞后项后除模型显著性水平略微提高外，各参数影响方向及效应并未发生显著变化。为此，基于研究便宜性原则以及研究侧重，在分析中国和东部地区时并没有引入空间滞后项。

③ 姜松、王钊等：《粮食生产中科技进步速度及贡献研究——基于1985—2010年省级面板数据》，《农业技术经济》2012年第10期。

鉴于此，东部模型用 PCSE 方法来估计。

由模型 VI 可知，变量 HUC、COA、AGR、CIT、IND、INF、FSA、FIN 对 AMI 影响为正，且在 1% 或 5% 的显著性水平下通过检验，说明就中国层面而言，农业人力资本、农业比较优势、农业研究与发展、城镇化、工业化、信息化、财政支农政策与金融支农政策均对中国农业现代化演进产生了正向影响效应。而变量 NAM、DIV、DUA 对 AMI 影响为负，且分别在 5% 或 1% 的显著性水平下通过检验，说明广义农业结构、农业分工和"二元"结构体制仍是"钳制"中国农业现代化演进的重要影响因子。而变量 SAG 对 AMI 影响并不显著，说明狭义的农业结构对中国农业现代化演进影响效应并不显著，说明当农业现代化演进至"成长初期"阶段时，种植业结构对农业现代化演进约束效应并不显著，这也从侧面说明在实施农业产业结构调整"优先序"选择时，应以种植业结构调整为突破口，协调粮食作物与经济作物比重及结构配比，而并不是基于广义层面协调农林牧渔等部门间的关系。

由模型 VII 可知，变量 HUC、COA、SAG、CIT、INF、FIN 对东部农业现代化演进的影响为正，且在 1% 或 5% 的显著性水平下通过检验，说明农业人力资本、农业比较优势、狭义的农业结构、城镇化、信息化和金融支农政策是推动东部农业现代化演进的利导因子。变量 AGR 对东部农业现代化演进的影响并不显著。这可能是由以下几点原因造成的：一是东部地区农业现代化已演进至"成长后期"阶段，在这一阶段农业研究与发展速度趋于稳定。同时，农业研究与发展重点亦由农业应用研究向农业基础研究转变，而农业基础研究一般周期较长，成果运用范围、实践运用效果等均存在不确定性。二是受经济规律作用，农业研究与发展资金运用也存在"边际报酬递减"特点，在此阶段过多投入农业研究与发展资金会形成"效率损耗"。变量 FSA 对东部农业现代化演进影响效应显著为负，说明财政支农资金也会受到"边际报酬递减"规律影响，优化财政空间布局，将其投放到资金匮乏的西部地区则会显著推动西部农业现代化演进。变量 IND 对东部农业现代化演进影响并不显著，说明当农业现代化演进至"成长后期"

阶段后，工业化与农业现代化高度融合，演化成为同一过程。此外，变量 DIV、DUA 对东部农业现代化演进的影响亦不显著，说明到"成长后期"阶段，分工抑制效应以及"二元"结构体制已不是"掣肘"农业现代化演进的限制因子。

表 6 - 8　中国和东部地区的模型估计结果

	VI（中国）	VII（东部）
截距项	60.158 (12.53)***	39.196 (5.19)***
HUC	0.957 (6.19)***	0.461 (2.05)**
COA	0.009 (3.45)***	0.038 (6.60)***
AGR	0.002 (1.96)**	-0.001 (-0.64)
NAM	-0.565 (-4.98)***	-0.181 (-2.42)**
SAG	-0.022 (-0.24)	0.431 (5.06)**
DIV	-0.185 (-2.46)**	-0.148 (-1.39)
CIT	0.231 (7.24)***	0.091 (5.24)***
IND	0.433 (5.88)***	0.058 (0.289)
INF	0.0004 (2.12)**	0.002 (4.36)***
DUA	-0.094 (-3.06)***	-0.026 (-1.12)
FSA	0.002 (6.55)***	-0.001 (-1.69)**

续表

	VI（中国）	VII（东部）
FIN	0.003 (4.19)***	0.001 (4.45)***
R²	0.618	—
Wald	977.84 (0.00)***	268.46 (0.00)***
观测值	775	275

注：***、**分别表示在1%、5%显著性水平下显著，无标记则表示不显著。

（二）实证结果比较与西部差异性分析

以模型 V、VI、VII 实证分析结果为基础展开比较分析，并基于比较结果阐释西部农业现代化演进差异性的影响因子。从实证结果比较来看，农业人力资本、农业比较优势、农业研究与发展、城镇化、工业化、财政支农政策与西部和中国农业现代化演进之间存在显著正向效应，这说明农业人力资本、农业比较优势、农业研究与发展、城镇化、工业化和财政支农政策均是促进西部和中国农业现代化演进的利导因子；农业分工、广义农业结构、"二元"结构体制与农业现代化演进之间存在显著负向效应，这说明农业分工、广义农业结构和"二元"结构体制是西部和中国农业现代化演进的限制因子。从这两个层面来说，西部和中国并不存在显著差别。但从模型 VI 可知，信息化、金融支农政策等影响因子对中国农业现代化演进的影响效应显著为正，狭义的农业结构对中国农业现代化演进的影响效应则并不显著。而在模型 V 中，信息化、狭义的农业结构对西部农业现代化演进影响效应均显著为负，而金融支农政策对西部农业现代化演进影响并不显著。所以，比较西部和中国实证结果发现，信息化、金融支农政策、狭义的农业结构是造成西部与中国差异的影响因子。

在模型 VII 中，农业人力资本、农业比较优势、狭义的农业结构、城镇化、信息化和金融支农政策对东部农业现代化演进的影响均显著为正，而广义农业结构、财政支农政策对东部农业现代化演进影响效应为负，农业研究与发展、工业化、农业分工、二元结构体制对东部农业现代化演进的影响效应并不显著。所以，比较西部和东部实证结果发现：狭义的农业结构、农业研究与发展、信息化、工业化、金融支农政策、财政支农政策、农业分工、"二元"结构体制是造成西部与东部农业现代化演进差异的影响因子。所以，综合实证结果比较结论可以综合判断：狭义的农业结构、信息化、农业分工、制度安排和政策支持①等因子是造成西部农业现代化演进过程差异性的主要因子。

---

① 在上文中已经说明金融支农政策、财政支农政策、"二元"结构体制是制度安排及政策支持的替代变量。

第七章 西部农业现代化演进机理解析

在上文中我们对影响西部农业现代化演进的主要因子进行了实证检验，对各因子的影响方向、影响程度等有了初步认知，并基于实证结果比较，揭示了造成西部农业现代化演进差异的影响因子。但分析不应就此止步，而应基于实证结果继续深入剖析各因子的作用方式、作用路径、作用规则，解析西部农业现代化演进机理，以形成关于西部农业现代化演进的本质认识。研究深入推进的必要性在于：一是通过对西部农业现代化演进机理解析，可以进一步发现各类隐藏的、不易从实证结果"表层"挖掘的各类问题，为后续研究深化提供素材；二是可以发现"传导链"中的薄弱环节，通过相应矫正机制以促进西部农业现代化演进。研究无疑具有重要理论与实践意义。

第一节 西部农业现代化演进机理层次

一般而言，任何事物变化都是内因与外因共同作用的结果，但无论是内因还是外因其在事物运动发展中所发挥的作用和"扮演"的角色是不同的，有的"扮演"推动事物运动与发展的"动力"角色，有的"扮演"约束事物运动与发展的"阻力"角色。当然，各因素所"扮演"的角色也可能会发生转换：如果制度安排或者政策扶持不到位，已有"动力"可能会演变成为"阻力"，且现有"阻力"的负面效应可能进一步强化，甚至"变本加厉"。为此，基于这种认知，将西部农业现代化演进机理分解为动力机制、约束机制和保障机制①三方面。西部农业现代化演进动力机制是指西部农业现代化演进中的内外"动力"因子相互联系、相互作用的工作系统。就现阶段而言，农业人力资本、农业比较优势、农业研究与发展、工业化和城镇化是西部农业现代化演进中的"动力"因子。与动力机制相对应的则是约束机制，指制约西部农业现代化演进的各因子相互联系、相互作用的工作系统。基于影响因子实证结果，现阶段西部农业分工、农业结构、信息化相互牵制、相互作用所形成的工作系统构成了西部农业现代化演进的约束机制。保障机制则指起"保障性"作用的各类因子相互作用所构成的工作系统。当然，本书中的"保障性"因子是指制度安排和政策支持。保障机制具有"双重"身份，起平衡作用。如果保障机制健全，其可以强化动力机制效应，缓解约束机制负面效应。反之，如果保障机制不健全，其不但会削弱动力机制作用，而且会强化约束机制负面效应，在某种程度上也就类似于约束机制了。

西部农业现代化演进的三种机制并不是孤立的，而是相互联系、相互制约、相互作用的。三者力量强弱对比、相互交织对西部农业现代化演进起决定作用。当动力机制"合力"大于约束机制"合力"时，将会推动西部农业现代化演进。反之，当动力机制"合力"小于约束机制"合力"时，会对西部农业现代化演进产生制约。在这两种情形下，保障机制的侧重点是不同的、存在显著差异，但基本上起调节和"纠偏"作用。保障机制应在切实"保障"动力机制效应发挥前提下，缓解约束机制负面效应。相反，若此时保障机制不健全、甚至缺失，其不但会削弱动力机制作用，而且会强化约束机制负面效应，使农业现代化演进预期目标延迟。这也是现阶段西部农业现代演进滞后性的真实"写照"：保障机制不健全削弱了西部农业现代化演进动力机制效应，强化了约束机制负面效应。在政府主导的制度安排与变迁中，西部地区不具备较多获取政府制度变迁安排的先天条件，

---

① 按照《辞海》的解释，机理和机制为同义词。泛指一个工作系统的组织或部分之间相互作用的过程和方式。其英文翻译均为"mechanism"。

制度安排整体根植于"落差"的环境中①，制度保障机制的缺失已对西部农业现代化演进产生了不良影响。这也说明要推进西部农业现代化演进速度，就需通过相应制度安排或政策支持，缓解约束机制的负面效应，以为西部农业现代化演进创造良好条件。

第二节　西部农业现代化演进动力机制

实证结果揭示农业人力资本、农业比较优势、农业研究与发展、工业化、城镇化等因子均与西部农业现代化演进之间存在显著正向效应。因而，总体而言现阶段西部农业现代化演进是由农业人力资本、农业比较优势、农业研究与发展和工业化、城镇化间协同配合、相互作用所形成的动力机制支撑的。所以，在接下来的分析中将分别探析农业人力资本、农业比较优势、农业研究与发展、工业化和城镇化等因子对西部农业现代化演进的作用方式和作用规则，以解析现阶段西部农业现代化演进的动力机制。

一、农业人力资本与农业现代化演进

农民既是农业生产者和农村居民，也是农业现代化演进的推动主体，农民综合素质高低直接决定着农业现代化演进方向。提高农民综合素质关键是要提高农民人力资本水平。人力资本水平提高意味着农民知识、技能、健康以及组织管理水平提高，是农业从业者"知识化"的过程。在这一过程中，农民所掌握知识和技能资源被充分利用和共享，农民潜能得以充分发挥，农民决策行为、组织行为和经营行为"逼近"合理化状态，而这恰恰是农业现代化的重要内涵。从这个角度看，农业人力资本水平提高是推动农业现代化演进的必备条件，且贯穿于农业现代化演进全过程。无论是

---

① 马子红：《基于成本视角的区际产业转移动因分析》，《财贸经济》2006 第 8 期。

处于"形成期"的西部，还是处于"成长初期"和"成长后期"的中国和东部地区，农业人力资本边际影响系数均最大。总之，农业人力资本是推动农业现代化演进最重要的动力因子。要提高农业人力资本水平一般可以通过教育培训、医疗保健、迁移等途径投资实现。教育培训投资、医疗保健投资以及迁移投资所形成的农业人力资本积累可以从改变农业劳动力素质技能、提高劳动力质量与工作能力、改进农业劳动力配置效率等推动西部农业现代化演进，见图7－1。具体来说：

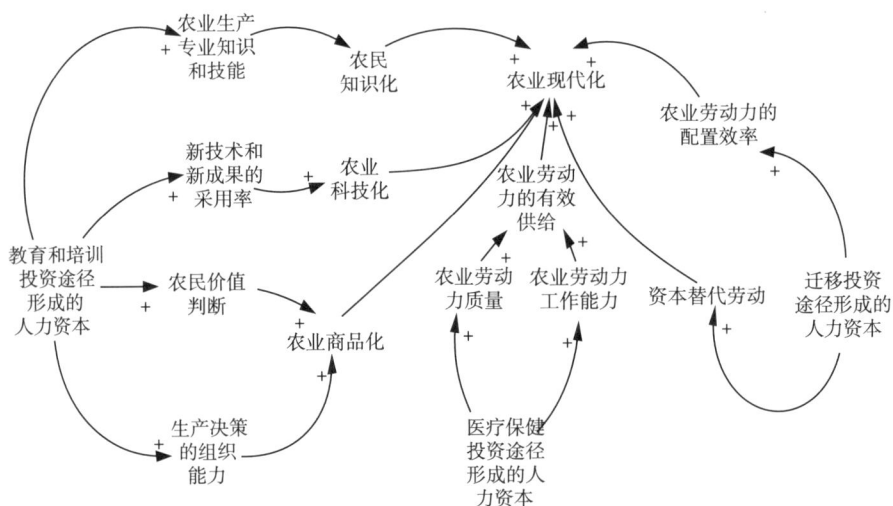

图7－1　人力资本对农业现代化演进的影响机理

注：图中"＋"表示推动作用，"－"表示制约作用。后同。

（一）教育和培训投资可以提高西部农民专业知识和技能，增强新成果和新技术采用率，提升价值判断和生产决策水平

教育和培训投资在西部农业人力资本积累中发挥了重要作用。这一点可以由西部农民教育文化娱乐支出的增长略见一斑：2003—2011年西部各地区内蒙古、广西、重庆、四川、贵州、云南、西藏、陕西、甘肃、青海、宁夏、新疆的教育文化娱乐服务等支出年均增长率分别为9.41%、2.79%、

8.05%、3.99%、4.56%、7.87%、3.03%、5.32%、5.42%、9.15%、7.76%、9.28%，西部各省（区、市）均保持着较快增长速度。且从区域比较来看，西北地区的农业教育培训投资增速要快于西南地区，这也直接导致西北农业现代化演进速度快于西南地区。

通过对农民实施教育和培训可以改变传统农业生产中农民靠祖辈代际传递从事农业生产的传统方式，学习新资源配置方法和生产方式，增强农业专业知识和技能，有利于推进农民知识化进程。同时，随着农民受教育和培训技能水平提高，农民对新成果、新技术认知和采用效率会显著提高，可以有效推进农业科技化；可以较好规避采用新品种、新技术、新方法所引致的风险因子，削减技术采用成本。再者，教育和培训可以提高农民价值判断、生产决策水平和组织管理能力，可以提高农业商品化率。这一点在市场经济环境中是至关重要的。在传统农业中农民生产经营决策基本上都是通过农户的生产经验做出，由于知识匮乏以及综合素质限制，很容易陷入"丰收悖论"陷阱中，造成农业效益水平低下。而通过教育和培训后，农民市场意识逐步增强，会以市场为导向、效益为中心，遵循市场规律，根据市场供需机制安排生产并做出合理决策，可以有效提高农业商品化率，进而推动西部农业现代化演进。

（二）医疗和保健投资可以提高西部农业劳动力质量与工作能力，延长农业从业时间，为西部农业现代化演进供应优质劳动力

农业劳动力是推动农业现代化演进的主体。不论农业现代化处于何种阶段，农业劳动力供给均应保持在"合意"比例和区间内。因为即使农业现代化演进至"成熟阶段"，农业资本对劳动力也不可能完全替代，资本使用者仍应是具有一定技能的劳动力。而要保障农业劳动力有效供给，医疗和保健投资是不可或缺的，其对农业人力资本积累的贡献也较大。据统计资料显示，2003—2011 年内蒙古、广西、重庆、四川、贵州、云南、西藏、陕西、甘肃、青海、宁夏、新疆的农民家庭人均医疗保健支出的年均增幅基本上保持"两位数"的增长速度，分别为 19.98%、19.02%、19.64%、

20. 76%、23. 13%、18. 43%、15. 16%、22. 29%、17. 07%、13. 02%、18. 25%、15. 81%。也正因如此，西部农业劳动力质量普遍较高，且呈现年轻化趋势①，奠定了西部农业现代化演进的基础。

（三）迁移投资会加速西部农业劳动力流动速度，改进要素配置效率，为加速资本替代劳动提供有利契机

西部地区历来是农业劳动力的流动、迁移"重地"，迁移投资是农村居民消费支出中的重要组成部分，为农业人力资本积累做出了重要贡献。这一点可由人均交通和通讯支出指标得以反映。据统计资料显示，2003—2011年西部地区内蒙古、广西、重庆、四川、贵州、云南、西藏、陕西、甘肃、青海、宁夏、新疆的农村家庭居民人均交通和通讯费用支出的年均增幅分别为18. 15%、15. 51%、18. 63%、19. 28%、25. 47%、26. 61%、32. 35%、19. 57%、16. 32%、15. 15%、13. 91%、23. 34%，除广西、甘肃、青海、宁夏等地低于全国年均增速16. 38%外，其他地区均高于全国年均增幅。迁移行为作为人力资本价值增值的活动，提高了既定知识和储备在劳动力市场上的定价②，有利于提高其信息搜寻、就业匹配及综合技能，实现农业劳动力要素再配置。同时，随着农业劳动力迁移速度加快，也为资本替代劳动提供了千载难逢的良机，有助于推动西部农业现代化演进。

二、农业比较优势与农业现代化演进

由实证结果比较可知，在不同农业现代化演进阶段农业比较优势的影响效应均显著为正。比较优势一般可以划分为基于技术和基于要素禀赋两种类型。斯蒂格利茨则进一步将比较优势划分为自然禀赋、获得性禀赋、优化的知识以及专业化四种。其中，自然禀赋是由诸如土地、自然资源和

---

① 按照第二次农业普查数据显示，西部地区农业从业人员中，51岁以下的劳动力所占的比重为64. 3%。
② 王广慧、张世伟：《教育对农村劳动力流动和收入的影响》，《中国农村经济》2008年第9期。

气候等地理因素构成的；获得性禀赋则是指国家开发的物质资本和人力技能；优化的知识主要指技术优势，是通过历史实践或有目的的政策获得的；专业化可以在其他方面都相似的国家之间创造出比较优势①。基于斯蒂格利茨对于比较优势的划分框架，将农业比较优势分解为农业自然禀赋、农业获得性禀赋以及农业专业化三类。其中农业自然禀赋主要包括农业生产所需的耕地、水源、气候等地理因素，农业获得性禀赋则主要指农业生产所需物质资本以及劳动者生产技能，农业专业化可以有效整合农业产业链资源、提高农业生产效率和效益。如图7-2所示：

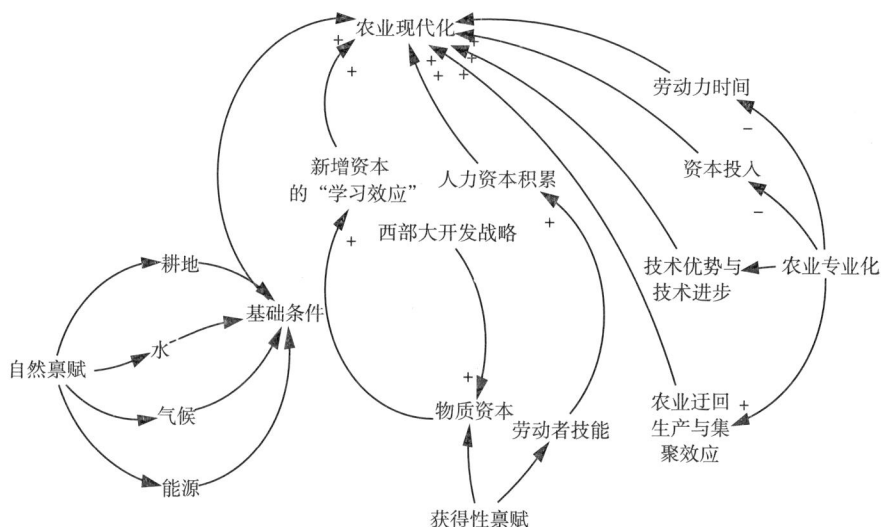

图7-2　比较优势对农业现代化演进的影响机理

（一）自然禀赋是西部农业现代化演进的先决条件

农业生产活动较其他生产活动不同，它与自然禀赋关系较为密切，受自然环境因素影响程度最大，且基本上贯穿于农业产业链条的全部环节。

---

① 斯蒂格利茨：《经济学》，中国人民大学出版社2000年版，第55页。

在农产品播种环节，耕地质量好与坏、水资源富足与稀缺及气候适宜性与否均是影响农产品播种的首当其冲的因素。到农产品收获并需要运输和储存时，能源储备、气候条件也会对农产品产生诸多影响。同时，自然资源一般在长时间内的总量是给定的，且具有不可再生性，如土地和水等，具备自然禀赋优势的地区农业现代化往往具有较大发展潜力。因此，自然禀赋可以看成是农业现代化演进的先决条件。西部地区属于后发区域，生态条件、地理条件和气候条件独特，物种富足，农业"特色性"突出。多层次、立体式的农业地理条件，是不可多得的且无法替代的自然禀赋。如天山南北麓地区、河西走廊、河套灌区、关中平原、四川盆地、桂西北地区的自然禀赋条件均十分显著，为推动西部农业现代化演进提供了先决条件。

（二）获得性禀赋是农业现代化演进的补充条件，主要从物质资本和劳动者技能两个层面推动西部农业现代化演进

从世界农业现代化演进规律来看：虽然自然禀赋所形成的比较优势一般是先天的、无法改变的，但一些自然资源禀赋并不"卓越"的国家或者地区的农业现代化发展同样取得了不错成就，如日本就在耕地资源先天性不足的基础上实现了农业现代化，这其中就得益于获得性禀赋的贡献。获得性禀赋主要通过物质资本和劳动者技能的提高来推动农业现代化演进。劳动者技能的提高主要是通过农业人力资本积累作用路径推进农业现代化演进。而农业物质资本积累主要通过提高农业科技进步的方式推进农业现代化演进。事实上，关于物质资本积累推动技术进步的观点，阿罗在其"干中学"模型早已揭示并论证。阿罗认为技术进步主要发端于投资和生产。技术进步是知识积累、学习的结果，知识积累、学习是经验总结的结果，而经验总结源自实践活动。同时，阿罗进一步指出新增资本的"学习效应"使各生产、投资主体在实践中总结经验，进而提高劳动生产率，促进技术进步。就西部发展实际而言，西部地区物质资本积累较少，但西部大开发战略实施后，随着国家政策倾斜以及制度安排架构重组，这一状况

有明显改观，使西部物质资本投资显著增加①，激发了新增资本"学习效应"及其溢出，推动了西部农业现代化演进。

（三）专业化是西部农业现代化演进的有力支撑，从节约劳动时间、减少资本投入、形成技术优势、促进农业迂回生产和空间集聚效应等层面影响农业现代化演进

农业专业化是农业现代化的内涵特征之一，是农业现代化的必然要求。农业专业化对于农业现代化演进的影响机理主要聚焦于以下几个方面：一是农业专业化可以节约劳动时间。农业实现专业化后可以将农业劳动者聚集于某一特定价值链环节，甚至某一特定农产品品种，实现"熟能生巧"，不但简化生产环节和节约劳动时间，而且提高劳动者生产效率。二是农业专业化可以减少资本投入。在没有实现农业专业化生产前，农业生产对于物质资本存在需求刚性，而专业化后随着"专攻"领域收窄，对物质资本数量和类型的要求减少，有效缩减了物质资本获取成本。三是农业专业化有利于发挥技术优势，推动技术创新展开，为资本替代劳动提供了良好条件。四是农业专业化可以促进农业迂回生产实现优势农业产业的空间集聚，增强农业整体竞争力，推动农业现代化演进。

三、农业研发与农业现代化演进

农业现代化演进过程是运用科技改造传统农业，实现农业科技进步的过程。技术进步大部分来自"有意识的行动"②。这种"有意识的行动"就是科技研究与发展。在农业生产领域，农业科技进步也主要源于农业科研部门的研究与发展活动。基于实证结果认知与比较可知：就现阶段而言，农业研究与发展是推动西部农业现代化演进的动力因子，且由实证结果比

---

① 蔡昉、王德文：《比较优势差异、变化及其对地区差异的影响》，《中国社会科学》2002 年第 6 期。邵帅、齐中英：《西部地区的能源开发与经济增长——基于"资源诅咒"假说的实证分析》，《经济研究》2008 年第 4 期。

② Romer, P. M. , Endogenous Technological Change. *National Bureau of Economic Research* , 1990.

较发现这种动力"角色"在农业现代化"形成期"和"成长初期"较为显著，从"成长后期"开始，受边际报酬递减规律及其他因素影响，其"角色"可能会改变。一般而言，农业研究与发展活动主要包括农业基础研究、农业应用研究和农业试验发展三类。其中，农业基础研究侧重揭示农业发展规律，以获取农业生产、发展的新方法、新原理、新知识及提出农业生产和发展理论、定律，其一般不注重成果"应用性"，只强调认知层面"创造性"。农业基础研究又可以进一步细分为纯农业基础研究和定向农业基础研究。前者主要是为了丰富、完善农业科学知识储备，并不考虑其对农业经济效益和社会效益的影响。后者主要是期望产生广泛的农业知识积累或者着眼当前问题提出未来发展、解决方案。农业基础研究成果呈现形式一般为学术论文或学术活动交流。农业应用研究则指基于农业发展特定目标所获取的运用原理及规律，强调运用层面的"独创性"，是将理论发展成为具体形式。成果一般以论文、专著、原理性模型或者发明专利等形式呈现。农业试验与发展活动则以农业基础研究和应用研究形成的知识储备体系为基础，产生新产品、新工艺、新材料、新系统和新服务。其成果形式一般为专利、专有知识、新装置原始样机及新产品原型等。基于此，分别从农业基础研究、农业应用研究和农业试验发展三层面探究农业研究与发展对农业现代化演进的影响机理，如图 7 - 3 所示。

（一）农业基础研究和应用研究主要通过增加知识储备、充分利用现有知识推动农业技术进步等方式促进西部农业现代化演进

虽然农业基础研究和农业应用研究在内涵特征和成果呈现方面均存在一定区别，但两者的结果具有一致性，均可以增加农业知识储备，有助于充分利用现有知识。知识不同于普通商品之处就在于其具有"溢出效应"。农业"知识溢出"的过程具有连锁效应、交流效应、竞争效应、带动效应和激励效应等。按照罗默的"知识溢出"模型拓展，任何农业科研单位生产、创造的知识都能提高区域农业劳动生产率，推动农业技术进步，形成促进农业现代化演进的"强劲"动力。西部农业研究与发展活动种类繁多，

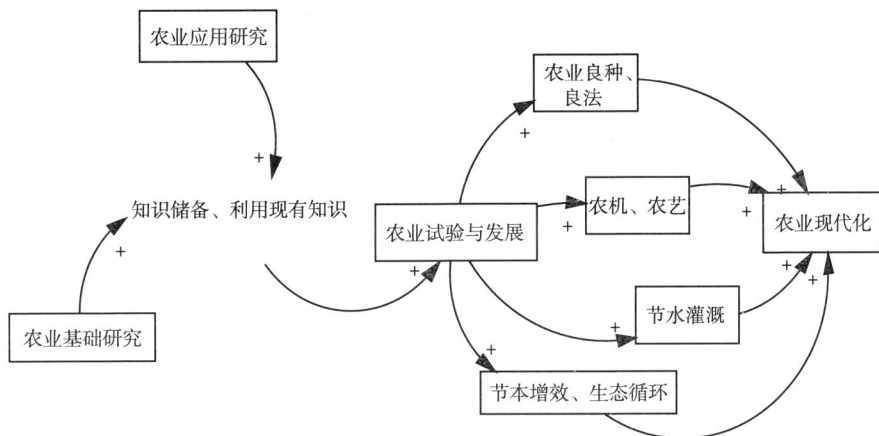

图 7-3　农业研发对农业现代化演进的影响机理

尤其是西部大开发战略实施后，农业研究与发展活动的"溢出效应"不断显现。以云南省为例，自 2003 年开始，云南省基础研究在生物学、农学、医学、材料科学等领域支持省级项目 874 项，获得国家各类基础研究项目 619 项，以云南农大"农业生物多样性控制病虫害和保护种质资源的原理和方法"为代表的 4 个项目被列入国家"973 计划"，不但提升了云南省的农业研究与发展及原始创新能力，也通过"正外部性"带动了西部等其他地区的农业现代化发展。如"水稻遗传多样性控制稻瘟病的原理和基础"研究成果被推广到云南、四川等西部其他省份以及泰国、菲律宾、印尼等周边国家，助水稻产量增产 16 亿公斤，农民收入增加 20 多亿元[①]。农业基础研究和应用研究，有效促进了农业生产率提高和农业技术进步，推动西部农业现代化演进。

（二）农业试验与发展活动可以改善农业良种良法、农机农艺、节水灌溉、生态循环技术，推动西部农业现代化演进

农业试验与发展活动与农业基础研究和应用研究具有不可分割的关系。

---

① 　根据新华网云南频道相关信息整理，http://www.yn.xinhuanet.com。

农业试验与发展活动以农业基础研究和应用研究的知识积累为基础，直接作用于农业生产过程。农业试验与发展活动可以改变农业良种良法、农机农艺、节水灌溉技术，推进农业机械化、化学化、水利化：一是在农业生产中良种和良法是不可分割的，优良种子唯有与优良栽培方法相配套，才能达到高产、高效的目的。同时，现代农业"特性"也要求农机推广要与农作物的生产技术与原理相"兼容"，实现农机与农艺相协调，才能提高农业综合生产能力，助力西部农业现代化演进。二是西部地区的"缺水问题"和生态脆弱性问题一直是钳制西部农业现代化演进的先天瓶颈，这些问题都可以通过农业试验与发展活动先行先试、由点及面、有的放矢，"取其精华去其糟粕"，提高西部农业节水灌溉技术、生态循环技术，实现节本增效，助力西部农业现代化演进。虽然西部农业研究与发展活动快速增长[①]，农业研究与发展活动的"外溢效应"显著，但"重应用、轻基础"的研发氛围、农业科研公共部门与私人部门职能"错位"等问题可能在长期内会制约西部农业现代化演进过程。

四、工业化与农业现代化演进

工业化是经济发展不可能逾越的阶段，工业革命后，国家的兴盛与工业化存在密切的关系，工业化是推动经济增长的重要"引擎"。从这个层面来讲，工业化对于一个国家走出农业社会和实现经济腾飞的必要性已经被大多数西方发达国家的经验所证实。就我国整体发展水平来看，我国的基本国情也已经由农业经济大国向工业经济大国迈进：按照上述分析，我国现阶段工业化已演进至"成长后期"阶段，西部地区工业化处于"成长前期"的后段，即将迈入"成长后期"阶段。但由于最初工业化基础薄弱及其不彻底性，农业部门长期沦为工业的附属部门，"三农"问题长期困扰经济社会协调与发展，较高的工业化进程和较低的农业现代化进程长期并存。

---

① 西部12省（区、市）2000年的农业科研活动费用为0.9亿元，但到2011年上升到12.7亿元，年均增幅达27.2%。

针对这种情况，在"多予、少取、放活"思想指导下，2004 年 9 月胡锦涛在党的十六届四中全会上提出了著名的关于工农关系"两个倾向"的论断①，在 2004 年 12 月召开的中央经济会议上又明确提出，我国总体上已经到了"以工补农、以城带乡"的发展阶段。从西部实证结果也可以看出，工业化对西部农业现代化演进确实起到了重要推动作用。且通过实证结果比较发现：工业化对农业现代化演进的作用在农业现代化"形成期"和"成长初期"最为显著，到"成长后期"后，影响效应变得不显著。解析工业化对西部农业现代化演进的影响机理具有重要意义，如图 7 - 4 所示。

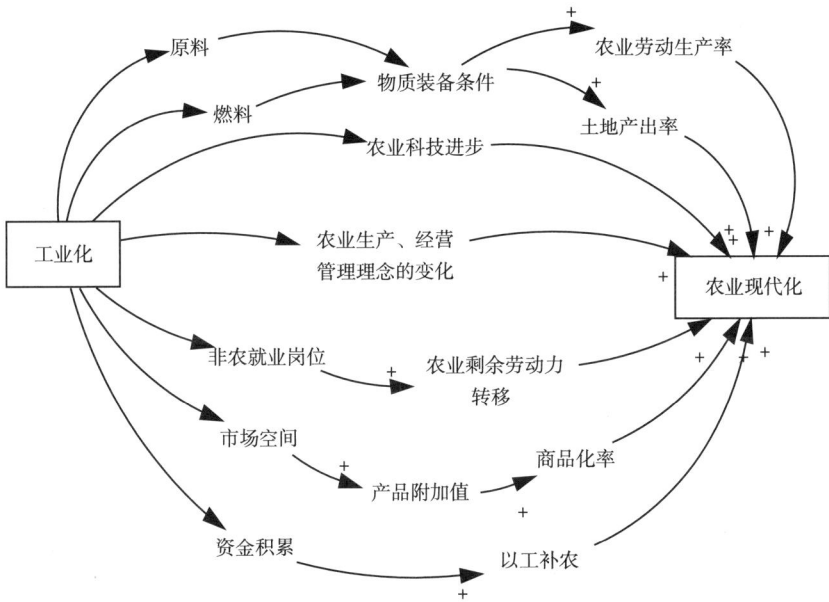

图 7 - 4 西部工业化对农业现代化演进的影响机理

① 两个倾向的论断即为：在工业化的初始阶段，农业支持工业，为工业提供积累是带有普遍性的倾向；在工业化达到相当程度后，工业反哺农业、城市支持农村，实现工业与农业、城市与农村协调发展，也是带有普遍性的倾向。

（一）工业化可以改善农业物质装备和条件，提高农业劳动生产率、土地产出率，推动西部农业现代化演进

工业化可以为农业生产发展提供各类原料，如化肥、农药、塑料薄膜等。且随着工业化水平的不断提高，新型化肥、低毒高效农药及适宜土壤特点和作物生产规律的专用肥等新型农业原料的研发速度也会加快，不但可以优化原料结构，而且可以有效改变土壤肥力，实现其对"土地"的有效替代，化解土地资源对农业生产的天然约束，提高土地产出率。同时，工业化发展还可以为农业生产提供燃料，如石油、电力等。此外，工业化发展尤其是装备制造业发展，可以加快农业专用机械发展速度，推动农机行业技术创新和调整，实现农业机械对农业劳动的替代，提高农业劳动生产率，促进农业现代化演进。随着经济的发展以及发达地区的产业梯度转移，西部地区工业化发展速度和成就有目共睹。据统计资料显示：1987 年西部 12 个省份①的工业产值为 1993.22 亿元，到 2011 年上升为 100234.96 亿元，上升了 50.29 倍，年均增幅达 17.73%。西部工业化发展也带动了西部化肥、农药、电力以及机械的发展，1987—2011 年西部农用化肥折纯量、农村用电量、农业有效灌溉面积的年均增长率分别为 5.75%、8.19%、1.72%；2000—2011 年西部农药使用量、柴油使用量、农用薄膜使用量的年均增幅分别达到 1.99%、2.07%、2.73%。可见，工业化发展为改善农业物质装备做出了重要贡献，为农业现代化演进提供了可靠物质基础。

（二）工业化有助于推进西部农业生产科技化、组织管理高效化，助力农业现代化演进

历史发展经验表明，工业化发展过程也是科技革命"蔓延"的过程，科技革命所导致的直接后果就是促进科技进步，形成科技创新和发展。从世界范围来看，现代农业是伴随着科技进步而发展的：19 世纪的细胞学说、

① 1985 年重庆市并未直辖，其工业产值的数据包含于四川省。

20世纪初的杂交优势理论、20世纪70年代的生物工程技术都大大拓展了农业科技领域[1]，改变着农业生产方式，有效推动农业科技化发展。西部工业化发展所引致的技术进步，为改变农业生产方式、增强农业竞争力做出了重要贡献。例如，1985—2010年西部粮食生产的科技进步速度达到了1.8%，科技进步对粮食生产的贡献率为92.31%[2]。且随着时间推移，农业科技进步贡献和作用还会进一步凸显。同时，随着工业化发展，工业化生产经营理念也会向农业渗透。一般而言，传统农业生产活动为初级产品生产活动，是农户自发的管理行为，具有一定随意性。但随着工业化与农业生产环节交叉，小农的随机性组织管理行为势必会引发诸多矛盾，工业化的"标准化"管理理念呼之欲出。农产品规格、质量、等级、安全、包装、储运以及生产技术、管理技术的"标准化"将成为必然趋势，传统单一农业产业链条也将被专业化生产、农产品存储包装、分类加工以及终端产品销售等环节的"标准化"所取代。组织管理高效化意味着农业生产"广义技术进步"，有利于推动农业现代化演进。

（三）工业化会创造更多的就业岗位，推动农村剩余劳动力转移，为西部农业适度规模化经营创造条件

现代工业部门对传统农业部门剩余劳动力存在"吸纳效应"是"二元结构"理论形成的基本观点。农业部门剩余劳动力向工业部门的转移是任何一个国家工业化发展的一般规律。随着国内、国际分工调整，东部地区产业梯度转移趋势深化，西部地区由于资源丰富、要素成本低、市场潜力与空间巨大，成为国外和国内发达地区产业梯度转移重点区域，这将为西部工业化发展提供良好发展契机，使西部工业化对转移劳动力的容纳能力进一步增强。从近几年来西部地区农民工的省内务工比例来看，虽然劳动

---

① 瞿虎渠：《科技进步：粮食生产中的重要支撑》，《求是》2010年第5期。

② 姜松、王钊等：《粮食生产中科技进步速度及贡献研究——基于1985—2010年省级面板数据》，《农业技术经济》2012年第10期。

力主要是由欠发达地区向发达地区流动，尤其是向东部大规模迁移①，但这一特点在2008年后开始有所改观，西部地区对劳动力的"吸纳效应"逐步增强。据《全国农民工监测调查报告》显示：2008年西部农村劳动力转往乡外县内、县外省内的占比为37%，从2009年开始这一比重均维持在40%以上。农村剩余劳动力转移在促进西部经济增长的同时，也为农业适度规模经营创造了客观条件，有利于推动西部农业现代化演进。

表7-1　西部地区农民工省内务工比例

地区	年份	省内占比
西部地区	2008	37%
	2009	40.9%
	2010	43.1%
	2011	43%
	2012	43.4%

资料来源：《全国农民工监测调查报告》（2009—2012）。

（四）工业化可以拓展市场空间，提升农产品附加值和商品化率，推动西部农业现代化演进

在传统农业中，农产品一般具有效益低、附加值低等特点，且生产的最终目的一般都是农民"自己自足"。随着工业化进程推进，这种状况已大为改观。工业化发展意味着对农产品数量和质量的需求层次不断提高，为农产品提供了广阔市场。同时，工业化的"直接效应"可以有效带动农产品加工业发展，通过对农产品简单加工或者深加工，提高农产品附加值和商品化率。例如，甘肃陇南县陇南地区，自1964年周恩来总理出访欧洲带

---

① 胡红霞：《试论西部贫困地区农村劳动力转移与人才回流》，《经济问题探索》2009年第1期。周申、易苗：《经济开放对国内劳动力流动影响的新经济地理学解析》，《中南财经政法大学学报》2010年第6期。

回橄榄油种子后，经过多方育苗试验，被认为是橄榄油种植优势区域。从1996年开始，陇南地区扩大橄榄油种植面积，开办橄榄油加工厂，1公斤橄榄油的价格高峰时达到160多元，取得了不错的经济收益。再如陕西浓缩果汁实现了80%—90%出口[1]，极大提高了农产品效益和附加值。同时，工业化还可以带动农产品产业化组织发展，如内蒙古伊利、蒙牛等乳产品公司也在推进西部农业产业化中发挥了重要作用，有效提高了西部农产品商品化率，推动了农业现代化演进。

（五）工业化可以通过"以工补农"方式，为农业现代化演进提供资金支持

同其他部门相比，农业生产部门具有特殊性。农业生产与自然条件之间存在密切关系，生产周期较长、资金积累缓慢、运行效率低、具有强烈季节性和市场波动性，这也决定着传统农业无法同其他产业竞争。但随着工业化发展，其可以通过"以工补农"方式为农业现代化演进提供资金支持。关于"以工补农"方式有很多，但基本上可以分为政府财政直接支农和政府引导市场主体支农两种。以政府直接支农为例，1987年西部农林水事务财政支农总额为39.89亿元，到2011年上升为3351.92亿元，增长84.02倍，年均增幅达20.28%。由实证结果可知，工业化对农业现代化演进的影响效应在"形成期"和"成长初期"较为显著，到"成长后期"后由于其与农业现代化高度融合，影响效应也会发生变化。这说明西部地区在现有条件下推进农业现代化处于更有利时期，要在保障内生发展基础上通过"以工补农"机制为西部农业现代化演进提供有力支撑。

五、城镇化与农业现代化演进

从工业革命开始，城市化和工业化呈并驾齐驱之势。19世纪初，英国人口中就已经有30%居住在城市了，到了19世纪末期，其城市人口的比重

---

[1]　资料来源：新华网甘肃频道，http://www.gs.xinhuanet.com。

已经超过 70%。一般意义上来说,城镇化是人类社会发展到一定阶段的必然产物。根据世界大多数国家的经验,城镇化发展会导致农业部门人口向非农部门转移及城镇用地规模扩张和快速增长。从这一点可以看出,城镇化可以看成是工业化的"空间"表现形式。但事实上,工业化和城镇化的影响效应是存在差别的。就劳动力转移而言,工业化提供就业岗位,可以实现农业转移劳动力的"职业转换"。城镇化则可以实现农业转移劳动力的"身份转换",让其成为城镇居民。从这个方面来说,城镇化对于农村剩余劳动力转移更为彻底和强烈,意味着与农业生产的直接"断绝"。但从实际情况来看,转移劳动力的"身份转换"滞后于"职业转换"。这也在一定程度上揭示了西部城镇化影响效应小于工业化的原因。但综合实证结果可知,城镇化同工业化一样,对农业现代化演进影响效应在农业现代化"形成期"和"成长初期"表现最为明显,到"成长后期"后影响效应会"衰减"。城镇化会通过"拉力机制"和辐射效应作用于西部农业现代化演进,如图 7 - 5 所示。

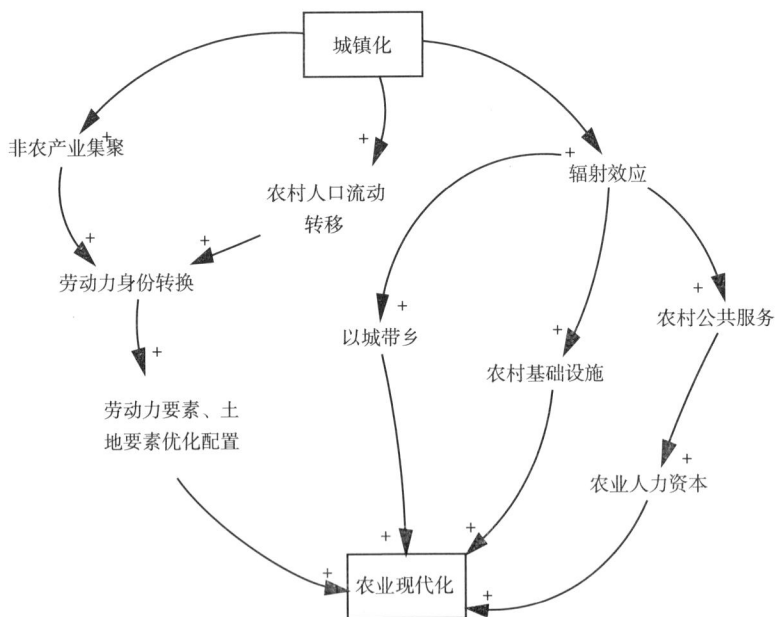

图 7 - 5　城镇化对农业现代化演进的影响机理

（一）城镇化可以促进非农产业集聚，推动农村人口流动转移，实现"身份转换"，实现要素再配置

城镇化发展的直接后果就是城镇规模扩展。随着城镇规模扩大，其市场容量也变大。按照区位理论可知，当一个企业位于规模较大市场附近时，其销售成本最小，尤其当商品运输成本在企业成本中占据较大比重时。从这个层面来讲，城镇化发展所形成的直接后果就是可以引导非农产业城镇集聚，为西部农村人口转移和流动创造更广阔空间，推动农村劳动力"身份转换"。在西部大开发之前，西部城镇化发展呈现非稳定性和波动状态，但自西部大开发战略实施后，城镇化发展迈入平稳、快速发展"轨道"。尤其是从2003年后，西部城镇化水平从29.61%上升到2012年的44.93%，增长了15.32个百分点，年均增幅达1.7个百分点。城镇化的快速发展推动了西部非农产业的空间集聚，这一点可以由西部赫芬达尔—赫希曼指数（HHI）得以证明：西部地区各省（区、市）产业集聚基本上呈现间断上升态势，尤其是甘肃、青海、宁夏、新疆、西藏等省区，产业集聚的HHI指数不断增加。尤其是在医药制造、航空航天制造业方面，西部非农产业集聚效应较强（蒋金荷，2005）[1]，不但为农村剩余劳动力转移和实现身份转换提供了重要条件，而且也有利于土地、劳动力要素再配置。然而，由于受户籍制度障碍，现阶段城镇化水平可能被低估。同时，由于西部域内城镇化的发展差异[2]，集聚效应存在不同。要继续推进西部城镇化建设和协调发展，以激发其对农业现代化演进的最大效应。

---

[1]　蒋金荷：《我国高新技术产业同构性与集聚的实证分析》，《数量经济技术经济研究》2005年第12期。

[2]　2012年内蒙古、重庆、宁夏、陕西等地的城镇化率均已达到50%以上，城镇化最高的地区为重庆市，为56.98%，最低的为贵州，为36.4%，云南、甘肃的城镇化水平均处于40%以下。

表7-2 西部各省份产业集聚 HHI 指数

地区	2001 年	2002 年	2003 年	2004 年	2005 年	2006 年	2007 年	平均
内蒙古	0.096	0.095	0.097	0.105	0.119	0.115	0.106	0.105
广西	0.076	0.090	0.105	0.096	0.094	0.093	0.091	0.092
重庆	0.223	0.237	0.266	0.215	0.172	0.184	0.191	0.213
四川	0.089	0.095	0.090	0.072	0.069	0.065	0.063	0.077
贵州	0.087	0.086	0.083	0.087	0.097	0.093	0.094	0.090
云南	0.116	0.109	0.106	0.124	0.152	0.162	0.161	0.133
西藏	0.145	0.141	0.188	0.220	0.265	0.263	0.229	0.207
陕西	0.084	0.091	0.093	0.075	0.075	0.091	0.088	0.085
甘肃	0.089	0.087	0.094	0.125	0.178	0.192	0.196	0.137
青海	0.193	0.193	0.199	0.206	0.214	0.232	0.223	0.209
宁夏	0.092	0.095	0.088	0.089	0.096	0.106	0.106	0.096
新疆	0.116	0.111	0.109	0.157	0.226	0.234	0.193	0.164

资料来源：潘文卿、刘庆：《中国制造业产业集聚与地区经济增长——基于中国工业企业数据的研究》，《清华大学学报（哲学社会科学版）》2012年第1期，第137—147页，只选取西部数据，原表格数据有删减。

（二）城镇化发展通过"辐射效应"促进农业现代化演进

城镇化具有"辐射效应"。"辐射"一词源自物理学，指能量高的物体和能量低的物体间相互传递能量。辐射是一个双向过程，通过"辐射"会逐步拉低高能量物质和低能量物质之间的"能量差"。在现实发展实践中，城镇化对农业现代化演进的辐射效应实质上体现在"以城带乡""城乡互动"的发展中。城镇化发展辐射可以有效地将大中城市以及小城镇的技术、人才、资金等先进要素与西部农业优越的自然禀赋和劳动力要素有效互补，实现西部农业资本积累和技术进步，推进西部农业现代化演进。同时，随着城镇化的深入推进，配套基础设施建设速度也会加快，如道路、交通、通讯等"辐射效应"发挥媒介体系也会不断健全，可以为西部农业现代化发展和演进提供良好外部环境支撑。同时，随着城镇化发展纵深推进，农村公共服务水平也会在辐射效应影响下有所提高，为其人力资本水平的提高奠定坚实基础。最后，随着城镇化纵深发展，会加速"空间集聚"，形成城市群。如随着西部大开发战略向纵深推进，西部城市群发展较为迅速，如南北钦防城市群、关中城市群、天山北坡城市群、兰白西城市群、滇中城市群、黔中城市群、呼包鄂城市群、银川平原城市群、酒嘉玉城市群等，使其对西部农业现代化辐射效应发挥的半径和范围进一步拓展，为促进西部农业现代化演进打下了坚实基础。

第三节　西部农业现代化演进约束机制

农业现代化演进是动力机制和约束机制相互牵制，力量此消彼长的过程。就现阶段而言，西部农业现代化演进速度较快，说明动力机制在西部农业现代化演进过程中发挥了主要作用。但综合比较发现，现阶段农业现代化演进过程中区域差异、滞后脱节及动态失衡等变异性问题表现仍十分突出，说明当前西部农业现代化演进约束机制的"合力"仍较大，动力机制作用效应空间仍需进一步挖掘。要加速西部农业现代化使其尽快通过"形成期"阶段，需理清各阻力因子的作用机理，在传递链中寻找薄弱环节，全力突破。由实证结果比较揭示，西部农业现代化演进差异性主要是农业分工、农业结构及信息化等因子效应背离所致，各因子相互牵制、相互作用构成了西部农业现代化演进的约束机制。为此，在接下来的部分，我们将分别从农业分工、农业结构与信息化三个层面揭示其对西部农业现代化演进的影响机理。

一、农业分工抑制农业现代化演进

"三农"问题产生的根本原因是农业市场化分工遭遇了制度抑制[1]。西

---

① 刘明宇：《分工抑制与农民的制度性贫困》，《农业经济问题》2002 年第 2 期。

部地区作为后发区域，受多种因素影响，农业分工抑制问题表现较为突出。由表 7-3 可知：整体而言，西部农业分工水平整体较低，农业分工综合指数仅为 0.792，其中西南地区的农业分工演进指数平均值为 0.753，西北地区农业分工指数为 0.826，西北地区农业分工水平明显高于西南地区。且在西部局部地区出现了严重偏差，如西藏、云南、贵州的农业分工指数分别为 0.497、0.642、0.695。这和西部农业现代化演进速度的空间差异是一致的。自从工业革命开始后，分工一直被认为是促进经济发展的主要源泉。尤其是在结构转变过程中，由于工业化和服务业的兴起，分工演进不仅使更多的劳动者进入现代部门，而农业部门也因为"输入分工"而被"现代化"，分工演进不仅具有提高劳动生产率的效应，而且对于促进发明创造、扩大交易规模与市场范围、改善社会福利都有重要作用。从这个意义上来说，分工演进过程也是农业现代化演进过程[1]。因此，从机理层面深刻剖析分工对西部农业现代化演进的影响就显得非常必要和迫切。

表 7-3　西北地区和西南地区农业分工演进综合指数

西北地区	分工演进综合指数	西南地区	分工演进综合指数
内蒙古	0.882	广西	0.841
陕西	0.854	重庆	0.995
甘肃	0.773	四川	0.874
青海	0.700	贵州	0.695
宁夏	1.024	云南	0.642
新疆	0.725	西藏	0.497
平均	0.826	平均	0.753

资料来源：高帆：《分工演进与中国农业发展的路径选择》，《学习与探索》2009 年第 1 期，第 139—145 页，笔者整理计算。

---

[1]　高帆：《分工演进与中国农业发展的路径选择》，《学习与探索》2009 年第 1 期。陈永志、黄丽萍：《农村土地使用权流转的动力、条件及路径选择》，《经济学家》2007 年第 1 期。李佳、杨世武：《分工抑制与农民的经济合作》，《学术探索》2012 年第 7 期。

要弄清农业分工对农业现代化的约束机理，首先需弄清分工类别。马克思将分工划分为一般分工和特殊分工两类。一般分工指社会分工，即社会范围内的生产分工。社会分工是人类文明演变的重要标志，也是商品经济出现和发展的基础。特殊分工则是指产业内部的分工。出于研究需要，参照现阶段学术界在研究农业分工时的基本分类，将分工划分为非农分工和农业内分工两类。非农分工主要是指农业劳动者通过参与工业部门、城镇部门的分工获取经济利益。"二元"结构模型揭示了农业部门劳动力向现代工业部门转移的条件及客观性。工业部门扩张，会成为农业部门劳动力转移的"容器"，可使转移劳动力分享分工收益。农业内分工主要指农民通过参与农业产业内部分工获取"农业剩余"。根据农业产业链环节可以进一步将农业内分工划分为横向分工和纵向分工。在农业内部，横向分工是简单分工，其所聚焦的主要任务是解决劳动总量过大问题。如随着农作物生产规模扩大，劳动者共同完成生产任务。纵向分工则指随着农业产业链条的延伸，生产、供应和销售各个环节彼此独立，单一劳动者无法胜任全部工作，通过分工协作以完成同一劳动者所不具备的多项技能工作。相应的，农民分工抑制也主要体现为两个方面：一是非农分工抑制，二是农业内分工抑制[①]。当然，各分工类型之间也是相互制约的，正是因为非农分工抑制，才使农业内分工抑制效应深化。为此，从非农分工、农业横向分工、农业纵向分工三个层面解析农业分工对西部农业现代化演进的影响机理，如图 7 - 6 所示。

（一）非农分工不完全形成农户"兼业化"，抑制西部农业现代化演进

非农分工最终结果是实现农业专业化，但从实际情况来看，非农分工演进中却出现了农民"兼业化"现象。在城乡收入差距驱动下，农村劳动力流向非农产业、城市，农户家庭成员往往是青壮年劳动力在外非农就业，

---

① 李佳、杨世武：《分工抑制与农民的经济合作》，《学术探索》2012 年第 7 期。

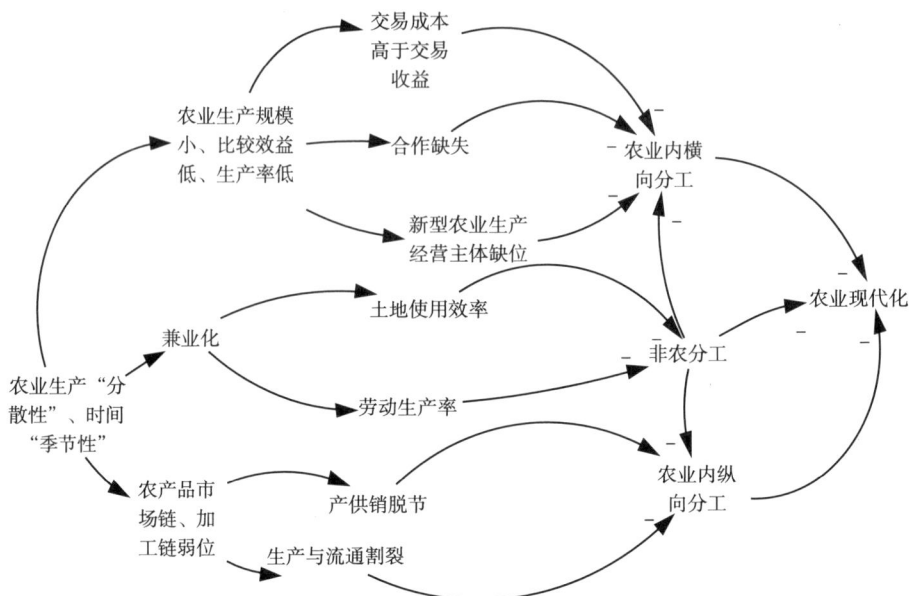

图7-6 农业分工对农业现代化演进的影响机理

老人、儿童、妇女留在家中从事农业生产，"半工半耕""男工女耕"的农户"兼业化"特征十分明显①，且这种"兼业化"主要表现形式就是"农忙务农"与"农闲务工"交替循环，兼具间歇性和短暂性双重特性，造成了劳动力资源浪费和配置低效。其所形成的直接后果就是农民"兼业化"与非农分工相互影响、相互牵制。纵观西方发达国家农业现代化发展历程，无论是人均土地多的国家，还是人均土地少的国家，农户"兼业化"是一种普遍存在的现象②，这也是造成许多地区发展中所呈现的外出务工收入所占的比重逐年高于务农收入所占比重的原因。但在各类制度并不完善情况下，劳动力市场发展不会使农户产生明显分工，农业劳动力"兼业化"并没有相应地带来农地流转速度加快，反而会阻碍适度规模经营进行以及小

---

① 钱忠好：《非农就业是否必然导致农地流转——基于家庭内部分工的理论分析及其对中国农户兼业化的解释》，《中国农村经济》2008年第10期。

② 向国成、韩绍凤：《农户兼业化：基于分工视角的分析》，《中国农村经济》2005年第8期。

农效率改进,"兼业化"也只能是农户组织过渡形式①。同时,基于实证分析结论可知,非农分工抑制效应在农业现代化"形成期"和"成长初期"表现尤为突出,唯有从"成长后期"开始非农分工的抑制效应才会变得不显著。

(二)农业横向分工交易成本高,使农民合作缺失与新型农业生产经营主体缺位,抑制农业现代化演进

家庭联产承包责任制的实施在调动农民生产积极性、促进农业产出提升以及增加农民收入方面确实发挥了重要作用。家庭联产承包责任制与农业现代化发展间并不存在制度性冲突,现实中表现为小农经营、农地细碎化的根本成因是西部农民基数较大的现实域情:2012 年西部城镇化比率为 44.93%,但仍有 55.07%的农业人口。农业横向分工的基本前提就是农业生产规模扩大,在这样情形下,实现农业内横向分工才能减少交易成本。但西部现实发展状况是,由于受农业生产规模限制,农业横向分工交易成本较高,大规模农业分工很难大规模开展,也致使农民合作缺失,即使存在也是零散的、不彻底的,仅限于农户在农忙时间的互助与帮扶,缺乏真正意义上的深度合作。交易成本高也使西部各类农业新型生产经营主体缺位。单就产业化企业来说,西部农业产业化企业数量少、规模小、人力、物力、财力不足,带动作用有限、抗风险能力弱、经营意识落后②,难以获取农业横向分工收益,进而制约了西部农业现代化演进。

---

① 钱忠好:《非农就业是否必然导致农地流转——基于家庭内部分工的理论分析及其对中国农户兼业化的解释》,《中国农村经济》2008 年第 10 期。向国成、韩绍凤:《农户兼业化:基于分工视角的分析》,《中国农村经济》2005 年第 8 期。贺振华:《农业兼业的一个分析框架》,《中国农村观察》2005 年第 1 期。

② 罗正英、罗正东:《县域政府在农业产业结构调整中的作用——来自云南省昆明市东川区的实证分析》,《中国农村经济》2004 年第 12 期。张海燕:《民族地区农产品营销渠道存在的问题及对策》,《中央民族大学学报(哲学社会科学版)》2010 年第 6 期。

（三）农业产业链中的"市场链"和"加工链"不完善使农业内纵向分工受阻，抑制了西部农业现代化演进

传统农业一个重要特征就是农业"弱质性"，农业"弱质性"的重要表现就是农业"市场链"与"加工链"不完善，导致农业产业链环节割裂进而使得生产、供给和销售彼此独立。农产品生产者除了满足自己的需求外，在市场中仍处于被动地位，"小农户"与"大市场"矛盾突出、农业社会效益和经济效益不统一。这种现象所形成的直接后果就是农产品价格波动频繁。无论农产品价格是上涨还是下跌，最终利益受到损害的都是农民。价格下跌时就不用说了。当价格上涨时，主要利润分配也基本上集中于流通环节。也因为此，农民经常在农业纵向分工中处于不利地位。同时，现阶段农产品附加值较低的客观事实也是造成西部农业纵向分工受阻的重要原因。农产品附加值较低的一个重要原因就是农业"加工链"不完善。一般而言，农产品加工可以提高农产品附加值，从而增加了整个渠道收益[①]。据专家测算，价值 1 元的初级农产品，经过加工处理后，在美国可增值 3.72 元，日本为 2.2 元，我国只有 0.38 元，西部地区更少[②]。虽然随着农业产业化的推进，这种趋势有所缓和。但根据农业部多次调查表明，农业产业化经营地区分布很不平衡，具有明显不平衡性，总体来看，从东到西呈递减趋势[③]。2011 年西部 12 省份农副食品加工企业数为 3351 个，占全国的比重仅为 16.9%，甚至还没有超过山东省一个省份的农副产品加工企业数[④]，发展差距可想而知。且西部域内发展差距也十分巨大，西部农副产品加工企业数最多的为四川省，达到 1009 个，最少的为西藏，仅有 5 个，四川是西藏的 200 多倍。从西部农副产品加工业总产值的角度来看，2011 年西部 12

---

① 张闯、夏春玉：《农产品流通渠道：权力结构与组织体系的构建》，《农业经济问题》2005 年第 7 期。

② 詹懿：《转变经济发展方式背景下的西部特色农产品加工业发展研究》，《经济问题探索》2012 年第 7 期。

③ 牛若峰：《农业产业化经营发展的观察和评论》，《农业经济问题》2006 年第 3 期。

④ 2011 年山东省农副产品加工企业数为 3777。

省份的农副产品加工业的总产值为 7101.15 亿元，占全国的比重也仅为 16.09%，整体发展水平可略见一斑。也正是上述原因使西部农业纵向分工受阻、交易成本巨大，进而制约了西部农业现代化的演进。

表 7-4　2011 年西部农副食品加工业基本情况

地区	企业数（个）	工业总产值（亿元）
内蒙古	527	1269.81
广西	488	1483.58
重庆	296	466.78
四川	1009	2342.85
贵州	117	126.13
云南	250	300.16
西藏	5	2.06
陕西	307	537.5
甘肃	179	220.4
青海	29	27.49
宁夏	68	56.42
新疆	256	267.97
西部汇总	3351	7101.15
全国	20895	44126.1
西部占比	16.90%	16.09%

资料来源：国家统计局工业统计司：《中国工业经济统计年鉴》，中国统计出版社 2012 年版。

二、农业结构制约农业现代化演进

农业结构调整有两个基本趋势：一是适应国民收入增长和市场需求结构的变化，高收入弹性产品对低收入弹性产品的替代，给农民带来收入增加；二是农业先进要素从边际生产率低的产业转向边际生产率高的产业，实现要素配置效率改进①。从这个角度来看，农业结构的合理性是推进农业现代化演进的重要条件。相反，农业结构不合理等诸多矛盾问题若处理不当，将会成为西部农业现代化演进的制约。同时，农业结构的合理与否也直接意味着一个区域农业的空间布局和地域专业化发展水平和层次的高低。这也就是说，若一个区域农业结构不合理，不仅会对当地农业现代化演进产生影响，而且会对邻近区域农业现代化发展产生影响。这也从另一个侧面说明，在西部农业现代化演进过程中，推进农业结构调整是农业现代化演进的必然要求②。但广义农业结构和狭义的农业结构影响效应在农业现代化演进不同阶段存在显著差异：其中广义农业结构对农业现代化演进的影响效应显著为负，且贯穿于农业现代化演进全过程。但狭义的农业结构却不同，在农业现代化"形成期"其影响效应显著为负，而在"成长初期"其影响效应已开始变得不显著，但到"成长后期"则显著为正，且边际影响系数较大，成为推动农业现代化演进的动力因子，自身"角色"实现了转变。所以，推进农业结构调整的"优先序"应从种植业结构调整开始，农业部门结构在短期内很难改变。但就西部地区而言，现阶段无论是广义农业结构还是狭义的农业结构其对西部农业现代化演进的影响效应均显著为负。其影响机理如图7-7所示。

（一）广义农业结构"同质"，使西部背离资源禀赋条件，制约了农业现代化演进

农、林、牧、渔业与其各自所依存的自然资源存在着密切关系，种植业依靠耕地资源，林业依赖于林业资源，畜牧业依赖于牧草地，渔业依赖于水资源等。从这方面来说，农、林、牧、渔的比例配置和协调发展，不仅可以反映农业结构素质情况，而且也直接和一个区域农业自然资源禀赋的合理利用存在密切关系。因此，实现农、林、牧、渔业比例合理配比和

---

① 郭剑雄：《城镇化与农业结构调整的相关性分析》，《财经问题研究》2002年第3期。
② 刘彦随、龙花楼：《中国农业地理与乡村发展研究进展及展望——建所70周年农业与乡村地理研究回顾与前瞻》，《地理科学进展》2011年第4期。

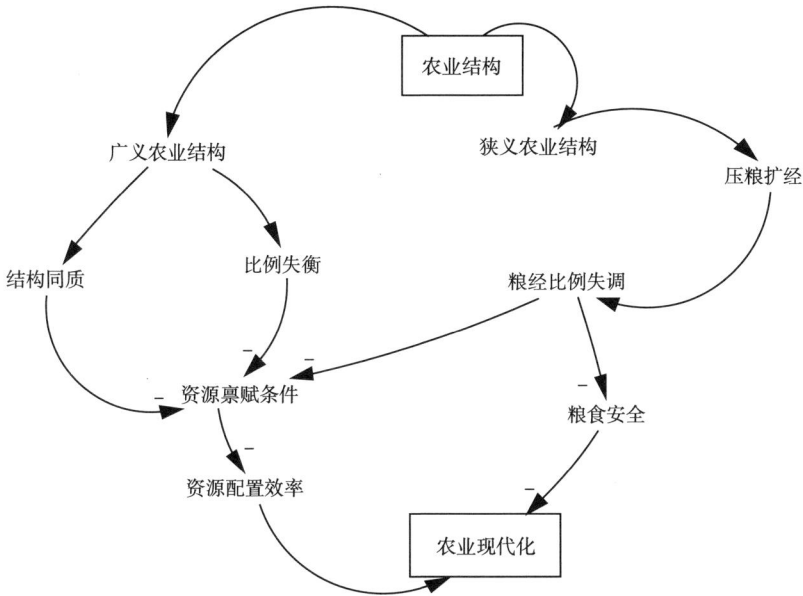

图 7 – 7　农业结构对农业现代化演进的影响机理

发展不仅关系到区域要素资源配置效率，而且也关系着区域农业经济持续、健康、快速增长。且由上述实证分析结论可知，广义农业结构的约束效应贯穿于农业现代化演进全过程，在短期内很难改变，这也和其所依赖的资源禀赋条件有关。就现阶段西部地区而言，农业现代化演进中农业结构的约束效应主要由西部广义农业结构同质所造成的。为说明西部农业结构同质问题，本书计算得到西部广义农业结构相似系数①。表 7 – 5 给出了 1987—2011 年西部各区域农业结构相似系数。由表 7 – 5 可知，西部地区省份之间的农业结构相似系数非常大，基本上都处于 0.9 以上，内蒙古与贵州、陕西、甘肃，广西与贵州、云南、陕西、宁夏，重庆与陕西、甘肃、新疆等省份间的农业结构相似系数都达 0.999，广义农业结构"同质性"问

---

①　农业结构相似系数的计算公式为：$S_{ij} = (\sum_{i=1}^{n} x_{ik}x_{jk}) / \sqrt{\sum_{i=1}^{n} x_{ik}^2 x_{jk}^2}$。其中，$S_{ij}$ 表示区域 i 和区域 j 的农业结构相似系数，x_{ik} 表示区域 i 农业产值占农林牧渔总产值的比重。x_{jk} 表示区域 j 农业产值占农林牧渔总产值的比重。

题十分明显。如近几年在利益驱动下，西部地区各省份争先恐后发展畜牧业就是最好说明。但西部地区农业生态环境较为脆弱，畜牧业过度发展无疑会加重"荒漠化"和"沙化"，且事实上西部大部分地区草地资源并不富裕，畜牧业发展依赖的仍是田地。四川畜牧业发展较快，依赖的就是"退耕还林"背景下农田种植牧草的结果。这种现象的存在不仅使农业生产结构失衡，而且进一步加剧了西部农业生态脆弱性，使西部地区背离资源禀赋条件，陷入规模特色不突出，资源配置效率较为低下，进而制约西部农业现代化演进。

表 7 - 5　1987—2011 年西部各省份农业产业结构相似系数

地区	内蒙古	广西	重庆	四川	贵州	云南	西藏	陕西	甘肃	青海	宁夏	新疆
内蒙古		0.998	0.997	0.995	0.999	0.998	0.997	0.999	0.999	0.998	0.996	0.998
广西	0.998		0.998	0.997	0.999	0.999	0.994	0.999	0.997	0.997	0.999	0.998
重庆	0.997	0.998		0.994	0.998	0.996	0.997	0.999	0.999	0.997	0.997	0.999
四川	0.995	0.997	0.994		0.996	0.998	0.989	0.996	0.993	0.995	0.997	0.992
贵州	0.999	0.999	0.998	0.996		0.999	0.996	0.999	0.998	0.998	0.997	0.998
云南	0.998	0.999	0.996	0.998	0.999		0.994	0.998	0.998	0.997	0.997	0.996
西藏	0.997	0.994	0.997	0.989	0.996	0.994		0.996	0.997	0.996	0.993	0.997
陕西	0.999	0.999	0.999	0.996	0.999	0.998	0.996		0.999	0.998	0.998	0.998
甘肃	0.999	0.997	0.999	0.993	0.998	0.998	0.997	0.999		0.998	0.996	0.999
青海	0.998	0.997	0.997	0.995	0.998	0.997	0.996	0.998	0.998		0.997	0.998
宁夏	0.996	0.999	0.997	0.997	0.997	0.997	0.993	0.998	0.996	0.997		0.997
新疆	9.998	0.998	0.999	0.992	0.998	0.996	0.997	0.998	0.999	0.998	0.997	

（二）农业种植业结构调整中的"压粮扩经"现象，造成粮经比例失调，削弱了西部农业现代化演进的基础条件

　　农业发展进入新阶段后，农业结构调整成为农民增收重要途径[1]。农业

---

[1]　李国祥：《农业结构调整对农民增收的效应分析》，《中国农村经济》2005 年第 5 期。

结构调整可以打破农业内部结构性均衡条件，调整高收入弹性产品和低收入弹性产品的比例，以"乘数效应"带动农民收入增长。但在现实操作中，农业结构调整，尤其是农业种植业结构的调整政策也被片面理解和扭曲，将调整结构和粮食生产对立起来。一些地方不顾自身条件，误认为农业结构调整就是"压粮扩经"。盲目扩大不具有优势和特色的经济作物[1]，这种做法产生的直接后果就是粮食播种面积锐减。如图7-8所示，1987年西部12省份粮食播种面积占农作物播种面积比重为78.41%，到2011年下降为64.11%，下降了14.3个百分点。这无疑会使西部陷入粮经比例失调的困境，致使西部一些区域粮食生产比较优势不断丧失。如四川省作为全国13个粮食主产省份之一和西部地区唯一的粮食主产省份，受种植业结构调整中"压粮扩经"的影响，粮食产量也不断递减。1987年四川省粮食产量为3924.77万吨，到2011年下降为3291.6万吨，年均下降幅度达0.74%。这不但会使四川省内部粮食供给总量失衡，还会对西部甚至全国粮食供给平衡产生不良影响。同时，通过种植业结构调整所得经济作物又不具备比较优势，在市场竞争中表现也不尽如人意，加剧了供需矛盾，使"丰收悖论"局面在西部上演。同时，随着市场经济不断发展，农民市场意识也日益觉醒，农业结构调整主体已经转变为市场意识日益增强的农户，农户投资、生产决策行为成为了诱致农业结构调整从而偏离粮食生产的重要原因[2]。种植业结构中这些现象的存在会进一步加剧西部地区粮经比例失衡困境，危及粮食安全。而粮食安全是衡量农业现代化水平的重要标志，长期的粮食安全困境将成为影响农业现代化的灾难[3]，削弱西部农业现代化演进的基础条件。

---

①　李国祥、陈劲松：《粮食减产与粮食安全》，《中国农村经济》2001年第4期。

②　黄祖辉等：《谁是农业结构调整的主体？——农户行为及决策分析》，中国农业出版社2005年版。

③　杨栋：《加速上海市郊区城市化途径研究》，同济大学2008年博士学位论文。温铁军等：《中国农业发展方向的转变和政策导向：基于国际比较研究的视角》，《农业经济问题》2010年第10期。

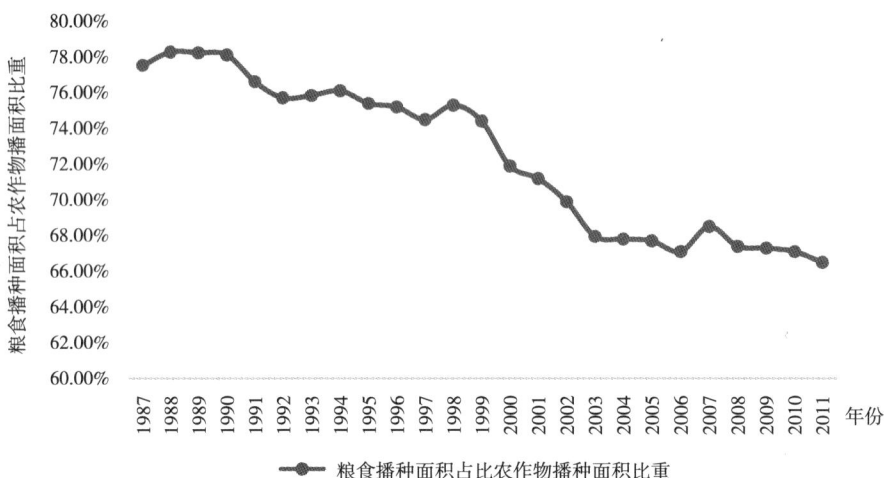

图7-8 西部粮食播种面积占农作物播种面积的比重

资料来源：根据历年《中国统计年鉴》整理计算。

三、信息化钳制农业现代化演进

21世纪是知识经济时代，是信息交流运用和知识共享的新纪元。信息化已经渗透到经济社会发展各个领域，并产生了积极作用。1997年国务院在深圳召开的第一届全国信息化工作会议对信息化内涵进行了明确分析。认为信息化是指培养、发展以智能化工具为代表的新生产力并使之造福于社会的历史过程。实现信息化的过程也是先进生产技术改造传统产业和经济的过程。当然，随着信息化的发展，其对经济的渗透范围、渗透领域也将会不断拓展。农业作为国民经济社会发展的基础产业，受信息化影响也并不例外。信息化对改造传统农业促进农业现代化发展与演进具有重要贡献。信息化有助于农业现代化实现，信息化引领农业现代化演进方向，农业生产、经营、管理以及科学研究将发生重大变革，为农业现代化发展带来新型经营思路、标准化技术、组织化生产方式等①。因此，农业信息化逐

---

① 高万龙：《加快贫困地区信息化推动农业现代化》，《中国科技论坛》2004年第3期。许抄军、罗能生等：《我国城市化动力机制研究进展》，《城市问题》2007年第8期。蓝庆新、彭一然：《论"工业化、信息化、城镇化、农业现代化"的关联机制和发展策略》，理论学刊2013年第5期。

步成为许多国家和地区追求的重要目标，特别是日本、韩国和欧盟等已经实现农业现代化的国家和地区都非常重视农业信息化建设①。反之，农业信息化发展滞后，将对传统农业改造进而实现农业现代化具有不良影响。而这恰恰正是西部农业现代化演进中信息化发展的现实写照。实证分析结果揭示，信息化发展滞后是造成西部农业现代化演进差异的重要影响因子。本小节着重从信息产业发展、信息资源水平和信息基础设施水平三个层面来揭示信息化对西部农业现代化演进的影响机理，如图 7-9 所示。

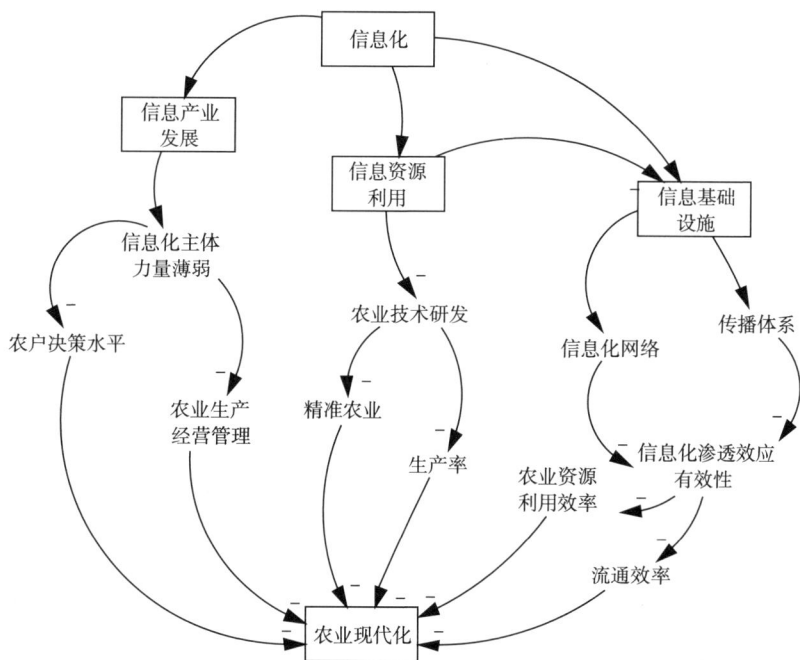

图 7-9　信息化对农业现代化演进的影响机理

（一）西部信息产业整体发展滞后制约了信息化"渗透效应"发挥，制约农业现代化演进

西部地区作为经济后发区域，信息化水平滞后的一个重要表现就是信

---

① 曹俊杰：《我国农业信息建设存在问题及对策》，《经济纵横》2007 年第 7 期。

息产业整体发展水平较低，主体力量薄弱，无法形成强有力带动作用和信息化推进的卓越环境条件。以2011年西部各省份规模以上电子信息企业为例（见表7-6）。2011年西部12个省份规模以上电子信息企业只有782个，还不及广东省的1/5，江苏省的1/4，浙江省的1/2。规模以上电子信息企业所创造产值也较低，2011年西部12省份规模以上电子信息业所创造产值仅为4472.7亿元，还没有上海、江苏、山东和广东等一个省份电子信息产业的产值高，发展水平和差距可想而知。且从西部各省份来看，电子信息产业发展也十分不均衡，除广西、四川和陕西等省份有超过100个规模以上企业外，其他省份规模以上电子信息企业都十分少，如贵州有24个、云南有14个、甘肃有13个、青海和新疆都只有4个、宁夏只有7个。再比如西藏在2011年还没有规模以上电子信息企业，谈何说起电子信息产业对各行业的带动作用。且信息化对各行业的渗透和扩散存在时滞和效应差异。如汪斌与余冬筠（2004）[①]研究发现信息化对工业带动作用最强，并在此基础上逐步向第一产业和第三产业扩散和渗透，存在明显"梯度"特征。也因此，信息化发展水平较低和渗透效应滞后的特性，使西部信息化对农业生产领域的"渗透效应"延缓，对农民生产和经营决策指导作用有限，无法较大幅度提升农业生产和经营管理水平，进而制约农业现代化演进。

表7-6 2011年西部各省份规模以上电子信息产业状况

地区	企业数（个）	亏损企业数（个）	工业总产值（亿元）
广 西	110	14	394.6
重 庆	99	16	953.1
四 川	352	32	2342.4
贵 州	24	3	84.2
云 南	14	1	20.8

① 汪斌、余冬筠：《中国信息化的经济结构效应分析——基于计量模型的实证研究》，《中国工业经济》2004年第7期。

续表

地区	企业数（个）	亏损企业数（个）	工业总产值（亿元）
西　藏	0	0	0
西南合计	599	66	3795.1
内蒙古	28	4	111.9
陕　西	127	19	463.2
甘　肃	13	5	28.8
青　海	4	1	23
宁　夏	7	2	31.3
新　疆	4	1	19.4
西北合计	183	32	677.6
西部合计	782	98	4472.7
全国合计	15058	2497	77043.3
东部合计	7360	1257	37141.1

资料来源：根据《中国电子信息产业统计年鉴》（2012）整理计算。

（二）西部信息基础设施薄弱限制了信息化"渗透效应"的有效性，使农业资源流通效率、利用效率低，制约农业现代化演进

信息化效应发挥除了受信息产业的发展制约外，也受到信息基础设施及其网络牵制。如果说信息产业发展是信息化带动效应发挥的基础条件，那么信息基础设施则直接决定着信息化效应发挥的质量和有效性。完备的信息基础设施可以减少信息化"渗透效应"发挥的交易成本。按照上述分析，西部农业现代化演进过程中，信息化是重要制约因素，这与西部信息化基础设施薄弱、网络不健全也有重大关系。以 2011 年西部通讯网络基础设施发展情况为例（见表 7 - 7）。总体来看，西部地区 2011 电信基础设施能力和水平均滞后于全国平均水平。从西部各省份具体发展情况来看，西部各省份通信基础设施建设和发展情况差距也十分巨大。如 2011 年重庆、西藏、宁夏等地在固定长途电话交换机容量和移动电话交换机容量等方面

均滞后于西部整体水平。在宽带网络基础设施建设方面（光缆线路总长度和互联网接入端口），西藏、甘肃、宁夏均没有达到西部平均水平，其与全国平均水平差距也可想而知。信息基础设施是连接信息化和农业现代化的"桥梁"，没有信息化支撑的农业不是真正的现代农业。信息基础设施滞后使信息化网络和传播体系不健全，延缓信息化对传统农业改造的有效性，导致农业生产"卖难"和"买贵"并存，农业资源的利用效率、流通效率低下，进而抑制西部农业现代化演进。

表 7 - 7　2011 年西部各省份通信网络基础设施发展情况

地　区	固定长途电话交换机容量（路端）	移动电话交换机容量（万户）	光缆线路总长度（公里）	互联网宽带接入端口（万个）
内蒙古	202524	4200.1	278664	409.3
广　西	616810	3746.1	378032	590.2
重　庆	219016	2976	309523	482.7
四　川	340440	12192.5	695893	979.1
贵　州	285437	3601.1	277458	427
云　南	320867	5276.2	379983	443.8
西　藏	34540	230	51334	26.7
陕　西	441852	4306.8	328938	621.2
甘　肃	337006	2234	254027	251.4
青　海	132843	649	77419	62
宁　夏	61432	1035.8	50642	79
新　疆	284632	3709	306342	319.1
西部平均	273116.6	3679.7	282354.6	391.0
全国平均	515412.9	5536.6	390945.2	749.7

资料来源：根据《中国信息年鉴》（2012）、《中国统计年鉴》（2012）整理计算。

（三）西部信息资源匮乏使农业信息技术研发滞后，限制精准农业发展以及生产效率的提高，阻碍农业现代化演进

如果信息基础设施是信息化效应发挥的"硬件"条件，那么信息资源就是信息化效应发挥的"软件"条件。只有"硬件"和"软件"协调配合，信息化效应才能发挥得淋漓尽致。同时，"软件"也是"硬件"运行的重要保障。西部信息资源匮乏与发展滞后成为信息化制约农业现代化演进的重要因素。一般而言，我国信息资源基本上分布在经济发达的东部地区，西部地区信息资源匮乏[①]。如表7-8所示。在传统信息资源利用方面，2011年西部各省份广播综合人口覆盖率和电视综合人口覆盖率两项指标均没有实现全覆盖，其中贵州省广播综合覆盖率最低，仅为88%。重庆市的广播综合覆盖率最高，为98.02%，离北京、天津、上海等发达地区的100%仍然存在差距。在电视综合人口覆盖率方面，最低的是贵州和西藏，均为98%，最高为宁夏，达到98.6%。如果说在传统信息资源利用方面差距还不大的话，那么在新兴信息资源利用方面的差距则十分巨大。2011年西部各省份中内蒙古、广西、重庆、四川、贵州、云南、西藏、陕西、甘肃、青海、宁夏、新疆的互联网普及率分别为34.6%、29.4%、37%、27.7%、24.2%、24.8%、29.9%、38.3%、27.4%、36.9%、32.8%、40.4%，同东部发达地区的发展差距十分显著。且由于二元结构体制的存在，城市和乡村对新兴信息资源的利用也存在较大差距。即使重庆、陕西、宁夏等省份农村居民家庭平均每百户家庭电脑拥有量超过10台，而另一些省份如西藏农村居民家庭平均每百户家庭电脑拥有量仅为0.32台。信息资源利用不足，也致使农业技术研发滞后，限制了精准农业的发展以及劳动生产率的提高，制约了西部农业现代化演进。

---

① 李应博、乔忠：《我国农业信息资源配置问题探索》，《中国农村经济》2004年第7期。申远：《呼伦贝尔市生态城市发展模式研究》，中央民族大学2012年博士学位论文。

表 7 - 8 2011 年全国各省份信息资源利用情况

地 区	居民家庭平均每百户家庭电脑拥有量（台/百户）		互联网普及率（%）	广播综合人口覆盖率（%）	电视综合人口覆盖率（%）
	城镇	农村			
北 京	103.51	62.87	70.3	100	100
天 津	95.4	37	55.6	100	100
河 北	74.74	25.57	36.1	99.33	99.26
山 西	69.45	24.05	39.3	93.61	97.7
内蒙古	60.83	8.59	34.6	97.41	96.19
辽 宁	71.66	16.67	47.8	98.51	98.64
吉 林	68.04	15.94	35.2	98.53	98.64
黑龙江	55.36	15.31	31.5	98.57	98.77
上 海	137.7	50.25	66.2	100	100
江 苏	96.94	37.56	46.8	99.99	99.88
浙 江	103.17	43.52	56.1	99.2	99.38
安 徽	74.04	10.39	26.6	97.62	97.74
福 建	103	30.95	57	98	98.54
江 西	73.87	10.61	24.4	97.06	98.18
山 东	85.88	25.21	37.8	98.19	97.91
河 南	71.41	16.19	27.5	97.7	97.77
湖 北	75.49	15.58	37.2	98.18	98.23
湖 南	66.36	10.3	29.5	92.61	96.82
广 东	104.13	29.52	60.4	98	98
广 西	91.72	9.57	29.4	95.24	96.99
海 南	63.82	8.42	38.9	96.45	95.42
重 庆	76.07	11.94	37	98.02	98.56
四 川	68.86	7.88	27.7	96.6	97.69
贵 州	63.89	4.11	24.2	88	92.8
云 南	63.55	4.04	24.8	95.69	96.72
西 藏	58.83	0.34	29.9	91.67	92.8

地 区	居民家庭平均每百户家庭电脑拥有量（台/百户）		互联网普及率（%）	广播综合人口覆盖率（%）	电视综合人口覆盖率（%）
	城镇	农村			
陕 西	82.43	16.55	38.3	97.02	97.87
甘 肃	56.14	9	27.4	93.7	94.05
青 海	52.65	5.17	36.9	91.64	95.69
宁 夏	59.39	11.75	32.8	93.5	98.6
新 疆	61.2	9.1	40.4	94.9	95.29

资料来源：国家信息中心和中国信息协会：《中国信息年鉴》，中国信息年鉴期刊社 2012 年版；中华人民共和国国家统计局：《中国统计年鉴》，中国统计出版社 2012 年版。

第四节　西部农业现代化演进的保障机制

在前文中，我们分析了西部农业现代化演进的动力机制和约束机制，接下来我们进一步分析西部农业现代化演进的保障机制。在西部农业现代化演进中保障机制所扮演的角色是十分重要的。这主要是由西部地区的经济社会发展实际、所处发展阶段以及农业现代化演进所呈现的特殊规律所决定的。若任凭现阶段西部农业现代化在初始条件下的自发演进，西部农业现代化演进的滞后性以及差距会愈发增大。在遵循客观规律基础上，运用相应手段进行适当干预，保障西部农业现代化演进有序、顺畅进行就显得十分必要。从这方面来讲，保障机制在西部农业现代化演进中起到了"平衡"作用。尤其当动力机制效应小于约束机制效应时，保障机制若"补位"及时，不但可以补足动力机制效应，而且缓解约束机制的负面效应。但如果保障机制"缺位"，其不但会削弱动力机制作用，而且会强化约束机制负面效应，使西部农业现代化演进陷入困境。总之，深化对西部农业现代化演进保障机制的分析具有重要意义。

一、制度安排在农业现代化演进中的保障功能

进入 20 世纪 70 年代后，凯恩斯经济学对经济现象的解释能力逐渐弱化，以科斯《企业的性质》发表为标志，新制度经济学派开始在经济活动中崭露头角，并发挥了重要作用。新制度经济学派在新古典经济学基础上放宽了更多假设，对经济现象的解释能力显著增强。如果说正统经济学以资源禀赋、偏好和技术为支柱，那么随着制度经济学的发展，制度也成为经济学的"第四支柱"。在新制度经济学派看来，人类任何经济活动都是在一定制度安排下进行的，制度是促进经济增长至关重要的变量。"制度"乃是经济进化的动力，经济转型必要条件之一就是制度变革，在经济分析中把制度作为变量处理是必要的，直接决定着经济运行方式、社会结构变迁①。一种提供有效个人激励的制度安排是促进经济增长的决定因素。无效率制度安排会抑制甚至阻碍经济发展。农业现代化演进过程也是制度变迁的过程。制度转换是推动传统农业向现代化农业转变的关键所在，不适宜的制度安排会限制农业现代化演进，而适宜的制度安排则有利于完成对传统农业的改造并使农业在增长中作出重大贡献②。从这个层面来讲，制度安排与创新已经成为西部农业现代化演进中不可回避的话题。

制度安排在农业现代化演进中起"保障功能"。按照诱致性制度创新理论的基本内容，农业现代化所需的新技术研发和推广必然要求相应的制度安排与之相匹配，否则农业现代化的科技进步会因缺乏相应的制度保证而收效甚微。农业现代化演进是一个区域由传统农业向现代农业转变的递进运动过程，是传统农业生产方式向现代农业生产方式甚至是思维观念变化。传统农业生产要素会逐步被新型、现代的生产要素替代，并重新安排。如

---

① 康芒斯：《制度经济学》，商务印书馆 2006 年版。殷晓岚：《20 世纪苏南农业与农村变迁研究》，南京农业大学 2004 年博士学位论文。

② 康芸、李晓鸣：《试论农业现代化的内涵和政策选择》，《中国农村经济》2000 年第 9 期。田向利：《我国农村经济社会协调发展研究》，天津大学 2004 年博士学位论文。

土地制度变迁在农业现代化演进是不可避免的[①]。但现行制度安排的作用已经充分释放，推进农业现代化需要新制度安排。农业现代化制度创新是影响农业现代化演进的重要因素，农业现代化演进需要有理性制度作为"保障"来协调各业、各部门和各阶层的利益关系，才能使农业现代化达到"阈值"，发达国家之所以农业现代化发展成就显著，一个重要原因就是市场经济制度所兼具的"平台优势"[②]。最后，由于农业现代化演进的过程是农业现代化道路和发展模式的选择过程。不同农业现代化道路与模式也势必有不同的制度安排、组织架构[③]，恰当的制度安排才能保证不同农业现代化发展道路和模式的高效、可持续运行。总之，为现代农业发展与演进创造良好的制度环境，推进农业的现代化发展是一项复杂工程，必须从法律上、体制上为其提供保障，以此产生强大推力作用。

二、制度保障缺失对农业现代化演进的影响机理

西部农业现代化演进是农业现代化发展规律在西部地区的客观反映。农业现代化演进是农业现代化发展水平由低水平向高水平、发展阶段由低级阶段向高级阶段、发展体系由不健全向网络化发展的过程。人为采取行政措施去纠正这一过程似乎是可以的，但行政协调机制可能会导致西部农业现代化演进的反反复复，甚至陷入不断试错的"漩涡"中，使西部农业现代化的演进同目标的偏离度越来越大。因此，这就需要在遵循和正视现阶段西部农业现代化演进规律的基础上，通过一定的制度安排和建设来保障和达到"纠偏"的目的，实现现代化稳步推进、缩小区域差距。由实证分析结果来看，在农业现代化"成长初期"和"成长后期"制度安排的影

① 黄少安、刘明宇：《农地产权冲突、经济绩效与土地制度创新差异化原则——〈农村土地承包法〉的法与经济学分析》，《财经问题研究》2008 年第 4 期。
② 顾焕章、王培志：《论农业现代化的涵义及其发展》，《江苏社会科学》1997 年第 1 期。任保平、史耀疆：《制度分析方法及其应用》，《西北大学学报（哲学社会科学版）》2000 年第 4 期。王万山：《国外农业现代化的主要模式和共同规律》，《调研世界》2005 年第 5 期。洪银兴：《中国特色农业现代化和农业发展方式转变》，《经济学动态》2008 年第 6 期。
③ 张晓山：《农民专业合作社的发展趋势探析》，《管理世界》2009 年第 5 期。

响效应会存在显著差别。但就现阶段而言，制度安排仍然是影响西部农业现代化演进的重要因子。从这个方面来说，理清现阶段西部农业现代化演进中制度保障缺失的影响和作用机理则具有重要现实意义。经过分析，本书认为制度安排缺失主要从以下四个方面对西部农业现代化演进形成制约作用，如图 7 - 10 所示。

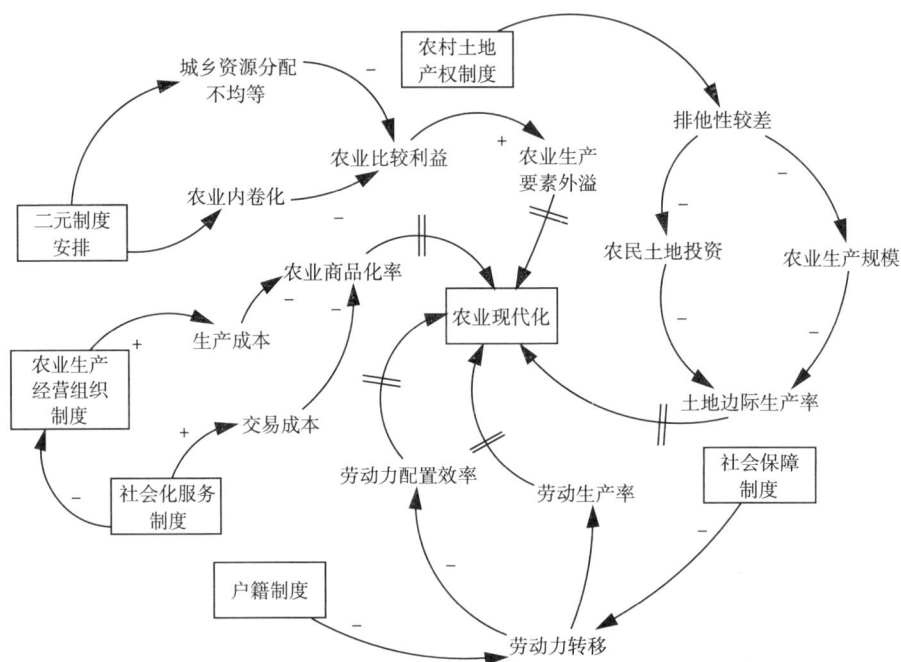

图 7 - 10　制度保障缺失对农业现代化演进的影响机理

注："卄"表示传递路径阻塞。

（一）"二元"制度安排致使城乡资源分配不平等和农业长期"内卷化"，削弱了西部农业现代化演进的基础

由于受多重复杂因素影响，新中国成立以来我国长期实行的是"二元"经济体制。尤其是自 1984 年起，改革迅速转入城市，农村改革趋于停滞，"二元"制度安排也不断深化、固化，且其特征在西部地区表现尤为突出和

明显[①]，随着时间推移西部"二元"结构反差指数不断没有缩小，反而逆势上扬（见图7－11）。1987年西部"二元"结构反差指数为0.175，到1990年西部"二元"结构反差指数已达到0.211，到2006年时达到历年"峰值"0.328，之后则呈现下降趋势，但仍旧比低谷时期的值要高。从阶段特征来看，西部"二元"结构反差指数变化经历了四个阶段：1987—1993、1994—1996、1997—2006、2007—2010，呈现"N"特征，与西部农业现代化发展指数变动趋势一致。虽然从2006年后西部"二元"结构反差指数开始下降（这与减免农业税、加大农业的支持力度、重塑农业基础地位有重大关系），但受多重原因牵制，并未彻底改变这一局面，"二元"结构反差指数仍旧高位运行，且以年均1.74%的速度深化。通过实证分析结果综合比对发现，"二元"制度安排的影响效应唯有在农业现代化"成长后期"阶段后才能摆脱"二元"制度安排的制衡，但从目前西部实际来看，"二元"制度安排仍是造成西部农业现代化演进的保障机制缺失的重要原因。也正

图7－11　西部地区二元结构反差指数

---

① 任保平：《西部二元工业化及其协调发展》，《财经科学》2004年第1期。王国敏、罗静：《我国西部特色农业现代化道路的实现模式》，《农村经济》2010年第4期。吴丰华、白永秀：《城乡发展一体化：战略特征、战略内容、战略目标》，《学术月刊》2013年第4期。

是在这种"二元"制度安排下，城乡资源分配严重不均等，大量生产要素"单向"流向城市和非农部门，反馈机制并不健全，农业发展长期"内卷化"，比较利益低下，进而演化成为制约经济社会发展的"三农"问题，削弱了西部农业现代化演进的基础。

（二）农村土地产权制度模糊，农民土地投资意识不足，农业生产规模狭小，限制西部农业现代化演进

"三农"问题核心是农民问题，农民问题核心是土地问题，土地问题核心是产权问题。但在实际农业发展中，现行产权制度安排却成为制约农业现代化演进的制度障碍，亟待克服。尤其是随着农业增产以及农民收入增长，这种产权制度下所暴露的问题就越来越突出。其中一个重要问题就是现行制度安排下土地产权模糊和界定不清。我国《宪法》第十条规定"农村和城市郊区土地，除由法律规定属于国家所有的以外，属于集体所有；宅基地和自留地、自留山，也属于集体所有"。《民法通则》中将集体界定为乡镇、村两级，《农业法》和《土地管理法》则在《民法通则》的基础上进一步增加了农业集体经济组织。但在现实发展实际中，"农业集体经济组织"这一土地产权主体并不存在，在实际中乡镇或村的基层政权成为土地实际所有者，造成所有权"虚置"，而真正与土地存在密切关系的使用者农民的土地收益往往被分割，甚至被侵占，独享性、排他性较差。同时，现行产权制度安排下，农民虽然对农地享有一定自主经营和使用权利，但由于所有权缺失，农民不能实现土地资本化，农民土地投资意识薄弱，阻碍了生产规模扩大和先进技术推广。尤其是随着农户兼业化、农村空心化和人口老龄化趋势日趋加剧，耕地"撂荒"现象时有发生[1]，如杨尚飞（2011）[2]发现在调研的西部5户农民中，土地撂荒率就达到9.2%。一些想扩大生产规模降低农业长期平均生产成本获取社会平均利润水平的农户却

① 姜松、王钊等：《不同土地流转模式经济效应及位序》，《中国土地科学》2013年第8期。
② 杨尚飞：《西部农村劳动力转移与农村发展问题研究》，兰州大学2011年博士学位论文。

因为土地产权"缺位"无法获取土地使用权，不但进一步缩小了农业生产规模，也使农地资源利用效率、配置效率降低，形成耕地浪费。当然，这也与现行土地产权制度安排下，农地流转机制不健全、土地流转市场发育不健全有关。这种制度安排最终造成"土地撂荒"与"土地稀缺"并存，限制农业现代化演进。

（三）社会化服务制度安排缺失，使农业生产与交易成本较高，抑制西部农业现代化演进

自新中国成立以来，我国在生产经营组织制度方面进行了诸多形式的改革探索：如农民合作化、人民公社化以及后来的家庭联产承包责任制等。但历史经验表明靠人民公社集中占有土地实现的集体规模经营的制度显然是失败的[①]，它使农业生产经营组织的监督成本大于组织运行收益，挫伤了农民的生产积极性。而家庭联产承包责任制作为改革之初的一项制度创新，由于适应了农业生产的本质特征，表现出正相关的制度绩效。家庭联产承包责任制以多种"权能"并存，体现了制度设计的公平性、效力性[②]。且市场经济国家农业现代化的发展实践也表明，农业现代化的微观组织是农户，这种以农户为基本单位的生产经营组织制度既适应了农业的"自然属性"又适应市场经济条件下的"产权属性"，成为农业现代化发展在组织制度安排上的基本事实[③]，所以家庭经营为基础的农业生产经营组织制度同农业现代化发展并不矛盾。但为什么在实际发展中，以家庭经营为基础的农业生产经营组织制度的运行效果却不尽如人意呢？这主要是农业社会化服务制度的缺失造成的。

在农业发展的低级阶段，农业生产规模一般较小，农户基本上可以承担农业生产产前、产中和产后各环节所有农业生产经营任务，在这种情况

---

①　陈孟平：《农业现代化与制度创新》，《北京社会科学》2001 年第 3 期。

②　邓大才：《农业发展的制度障碍：表现、根源与解决思路》，《经济评论》2001 年第 5 期。

③　朱道华、冯海发：《市场经济条件下农业现代化发展的若干规律》，《中国农村观察》1994 年第 2 期。

下，以家庭经营为基础的农业生产组织制度无疑是最有效率的，农民"行为努力"效果较好，制度绩效水平较高。但随着农业发展迈入新阶段，尤其是随着农业市场体系逐步完善，农业生产规模不断扩大，产中环节所需的生产要素不断增多，此时若没有农业社会化服务制度"保驾护航"，农业生产中"小农户"和"大市场"的矛盾就十分突出。同时，随着市场化进程推进，农业专业化水平也不断提高，也势必会需要各类农业社会化服务组织，如政府、农村自发形成的农业合作经济组织、涉农企业、高等院校或科研院所等提供产前、产中、产后"一体化"服务，如产前的农业生产资料供应、产中的各类生产技术的服务与推广以及产后的销售、运输、加工等，以此来减少大市场环境下的农户交易成本，提高农业商品化率。但西部地区农业社会化服务制度效应发挥受到诸多因素限制，使其成为农业现代化演进的制约。首先，农业社会化服务供给不足，使农民接受社会化服务成本较高，不但没有冲减交易成本，反而成为农民负担。这一点可以从 2006—2011 年西部地区农业生产服务价格指数来反映（见表 7 - 9）。由表 7 - 9 可知，从 2006 年开始，西部各省份农业生产服务价格指数不断上升，如内蒙古、广西、贵州、甘肃、青海等地的农业生产服务价格指数都在 2008 年达到最大值，抑制了农民对生产服务的"刚需"。

表 7 - 9   2006—2011 年西部地区农业生产服务价格指数

地区	2006 年	2007 年	2008 年	2009 年	2010 年	2011 年
内蒙古	100.4	101.5	102.6	105.6	101.5	101.7
广　西	103.4	104.7	110.5	102.6	100.5	106.8
四　川	110.4	117.5	114.5	112.3	109.9	120.2
贵　州	101.8	102.5	104.7	101.5	102.9	101.4
云　南	100.1	103.3	105.8	104.9	106.5	101.9
西　藏	100	100	100	100	100.2	100.7
陕　西	103.8	102	106.5	103	104.6	112.6
甘　肃	102.8	103.4	104.5	103.4	101.8	104

地区	2006 年	2007 年	2008 年	2009 年	2010 年	2011 年
青　海	104.3	109.3	116.2	108.8	116.3	122.6
宁　夏	112	122.7	116.3	115.5	105.9	107.8
新　疆	100.6	109.1	107	102	102	105.8

资料来源：中华人民共和国国家统计局：《中国统计年鉴》，中国统计出版社 2007—2012 年。

其次，现阶段西部农业生产服务还停留在产中环节，产前环节和产后环节的发展较为滞后，尤其是在流通和融通环节。流通是连接农产品生产和消费关键环节，由于流通障碍所形成的农产品流通不畅是形成农产品"卖难"和"买贵"并存局面的根本症结，之所以出现农产品流通障碍，除了与流通制度安排有关，也与西部农产品市场发育滞后有关：由表 7 - 10 可知，西部地区有农产品专业市场的乡镇占比为 14.7%，低于全国 8.3 个百分点，低于东部 13.1 个百分点，低于中部 19.2 个百分点。其中，有年交易额超过 1000 万元以上农产品专业市场的乡镇占比 3.3%，低于全国 4.3 个百分点，低于东部 10.1 个百分点，低于中部 6.1 个百分点。西部地区流通体制较为落后，现阶段西部大部分农产品销售仍旧是依靠农户自销或者依靠个体商贩、农产品销售经纪人销售等，缺乏实力雄厚的龙头企业、配套设施完善的配送中心以及强有力的采购力量，农产品流通效率与中东部地区相比差异十分明显[1]，极大增加了农产品交易成本，制约了西部农业现代化演进。在融资制度安排方面，西部地区受融资体制障碍，农民融资面临的最大的问题是缺乏相应的抵押物。没有抵押物，西部农民就失去了金融信用基础，也就失去了融资能力，但这种现象在"成长初期"和"成长后期"的影响效应会发生变化。但整体而言，社会化服务制度安排的"缺位"对西部农业现代化的约束效应十分明显。

---

[1] 欧阳小迅、黄福华：《我国农产品流通效率的度量及其决定因素：2000—2009》，《农业技术经济》2011 年第 2 期。

表7-10 西部地区农产品市场情况

（单位：%）

	全国	东部地区	中部地区	西部地区	东北地区
有综合市场的乡镇占比	68.4	78.8	73.7	59.0	69.5
其中：有年交易额超过1000万元以上综合市场的乡镇占比	23.9	36.9	25.9	15.7	20.2
有专业市场的乡镇占比	28.2	36.0	38.5	18.2	24.2
其中：有年交易额超过1000万元以上专业市场的乡镇占比	10.5	19.0	12.4	4.7	9.6
有农产品专业市场的乡镇占比	23.0	27.8	33.9	14.7	16.5
其中：有年交易额超过1000万元以上农产品专业市场的乡镇占比	7.6	13.4	9.4	3.3	6.4

资料来源：第二次农业普查数据。

（四）户籍制度和社会保障制度的缺失，使农业劳动力顺畅转移受挫，限制西部农业现代化演进

户籍制度作为国家基本行政制度，是国家搜集、获取和确认公民基本信息，以保障其教育、就业以及社会保障等权益的人口管理方式。从这个层面来说，户籍制度和社会保障制度是一脉相承、不可分割的，随着经济不断发展，户籍制度已经成为经济社会发展的"桎梏"。虽然现阶段户籍制度在农民转移和就业方面并没有限制，但"隐匿"在户籍制度背后的社会保障和公共服务分割，这才是制约农村劳动力转移和流动的"软门槛"。转移到城市和非农产业的农民并不能像城市居民一样享受同等公共服务，这造成的后果就是并不利于统一劳动力市场形成，进而抑制人力资源的城乡顺畅流动。这无疑也为农业现代化演进铸就了"围墙"，使农业劳动力顺畅转移受挫，降低了农业劳动力配置效率和农业生产效率提高。且这种依靠政府行政职能人为划分的"屏障"也弱化了城市调控功能，违背了城镇化发展基本规律，不利于城市化对农业现代化"扩散效应"的发挥，这也是

造成西部城镇化效应小于工业化效应的重要原因。同时，由于外来民工与当地居民一视同仁的体制环境没有建立、进城农民社会保障体系没有建立等诸多因素合力作用，使多数农民在"转移"之路半途上停滞下来[1]，不但对城镇化发展产生不良影响，也制约了农业现代化演进。

---

① 王钊等：《西部农村工业化与城镇化互动协调发展研究》，陕西科学技术出版社 2006 年版。

第八章 推动西部农业现代化演进的主要途径与对策

在前文分析中，本书刻画了西部农业现代化演进过程，从规律比较层面揭示了农业现代化演进一般规律在西部特定条件下发生变异的性质及程度，并实证分析了西部农业现代化演进的主要影响因子，揭示了西部农业现代化演进机理。对西部农业现代化演进过程及规律认知的根本目的是利用其指导农业现代化实践操作与运用，在遵循客观规律的基础上推动西部农业现代化演进步伐。所以，本章将以西部农业现代化演进过程规律及机理为基点，探求推动西部农业现代化演进的主要途径与对策，以让西部尽快走出农业现代化"形成期"阶段。

第一节 推动西部农业现代化演进的主要途径

农业现代化系统涵盖因素众多且较为复杂，但从前文分析可知农业现代化系统演进因子基本上可以分为利导因子和限制因子两类，二者相互牵制、力量制衡，形成了西部农业现代化演进的动力机制与约束机制。当然，这种划分并不是固定的。协同学认为系统演进受变化慢的"序参量"和变化快的参量共同支配，变化快的参量由变化慢的"序参量"支配。而法国历史学家及"年鉴学派"的先锋代表人物费尔南·布劳岱尔提出的"长时段理论"将推动历史运动与演进的因子划分为长时段因子、中时段因子和短时段因子，长时段因子对演进过程起关键作用，并支配短时段因子和中时段因子，短时段因子和中时段因子只能适应长时段因子。若不考虑演进条件的性质差异，就可以运用 Logistic 演进过程的时间长短来度量它们的难易程度或称为单元周期①。把西部农业现代化演进过程看成是一个复合的 Logistic 过程：长时段因子的 Logistic 演进过程表现为多个短时段因子的 Logistic 演进过程的组合。基于这种规律认知，运用单元周期就可以将影响西部农业现代化演进过程的因子划分为长时段因子、中时段因子和短时段因子。就本研究而言，工业化、城镇化、信息化、农业分工、农业比较优势是长时段因子，而农业人力资本、农业结构、农业研究与发展、制度安排和政策支持则是短时段或中时段因子。在西部农业现代化演进过程中，长时段因子是较难改变的，人们只能通过改变和调整短时段因子和中时段因子以适应长时段因子，以让西部农业现代化尽快通过"形成期"。为此，遵循客观规律在现实操作层面推动西部农业现代化演进应从以下几个途径入手：

一、提升西部农民人力资本

在舒尔茨、贝克尔所创立的人力资本理论中，人力资本的作用与效应被充分肯定：在长期内人力资本的作用与效应大于物质资本。西部农业现代化演进过程中农业人力资本的边际影响效应显著为正且系数最大。因此，在现实层面增加西部农民的人力资本投资是推动西部农业现代化演进的重要途径。但现阶段西部农民人力资本投资面临诸多问题：从政府层面来讲，长期以来政府对农民技能的培训一般都停留于转移劳动力方面，培训的主要内容一般聚焦于提升劳动力转移后的职业技能、岗位技能和城市生存技能等方面，关于农业从业人员专业技能培训服务相对有限、内容单一，并不能满足农民人力资本积累的需求。同时，在制度刚性短期无法彻底改变情形下，转移劳动力并不是彻底与农业"脱离"，而是间歇性、季节性的转移，无法形成转移劳动力与务农劳动力间的示范效应，对于农业劳动力素质整体提升效力并不大，农业人力资本对西部农业现代化演进过程的动力

---

① 王慧敏：《流域可持续发展理论与方法》，河海大学出版社 2006 年版。

效应并没有充分发挥。另外，在"物化"目标导向的政府考核体系下，西部地区政府的工作侧重并倾向于更能体现"绩效考核"匹配性较强的"物化"目标，"人化"目标在某种程度上沦为一种口号，政府作为农民人力资本投资主体的角色"错位"，真正投资主体仍然是农民，农民人力资本投资的成本高昂。西部地区是我国贫困人口主要聚集区域，在基本生活条件都没有彻底解决的情况下，人力资本投资对这部分农民来说，只能"望洋兴叹"，无法形成强有力的人力资本投资能力。因此，在现实层面推动西部农业现代化演进过程，应综合运用多重措施，解决西部农民人力资本投资中存在的突出问题，让农民人力资本成为推动西部农业现代化演进的源泉，助其快速通过"形成期"阶段。

二、调整西部农业结构

就现阶段西部地区发展实际而言，农业结构仍然是掣肘西部农业现代化演进过程的障碍。但作为短时段因子，以市场为导向适时调整农业产业结构可以对西部农业现代化演进过程形成有益影响。要推动西部农业现代化演进过程，在现实操作层面，通过推进农业结构调整，解决农业中的"结构性"问题就显得尤为重要。因此，要推动农业现代化演进过程，西部地区必须主动适应市场变化，以市场为导向，推动农业产业结构战略性调整，形成"结构优化、技术先进、清洁安全、附加值高、吸纳就业能力强"的现代农业产业体系。但由实证分析结果可知，农、林、牧、渔等部门结构在短期内亦是很难改变的，唯有至农业现代化"成长后期"时，其影响效应才变得不显著。所以，所以要推动西部农业现代化尽快通过"形成期"，农业结构调整也存在"优先序"，应先从狭义的农业结构，即种植业结构开始调整。具体而言：应调整农产品结构，实现区域比较优势与产品特色的有机统一，强化"特色生效益、互补显共赢"。如天山南北麓地区、河西走廊、河套灌区、关中平原、四川盆地、西藏"一江三河"坝地、滇黔坝地、桂西北地区等农产品主产区发展小麦、玉米、水稻等粮食作物，棉花、油菜等大宗农产品，其他地区则根据自身资源禀赋条件、比较优势发展优势特色农产品①。再如西部粮食主产区在农产品结构调整时就应"以粮为纲",凸显粮食生产的比较优势,而不应同非粮食主产区一样,"压粮扩经"。应调整农产品品质结构,提高农产品的品质层次,满足由于人们生活水平的提高而形成的对农产品品质的偏好和需求。进而形成搭配合理、协同互补、层次鲜明、特色突出的农业结构,推动西部农业现代化演进过程。

三、加快推进西部农业科技创新

先天资源禀赋对任何地区和国家农业现代化演进过程都存在显著约束效应。如美国、日本分别面临着劳动力资源稀缺、土地资源稀缺的困境,但其均实现了农业现代化的快速发展,美国和日本分别迈上了劳动节约型和土地节约型的农业现代化道路。这其中一个重要原因就是农业科技创新的推动。从中也可以看出,农业科技创新直接关系到一个国家或者区域的农业现代化模式的选择,作用不容小觑。农业科技创新和农业现代化演进过程的关系也就不言而喻。借鉴国际经验,要推动西部农业现代化演进,在现实操作层面应充分重视并依赖农业科技创新的带动和引领作用。而要实现农业科技创新就要加快农业科技研发,农业研发是"生成"农业科技创新的源头。所以,要推进西部农业现代化演进应充分发挥农业科技研发的推动作用。当然,这一点也由上述的实证经验所证实。在推动农业现代化演进过程中应将西部农业科技创新的重点集中在旱作节水农业技术、特色农业良种选育与增产技术、农业生态安全技术等与西部特色与实际相适宜的技术领域,依托农业产业发展需求,破解关键技术与障碍,助力西部农业现代化演进。

四、加快西部制度供给与安排

制度供给与安排是农业现代化演进过程的有效保障,制度供给与安排

---

① 根据《西部大开发"十二五"规划》相关内容整理。

的缺失不但会削弱利导因子作用，而且会强化限制因子的负面效应。从这个层面来说，制度供给与安排是西部农业现代化演进过程的保障机制。若在西部农业现代化演进的过程中，保障机制及时"补位"，会驱动西部农业现代化演进过程，使其尽快通过"形成期"。但由实证分析揭示，现阶段制度供给不足与屏障已成为西部农业现代化演进难以"逾越"的一道"鸿沟"。因此，切实加快西部制度供给与安排是推动西部农业现代化演进过程的重要途径。西部地区作为我国区域经济板块中的后发区域，整体制度供给缺口十分明显，远不能满足其需求。农业作为经济部门的弱质性产业，农业制度供给缺口表现更为明显，强化制度创新，弥补制度供给缺口已经刻不容缓。但由制度经济学的基本理论我们可知，制度安排与创新尤其是正式制度安排与创新一般都存在"路径依赖"特征、非正式制度安排则存在"隐性制约"特征，制度供给的天然属性也决定了西部制度安排与供给的必要性和迫切性。为此，西部应针对自身实际，从产前、产中和产后各环节加快西部制度供给与安排，为西部农业现代化尽快通过"形成期"提供强有力保障。

第二节　推动西部农业现代化演进的政策操作思路

从西部农业现代化演进过程规律以及主要途径我们可知，要让西部农业现代化演进尽快通过"形成期"阶段，只能通过调整短时段因子和中时段因子来实现，通过调整长时段因子"矫正"西部农业现代化演进过程"滞后"的战略选择和政策思路是有违一般规律的，不但会使政策失灵、收效甚微，而且会陷入反反复复的波动困境，这也是西部农业现代化演进过程的真实写照。这也从另一方面揭示，长久以来遵循的农业现代化发展思路需要进行调整。同时，在现实层面中隐匿的问题和区域的非均衡性也要求西部调整农业现代化演进政策思路、理顺发展中的主要矛盾和关键问题。基于上述分析，将推动西部农业现代化演进的政策调整思路概括为"两个转变"和"三个协调"。

一、外生发展向内生发展转变、"物化"取向至"人化"取向转变

1. 外生发展向内生发展转变

从本质上来讲，农业现代化演进过程也是农业现代化系统"自组织"演化的过程。在一定条件与内在机制驱动下农业现代化演进过程会自动的实现从无序到有序、从低级阶段向高级阶段的转化与迈进。在演进过程中，农业现代化系统的要素结构、运行模式及功能亦不断完善和健全，其对外部环境的适应能力也会显著增强。因此，推动西部农业现代化演进过程，关键在于增强农业现代化内生发展能力，而并不是停留在表面层次的小修小补、单纯的外部"输血性"给予。且这种单纯的外部"输血性"供给只能在短期和表层范围内解决问题，"治标不治本"，不但无法解决农业现代化演进滞后性问题，而且还会形成对这种外部"输血性"供给的依赖，形成发展"惰性"。此外，农业现代化演进过程也是农业自我发展、自我蜕变的过程。所以，我们认为西部地区要尽快通过农业现代化"形成期"阶段就不应单纯的将农业部门作为附属部门，而应将其视为独立的、具有产业特性的部门，通过一定政策偏向使农业摆脱"弱质性"特质，增强自我持续发展能力。因此，在西部地区推动农业现代化演进过程中政策思路框架设计时应集中于提高农业内生发展能力和"造血"能力，实现外生发展向内生发展转变。

2. "物化"取向至"人化"取向转变

长期以来，我国农业政策主要目标基本上停停留于"物化"目标层面。以《全国现代农业发展规划（2011—2015）》所定的目标为例，其确立的基本目标主要集中于农产品的有效供给、农业结构优化、农业物质装备改善、农业科技水平的提高、农业生产经营组织优化、农业生态环境改善、农业产值与农民收入增长等层面，基本上都是"物化"层面上的政策取向。西

部地区也不例外。当然这些目标确立，对于推动农业现代化演进是必不可少的。但农民是农业现代化建设和发展主体，实现农业现代化演进的关键应是"人"的现代化。所以从优先序来看，应该是先有"人"的现代化后才有"物"的现代化。虽然现阶段"物化"取向是在一定现实条件下形成的，但"人化"政策取向才是农业现代化演进质量的最终体现，没有农民现代化，西部农业现代化演进过程也势必会受阻。在努力推进"物化"目标的同时，我们也不能忽视农民的需求。如韩国的"新村运动"推进中，贯彻的基本宗旨就是以教育和培训为核心，以农民为主体，进而形成了农民增收和致富的强大动力，为其他国家和地区推进农业现代化建设提供了一个可以借鉴的"范本"。我国西部地区在推进农业现代化演进过程中，要实现政策取向由"物化"向"人化"转变，为西部农业现代化尽快通过"形成期"提供良好政策支持。

二、农业专业化与兼业化协调，农业结构调整与保证粮食安全协调，农业现代化与工业化、城镇化和信息化协调

1. 农业专业化与兼业化协调

农业专业化是农业现代化的重要内容。但西部农业现代化演进过程中由于分工不彻底，产生了农业专业化和兼业化并存局面，对农业现代化演进产生了不良影响。但深入剖析农业兼业化的成因可知：随着农业生产成本增加以及农产品价格波动频繁，家庭经营性收入呈下降态势，在一定程度上挫伤了农民生产积极性，且长期以来的"二元"制度安排使城乡居民收入差距不断拉大。所以，就目前情况来看，兼业化是农民基于利益最大化原则所做的理性决策。当兼业收入和家庭经营性收入相当时，这种现象就会逐渐消失。从本质来看，农业兼业化实质上是家庭成员在特定时空条件下的"就业行为"，其存在与农业专业化并不冲突，家庭成员兼业化的同时，其他家庭成员依然可以从事农业专业化生产与经营。同时，农户兼业化为转移农村剩余劳动力创造了机会，如果相关制度配套和政策支持到位，

无疑会在兼业化的基础上实现农业现代化。从这个意义上来说，农业兼业化是农业现代化演进过程中的阶段性或者过渡性现象，这也已被日本等率先实现农业现代化国家的发展经验所证实。所以，在推进农业现代化演进的政策调整中，应切实处理好农业兼业化与专业化关系并形成正确认知，以推动农业兼业化与专业化的协调发展。

2. 农业结构调整与保证粮食安全协调

现代农业是跨行业、多维度的立体系统，农林牧、种养加多层次产业或经营领域相互交织，这必然牵涉到农业结构优化的问题。在推动农业现代化演进过程中，既要考虑农业产业部门间递进、促进关系，也要考虑各产业间循环往复关系以及农业发展方向及产业间循环利用方式等，推进资源合理配置和高效流动，提高农业产业发展的协调效应。同时，鉴于各地区自然禀赋、生产条件等存在差异，需立足不同区域禀赋实际，在资源环境承载力范围内，因地制宜、调整结构可以优化农业生产空间布局，形成优势、特色农业产业连片分布、合力增强的良性互动局面，增强区域整体竞争力。但受政府强制性指令及农民决策水平限制，农业结构调整被简单理解为"压粮扩经"，不但使西部原有特色农业比较优势丧失，也对地区粮食安全构成威胁，阻滞西部农业现代化演进过程。因此，在推动西部农业现代化演进过程中应兼顾农、林、牧、渔等部门的比例关系，兼顾粮食作物与经济作物的比例关系，将实现农业结构调整与保证粮食安全的协调统一视为重要的政策取向。

3. 农业现代化与工业化、城镇化和信息化协调

农业现代化、工业化、城镇化与信息化同步协调与动态均衡是农业现代化演进过程的一般规律。党的十八大报告指出："坚持走中国特色新型工业化、信息化、城镇化、农业现代化道路，促进工业化、信息化、城镇化、农业现代化同步发展。"这体现了新形势、新任务下中央持之以恒强化农业、惠及农村、富裕农民的坚定决心，以及对农业现代化演进过程一般规律的深刻认知。就西部地区实际而言，西部农业现代化演进过程规律表现

出明显的规律变异现象，且演进过程非同步性、动态失衡性问题表现得尤为明显。所以，西部地区在政策思路调整时，也应在遵循农业现代化演进过程一般规律的基础上，强调农业现代化与工业化、城镇化和信息化同步协调，但应有所侧重，将政策的战略重点移至农业现代化建设领域，通过制度安排或内在机制矫正西部农业现代化规律变异现象，以推动西部农业现代化尽快通过"形成期"以及实现动态均衡。

第三节　推动西部农业现代化演进的主要对策建议

一、培育新型农民，力促西部农业现代化演进

实证分析结论揭示农业人力资本对西部农业现代化演进影响系数最大，且越过"门槛值"后影响效应还会显著增强。而实现农业劳动力的人力资本积累的途径主要有教育、培训和迁移等方面。因此，应从教育、培育和迁移三方面建立健全新型农民培育体系，加快培养一批适应西部农业现代化建设的高人力资本积累、高素质和高技能的新型农民。

1. 发挥基础教育与培训作用，提升农民科学素质与技能

一是农村基础教育是农民技能和素质提高的起点，是人力资本积累的"地基"，要从针对性、实用性、对接性、普及性等层面贯彻农村基础教育发展的大政方针，奠定农民素质与技能提高的基础。二是强化对农民科学素质的培养，提升农民从业技能。利用大众媒体以及新兴媒体资源宣传科技文化知识，引导农民树立科技兴农、科技致富观念，提升农民科学素养；在培训内容方面应转变培训重点，重点针对从事农业或者农业生产经营服务的专业农民，实施面向产前、产中和产后各环节的农业新品种普及运用、新技术培训与推广、农机操作、节水灌溉、病虫害防治以及农产品加工等实用技术的培训，提升农民的农业专业化从业技能；对于一些文化素质高、

基础好的高素质农民，可以采用相关政策扶持与培训，引导其成为农民专业合作社、家庭农场等新型农业经营主体"领办人"或引导其成为专业大户，形成"示范效应"以助推西部农业现代化演进。

2. 切实发挥"返乡"农民工在新型农民培育中的作用

"返乡"农民工是一个特殊群体。西部历来是劳动力转移"重镇"，大量劳动力流往东部发达地区，为当地经济、社会发展做出了重要贡献。但受金融危机影响沿海地区大量处于全球价值链"底端"的劳动力密集型产业经营形势严峻，使西部地区大量农民工纷纷返乡。返乡农民工是一个特殊群体：他们素质较高、思想先进、对新技术和新技能感知能力以及市场开拓能力较好，对于农业现代化技术开发、推广与运用，先进管理经验与服务经验的传播的认知与采纳速度较快，从某种意义上来说，其自身就是新型农民，具有较高的人力资本积累，可以成为推动西部农业现代化演进的新力量。返乡农民工在新型农民培育中也发挥着重要作用：一方面，他们可以发挥示范作用，以其自身优势，直接对从事农业生产经营的农民提供咨询与培训，改善劳动力整体素质。另一方面，返乡农民工可以进行创业，将自己转变成为微型企业主、小企业主或乡村企业主，吸纳农村劳动力就业，带动农业产业化经营，为西部农业现代化演进创造良好条件。

二、确保家庭经营基础地位，助推西部农业现代化演进

家庭联产承包责任制是我国农村的基本经济制度，是符合我国农业农村经济社会发展规律的一项制度安排，对促进农业生产力解放和提高农民生产积极性都产生了重大的作用。但也有学者对家庭联产承包责任制与农业现代化的兼容性产生质疑，认为其是造成土地细碎化、生产经营规模狭小的制度源头。但事实并非如此。农业生产经营规模狭小产生于"人多地少"的自然条件约束，非人力所能为之，与家庭联产承包责任制并无必然联系。当然，这也由发达国家农业现代化一般规律所佐证：虽然美国、日本和法国农业现代化模式不同、道路不同，但均是建立在家庭经营基础之

上的，家庭经营与农业现代化演进过程并不冲突。同时，这也可以由西部农业现代化发展经验得到印证：邓小平的第一个飞跃中"废除人民公社，实行家庭联产承包责任制"的思想提出后，直接导致1990年西部农业现代化发展指数的环比增长率最高且实证模型的检验也显示，"两个飞跃"的提出致使西部农业现代化发展指数每年增加42.75个百分点。

家庭经营既适应生产力水平低下的传统农业的需要，也适应技术和生产手段先进的现代化农业的需要。在生产力水平较低、自己自足的封闭经济条件下，家庭经营的实质是一种低水平的"稳态均衡"，这也是小规模生产经营长期存在的重要原因。同样，在技术和生产手段先进的现代化农业中，家庭经营亦同样可以实现"稳态均衡"。一方面，在土地要素和流转市场发育较好情况下，随着劳动力转移速度加快，土地要素就可以在农户间自由流转，农户就可以实现横向分工，实现规模化经营，此时家庭经营就可以向专业生产大户、家庭农场等新型农业生产经营主体转化。同时，参照发达国家农业现代化经验：如果产前、产中和产后环节的农业专业化市场化水平和发育程度较好、交易效率较高，农户同样可以在家庭经营基础上参与纵向分工，实现农业规模经济及动态均衡，成为推动农业现代化演进的重要因素。因此，确保家庭经营基础地位是西部地区新型农业经营体系创新的核心内核，也是助推西部农业现代化演进过程的必然要求。

三、完善农业社会化服务体系，服务西部农业现代化演进

1. 多管齐下，培育各类农业社会化服务组织

农业分工抑制是造成农业现代化演进滞后的重要原因，之所以会形成分工抑制效应其中的重要原因就是农业社会化服务"缺位"。强化农业社会化服务体系建设是化解分工抑制，推动农业现代化演进的重要举措。而农业社会化服务能否及时"补位"关键上取决于各类农业社会化服务组织。所以，在推进西部农业现代化演进过程中，通过多途径、多举措强化农业社会化服务组织就显得格外重要。

一是选取特色明显、规模显著、示范效应好的主导农业产业或者产品，或者"捆绑"几种农业产业品种，统一规划，组建新的龙头企业，在龙头企业的带动下，实现特色农业产业或者产品规模化，增强农业效益和整体竞争力；发挥国有商贸企业在农业营销、流通和人才服务方面的优势，引入市场机制实现其机制转换，将其打造和培育成为地区性甚至区域性的龙头企业；引入先进技术、管理经验，实现体制创新，对传统农产品加工企业改造，推进其由简单粗加工向精细化、深加工转变，推动其转型升级，提升农业附加值和经济效益。

二是培育生产合作社、流通合作社、信用合作社等农民专业合作社及其他合作经济组织，在完善农民专业合作社功能、瞄准发展定位上，建立农民专业合作社长效发展机制。同时，积极探索农民专业合作社模式创新，引导同质农民专业合作社间的联合、重组等，延伸产业链条、拓展市场版图与空间，通过联合经营克服农民专业合作社发展中存在的"小、散、弱"问题，增强农民专业合作社的综合竞争力。政府通过积极引导、鼓励农民专业合作社实现联合经营，并在制度装备、法律规范、政策优惠等方面给予支撑与保障。同时，此外，通过典型地区的试点与实践，探索农民专业合作社与村庄治理互动、联动模式，以服务农业现代化演进。

2. 拓展服务领域，创新农业社会化服务类别模式

要化解西部农业分工困境与抑制效应，关键是要提高西部农业的迂回生产能力。随着农业迂回生产能力提高，也就要求农业社会化服务领域更为宽广、类别更为多样和模式更为新颖，唯有此才能满足产前、产中和产后不同产业链条环节的农业社会化服务需求。纵观西部农业社会化服务供给现状，产前、产中环节的农业社会化服务已获得长足发展，但产后环节的农业社会化服务仍然是"短板"。为此，在西部农业现代化演进过程中，应将农业社会化服务重点移至产中、产后环节，重点针对产中环节的农业科技运用、推广以及产后环节的农产品仓储、加工、营销、农业市场信息供给、金融服务等；在农业社会化服务类别方面，应实现传统"社区纽带"模式下，政府"大包大揽"、统一包办的单一类别向"市场纽带"联结的多

样化、多元化类别转变，实现公益型农业社会化服务与经营型农业社会化服务、专业型农业社会化服务与综合型农业社会化服务的统一与协同配合；在服务模式选择上也应秉承多样化、低成本与高效率原则，如重点发展"公司＋农户""社会化服务组织＋农民专业合作社＋农户"等服务模式，并在实践中出现问题时及时改正优化，助力西部农业现代化尽快通过"形成期"阶段。

四、建立健全农业支持与保护机制，支撑西部农业现代化演进

1. 调整西部大开发战略方向，优化空间布局

实践经验表明，实施西部大开发战略是一项伟大的战略决策，是经得起实践检验的，并发挥了重大作用，有效支持和推动了西部农业现代化演进。但西部大开发战略实施产生积极影响、取得成绩的同时，我们也要发现隐匿于西部农业发展中的消极因素：由于西部地区自然资源禀赋、发展条件以及所处发展阶段的不同，各地区在西部大开发中对于资金、技术以及制度的利用效率存在较大的差距，各地区农业现代化演进速度也存在显著差异，并呈现"两极分化"的现象。且专门针对西部地区战略作用甚至不如全局层面减免农业税的作用大。这一点值得西部地区进行深入反思。本书认为这主要和西部大开发战略的主攻方向有关。既然是针对西部地区的特定战略，那就应该走出一条适应西部发展实际的道路，而不应重复其他地区的发展"老路"或者模式，也要提防落后产能假借"西部大开发"之名转向西部，形成西部特色农业现代化发展道路和模式才是西部大开发战略的初衷。同时，由于资金的"逐利"本性，西部大开发的资金也纷纷涌入资本边际收益率较高的城市，"三农"发展需求仍然受到抑制，也影响了西部农业现代化演进过程，调整西部大开发战略方向和重点已经时不我待。在持续推进西部大开发战略中应将战略重点转向生态环境保护、农业现代化建设以及增强"三农"内生发展能力建设领域。同时，在调整西部大开发战略方向同时，应优化西部大开发战略空间布局，将政策重点向西

南地区倾斜，缩小西南和西北农业现代化发展差距。

2. 发挥农户的主体地位，保护农民权益

农民是推进西部农业现代化演进过程的主体，动员广大农民参与农业现代化建设，这样的农业现代化才有意义、有基础、有活力。但从目前情况来看，存在农业主体"偏离"倾向。如以农业产业化为例，有的农业产业化企业存在"越俎代庖"倾向。如一些地方以农业产业化为名，将土地以流转名义租给龙头企业，农民由原来的农业经营者变为企业的"雇员"，不但不会增强农业迂回生产能力，反而使农民面临更大市场风险，这种产业化经营模式在实际中演化为变相的"圈地运动"，增加了社会不稳定因素。同时，在农产品收购时也存在压低收购价格、毁约行为，使农民权益受到损害。类似的这种行为和现象在农业产业化推进过程中"屡见不鲜"。所以，在推进西部农业现代化演进过程中，应切实发挥农户主体地位，充分反映民声、民愿、民志，引导好、保护好农民权益并调动农民积极性。同时，要强化政府监管，建立健全利益分配机制、履约机制、监督机制，切实保护好农民权益。

3. 拓展渠道，提供农业现代化演进的资金支持

一是加大财政支持力度，优化财政支农结构。继续加大对"三农"的财政支撑力度，从物质、资金等多层面、多维度、全方位持续支持农业现代化建设，提高农业现代化在国家经济再分配和投资中的份额，发挥财政对农业现代化建设"四两拨千斤"的作用。同时，在财政支农资金总量增加基础上，也要关注财政支农结构层面的搭配与比例问题，优化财政支农资金配比结构，转变支农方向和重点。在推动西部农业现代化演进过程中，应将支农资金供给到农业发展的重点产业、重点领域和重点环节，改变传统"输血式"支农方式，实现财政支农政策向农村道路、交通、通讯、农田水利等基础设施建设，农业科技研发、推广、运用，农村基础教育、农民培训以及社会化服务、农业生态环境保护、农民变市民后的社会保障、农村合作医疗保险等"造血式"领域倾斜。在空间分布上，应逐步向农业

现代化演进速度缓慢的西南地区倾斜，实现空间优化。

二是培育新型金融竞争主体，加大政策性金融支农力度，在社会效益目标优先、保本微利原则下，建立信贷资产质量保障机制，做好信贷评审，加大对农业现代化演进的支持力度。规范和发展村镇银行，化解道德风险和逆向选择问题，拓展资金来源渠道，为西部农业现代化演进提供可靠资金支持。

三是创新融资渠道，引领社会资本进入。农业现代化建设需要多方主体参与，要拓展农业现代化建设主体，统一规划、整合资源，鼓励社会资本、非政府组织（NGO）参与农业现代化建设与开发，形成政府主导、市场配合、社会资本补充的多元化农业保护和支持机制，助推西部农业现代化尽快走出"形成期"阶段。

五、深化改革，优化西部农业现代化演进的制度环境

1. 深化土地产权制度改革

一是实地调研、多方动员，逐步摸清农村房屋、农村建设用地、承包土地的实际面积和情况，做好确权登记，并颁发产权证，使资产"制度化"，切实发挥市场机制对农村资产配置作用，建立"归属清晰、权责明确、保护严格、流转顺畅"的农村土地产权制度体系，从根本上解决制约农业现代化演进的各种矛盾问题。

二是健全"三权分离"的农村土地产权制度，在明确土地所有权集体所有的情况下，将农村土地承包经营权分离为承包权和经营权，承包权在长期内稳定不变，激活承包权"财产"属性，保证农民土地财产权益，经营权流转为提高农地资源配置效率创造机会和条件。

三是建立农民土地流转长效机制。推进建立县、乡、村三级土地流转机构，引导和规范农民及农业经济组织在"依法、有偿、自愿"前提下流转土地；不断完善相关制度及政策，为土地流转提供坚实后盾；保证流转土地方向与土地利用规划相一致，鼓励土地在转移农户和务农农户间的

"农业化"流转，严厉打击侵占农业用地的"非农化""非粮化"流转。在选择土地流转模式时也应突出重点、有选择、有针对性的进行，综合实际发展情况选择转包、转让、互换、出租、土地入股等土地模式。

四是在保证"耕地红线"的基础上，贯彻落实严格耕地保护政策，实现农村建设用地与国有建设用地的收益"同等化"。

2. 推进农业流通、融通体制改革

加快农业流通和融通体制改革意义重大、情形迫切，要从农业流通和融通的基本面出发，以流通和融通为纽带，实现农业产前、产中和产后各环节贯通。在农业流通体制改革方面，要以特色为依托，强化区域合作，统筹农产品市场流通网络布局，建设一批区域性农产品产地批发市场，形成多层次、多类型、相互配合协调的农产品批发市场体系，促进西部农产品在区域间、省际间、城乡间的流通互通。要培育多层次、多元化的农产品市场流通主体，培育壮大一批特色农产品龙头企业、专业协会、产销服务队、农民专业合作社、专业流通大户，形成带动示范效应。要强化农商信息服务，发展农产品电子商务，建立普及和覆盖西部全域、联通全国、跨时空的农产品电子商务网络，推进农业流通。在农业融通体制改革方面，要积极探索农村"三权"抵押新机制，激活存量、优化增量，形成农村金融信用基础，夯实农业信贷担保体系。同时，要加快推进政策性农业保险，化解各类农业发展风险，建立风险防范和减损机制，以达到优化农业现代化演进制度环境。

3. 健全城乡一体化发展机制

一是统筹城乡教育发展，提高农村教育水平。加大对农村教育经费投入力度，尤其是加大对西部偏远山区、民族地区的教育经费支出，化解农村教育发展中的经费不足问题。加快发展农村职业教育，提高农民从业技能，健全农村基础教育、职业教育和高等教育"三位一体"，分工明确、定位清晰和相互配合的农村教育体系。强化农村师资队伍建设，严把质量关，采用"走出去 + 引进来"双重思路提高农村师资质量。

二是统筹城乡社会保障体系，提高农业从业人员身体素质。发挥政府主导作用，转变政府发展职能，根据农民发展实际，建立规范有效的农村居民医疗卫生服务体系，全面提升农民公共服务水平，实现城乡公共服务均等化。

三是改革户籍制度，实现劳动力彻底转移。户籍制度是当前阻碍农村劳动力实现彻底转移的"藩篱"，也正是因为户籍制度存在，许多已经脱离农业劳动者无法彻底融入城市且享受市民待遇。也因此，他们对土地和农业仍然存在"眷恋"，不仅降低了劳动力资源的配置效率，也降低了城镇化水平和质量，要逐步消除城乡户籍差别和落户限制以及隐匿在户籍背后的各种"隐福利"和各类挂钩服务，以优化西部农业现代化演进的制度环境，推动西部农业现代化尽快通过"形成期"阶段。

第九章　研究结论与展望

　　本书采用规范分析与实证分析、定量分析与定性分析相结合的研究方法对西部农业现代化演进过程及机理进行了系统研究。首先，基于理论基础和相关概念梳理与辨析，在对世界农业现代化主要模式认知的基础上，建立了农业现代化演进理论分析框架，在理论层面揭示农业现代化演进过程及"均衡条件"。其次，从历史和现实，单一指标和综合测度、时序比较、横向比较与纵向比较相结合，揭示了西部农业现代化演进特点、区域差异及演进趋势，然后运用多种计量手段解析西部农业现代化演进过程及其差异性，揭示西部农业现代化演进过程同农业现代化一般规律的差异性。再次，从内生因子和外生因子双重层面实证西部农业现代化演进主要影响因子，并通过实证结果比较揭示西部农业现代化演进差异性的影响因子。最后，从动力机制、约束机制及保障机制三方面，系统解析西部农业现代化演进机理，并提出推动西部农业现代化演进的主要途径及对策。

第一节　研究结论

一、理论推演表明农业人力资本"临界"突破是农业现代化演进的关键

　　研究发现基于"劳动力异质性"假设的内生发展模型较新古典模型更适宜揭示农业现代化演进均衡条件。在内生框架下农业人力资本积累速度

287

唯有跨越"临界值"才能推动农业现代化演进，过度强调农业物质资本积累会形成外部性"挤出效应"，使农业现代化演进过程受阻。这也表明农业现代化实践操作中，单纯以物质资本投入为侧重的"外延式"模式会使农业现代化演进预期目标偏离，产生适得其反的效果。同时，理论推演也揭示出在推动农业现代化演进过程中不应将技术进步作为唯一内容，耕地面积变动、农业劳动力数量变化亦会影响农业人力资本积累逼近"均衡点"的时间，进而影响农业现代化演进过程。

二、样本区间内西部农业现代化演进速度在区域间和区域内差异突出

样本区间内西部农业现代化演进速度较快，以西部大开发战略实施为"分水岭"，西部农业现代化演进迈入快速"轨道"，存在着"台阶式"增长、速度非平稳性、增幅间断平衡性、政策反映敏感性等特点。但是，从横向比较来看，西部农业现代化演进速度慢于东中部地区乃至全国整体。从西部域内纵向比较来看，西部农业现代化演进结构性差别、不一致性、不平衡现象较为突出，西北地区农业现代化演进速度明显优于西南地区，这也昭示着其将成为西部农业现代化演进与"赶超"的结构性矛盾，亟待解决。从演进趋势来看，未来西部农业现代化演进速度波动性以及区域间差异性问题仍表现突出。

三、西部农业现代化演进过程呈现"俱乐部收敛"特征，"两极分化"问题严峻

借鉴"收敛假说"思想，运用 Sala-I-Martin 模型及非参数 Kernel 核方法揭示西部农业现代化演进过程特征。研究发现：从中国层面来看，中国农业现代化演进过程呈现典型"俱乐部收敛"特征，这意味着西部、东中部地区会分别收敛于自身"稳态均衡"或者说西部与东中部地区"稳态"不同。长期来看，在区域间西部农业现代化演进"不平等性"并不会发生显

著变化。这显然同农业现代化"绝对收敛"一般规律存在明显差异性。从区域内来看，西部各省份农业现代化演进也不会收敛于相同"稳态"，亦表现为显著"俱乐部收敛"，具体体现为双峰状—单峰状—双峰状—三峰状交替循环的"俱乐部收敛"类型。且由"主峰"与"波峰"间距可知，西部域内"两极分化"问题已十分严峻。

四、西部农业现代化演进状态变迁与转换艰难且存在重复性

借鉴系统演进思想，运用马尔科夫链模型揭示西部农业现代化演进状态及其转移性。研究发现：在马尔可夫链概率转移矩阵中主对角线上的概率较大。主对角线上的转移概率揭示了西部农业现代化演进状态内部"动态性"信息，主对角线上转移概率较大也就意味西部农业现代化演进状态间实现转移的可能性或概率较小，演进状态变迁艰巨性、复杂性可想而知。同时，通过对比马尔科夫链"初始分布"与"稳态分布"可知，有的演进状态在"稳态分布"中所占比例相对"初始分布"有所下降，演进状态存在重复性，退化可能性较大，也有悖于农业现代化一般规律，差异性表现明显。

五、西部农业现代化演进符合 Logistic 成长曲线式阶段规律但其差异性明显

样本区间内，西部地区农业现代化演进符合 Logistic 成长曲线所描绘的阶段性规律，西部农业现代化已演进至 Logistic 成长曲线第一阶段，即"形成期"阶段，而中国和东部地区农业现代化已分别演进至"成长初期"阶段和"成长后期"阶段，比较发现西部农业现代化演进阶段规律存在明显差异性。此外，农业现代化、工业化和城镇化同步及其动态均衡亦是农业现代化演进一般规律，但西部农业现代化演进中却出现不同步、脱节及动态失衡的规律变异性。

六、现阶段西部农业现代化演进是农业人力资本、农业比较 优势、农业研究与发展、工业化、城镇化等利导因子相 互制衡与联合驱动的结果

实证结果揭示农业人力资本、农业比较优势、农业研究与发展、工业化、城镇化等与西部农业现代化演进之间存在显著正向效应，农业人力资本对西部农业现代化演进影响系数最大，其次为工业化，再次为城镇化。且各驱动因子的影响存在"门槛效应"，跨越相应"门槛值"后边际影响效应亦不同。这说明西部农业现代化演进过程并不是单一"驱动力"所支撑的，而是上述几种"驱动力"相互联系、共同作用、相互制衡所形成的动力机制维系与联合驱动的结果。

七、农业分工、农业结构、信息化等构成的约束机制及制度 保障机制缺失是阻滞西部农业现代化演进的深层次原因

其中，非农分工不完全引致农户"兼业化"，农业横向分工交易成本高使农业内合作缺失与新型农业经营主体缺位，农业产业链条中的"市场链"与"加工链"的"弱位"使纵向分工受阻，阻滞了西部农业现代化演进过程。农业"大而全、小而全"所形成的农业结构同质以及种植业结构调整中的"压粮扩经"削弱了西部农业现代化演进基础条件。西部信息产业发展滞后、信息基础设施和传播体系不健全、信息资源匮乏制约了信息化发挥"渗透效应"及其对农业现代化演进的"引领"作用。此外，制度保障机制缺失，也在一定程度上强化了约束机制"负面效应"，阻滞了西部农业现代化演进过程。

第二节　研究展望

农业现代化问题是农业经济研究中的热点问题，在不同时期、不同阶

段都有学者从不同侧面切入展开研究探讨，积累了诸多研究成果，为本书写作奠定了坚实基础。本书亦充分借鉴前人的研究成果，将视角聚焦"西部"，在多维比较中揭示西部农业现代化演进过程及机理。但研究还存在诸多待完善之处，有些问题存在进一步拓展的空间。具体来说，农业现代化是一个系统工程，农业现代化演进的实质是系统演进。农业现代化演进应是各农业生产经营主体博弈所形成的"稳态均衡"。但在搭建西部农业现代化演进理论分析框架时，只是从生产函数角度切入，求解新古典框架和内生发展框架下推动农业现代化演进的物质资本和人力资本的"均衡值"，研究存在进一步拓展的空间。同时，农业现代化是一个动态发展概念，其内涵与特征将不断深化，这就要求在对其实施量化与测度时应尽量体现其所有内涵与特征，但囿于相关资料占有并不全面、统计数据缺失等多重制约，相关量化指标只能进行取舍与替代，部分问题并未完全展开，在以后研究中将逐步完善。

在对西部农业现代化演进阶段规律进行描绘时运用了 Logistic 成长曲线模型，虽然模型拟合效果较好，且通过运用非线性估计技术提高了 Logistic 成长曲线估计精度和效率，但受样本容量、统计资料以及时间跨度等多重因素限制，Logistic 成长曲线只能说明样本跨期中所推演出来的西部农业现代化演进阶段规律，在未来可能会出现不一致的现象，因而根据曲线所计算的"拐点"时间也会发生相应调整与改变。书中所推算出的时间节点只供参考借鉴，而并不是将其作为演进目标实现的具体时间节点，这样可能会有失偏颇。

在实施西部农业现代化演进影响因素的实证方面，相关替代指标选取存在优化空间，随着后续研究深入，替代性指标选取会更具科学性、代表性与典型性。同时，虽然本研究从线性和非线性两个角度探究了西部农业现代化演进主要因子的影响效应，研究内容也相对较为丰满，但无论是线性模型还是非线性模型，其具体模型形式都是事先"给定"的，有可能会存在设置偏差。在后续研究中，将尝试运用前沿面板数据非参数估计技术，进一步提升研究广度和深度，为推动研究层次跃升做出贡献。

参 考 文 献

［1］ Acemoglu, D. , Johnson, S. , Robinson, J. A. , "Reversal of Fortune: Geography and Institutions in the Making of the Modern World Income Distribution", The *Quarterly Journal of Economics*, 4, 2002.

［2］ Acemoglu, D. , Robinson, J. A. , "De facto Political Power and Institutional Persistence", *The American Economic Review*, 2, 2006.

［3］ Ahmad, S. , "On the Theory of Induced Invention", *The Economic Journal*, 76, 1966.

［4］ Akamatsu, K. , "Waga Kuni Yomo Kogyohin No Susei", *Shogyo Keizai Ronso*, 13, 1935.

［5］ Alfranca, O. , Huffman, W. E. , "Aggregate Private R&D Investments in Agriculture: The Role of Incentives, Public Policies, and Institutions", *Economic Development and Cultural Change*, 1, 2003.

［6］ Altieri, M. A. , Rosset, P. M. , Nicholls, C. I. , "Biological Control and Agricultural Modernization: Towards Resolution of some Contradictions", *Agriculture and Human Values*, 3, 1997.

［7］ Anselin, L. , *Spatial Econometrics: Methods and Models*, Springer, 1988.

［8］ Binswanger, H. P. , Ruttan, V. W. , *Induced Innovation: Technology, Institutions, and Development*, Baltimore: Johns Hopkins University Press, 1978.

［9］ Carof, M. , Colomb, B. , Aveline, A. , "A Guide for Choosing the Most Appropriate Method for Multi-criteria Assessment of Agricultural Systems According to Decision-makers' Expectations", *Agricultural Systems*, 2013.

[10] Chenery, H. B. , Syrquin, M. , *Patterns of Development, 1950 – 1970*, Oxford University Press, 1975.

[11] Costinot, A. , "An Elementary Theory of Comparative Advantage", *Econometrica*, 4, 2009.

[12] Cox, S. , "Information Technology: The Global Key to Precision Agriculture and Sustainability", *Computers and Electronics in Agriculture*, 2, 2002.

[13] Davis, K. , "The Urbanization of the Human Population", *The City Reader*, 213, 1966.

[14] Deere, C. D. , Gonzales, E. , Pérez, N. , "Household Incomes in Cuban Agriculture: A Comparison of the State, Co-operative, and Peasant Sectors", *Development and Change*, 2, 1995.

[15] Dernberger, R. F. , "Agricultural Development: The Key Link in China's Agricultural Modernization", *American Journal of Agricultural Economics*, 2, 1980.

[16] Diederen, P. , "Modernization in Agriculture: What Makes a Farmer Adopt an Innovation?" *International Journal of Agricultural Resources, Governance and Ecology*, 2, 2003.

[17] Egbert, H. , Henk, J. , "Are There Ideological Aspects to the Modernization of Agriculture?" *Journal of Agricultural and Environmental Ethics*, 5, 2012.

[18] Elhamoly, A. I. , Nanseki, T. , Shinkai, S. , "Implementation Degree of Agricultural Decisions at the Egyptian Farm Level and the Expected Role to the Agricultural Extension: A Comparison with Japan", *Journal of the Faculty of Agriculture*, 2, 2011.

[19] Esposti, R. , "The Impact of Public R&D and Extension Expenditure on Italian Agriculture: An Application of a Mixed Parametric-nonparametric Approach", *European Review of Agricultural Economics*, 3, 2000.

[20] Fei, C. H. , Ranis, G. A. , "A Theory of Economics Development", *American Economic Review*, 4, 1961.

[21] Foster, A. D., Rosenzweig, M. R., "Learning by Doing and Learning from Others: Human Capital and Technical Change in Agriculture", *Journal of political Economy*, 6, 1995.

[22] Gary, R. S., Terence H. Podmore, "A Generalized Environmental SustainabilityIndex for Agricultural Systems", *Agriculture, Ecosystems and Environment*, 79, 2000.

[23] Goldin, C., Lawrence, F. K., "Long-run Changes in the Wage Structure: Narrowing, Widening, and Polarizing", *Brookings Papers on Economic Activity*, 2, 2007.

[24] Goldsmith, R. W., "A Perpetual Inventory of National Wealth", NBER, Working Paper No. 610, 1951.

[25] Grossman, G. M., Maggi, G, "Diversity and Trade", *American Economic Review*, 5, 2000.

[26] Hansen, B. E., "Threshold Effects in Non-dynamic Panels: Estimation, Testing, and Inference", *Journal of Econometrics*, 2, 1999.

[27] Harjit, S. S., Donald, E. A., "The Village Influence on Punjabi Farm Modernization", *American Journal of Sociology*, 4, 1974.

[28] Hayami, Y., Ruttan, V. W., *Agricultural Development: An International Perspective*, Baltimore, Md/London: The Johns Hopkins Press, 1971.

[29] Henderson, V., "The urbanization Process and Economic Growth: The so-what Question", *Journal of Economic Growth*, 8, 2003.

[30] Hicks, J. R., *Value and Capital*, Oxford: Clarendon Press, 1946.

[31] Hietala-Koivu, R., "Landscape and Modernizing Agriculture: A Case Study of Three Areas in Finland in 1954 – 1998", *Agriculture, Ecosystems & Environment*, 1, 2002.

[32] Hobsbawm, E. J., *The Pelican Economic History of Britain*, Vol. 3, *from 1750 to the Present Day: Industry and Empire*, Pelican Books, 1967.

[33] Huffman, W. E., Evenson, R. E., "Structural and productivity change in US

agriculture,1950 – 1982",*Agricultural Economics*,2,2001.

[34] Jorgenson,D. W. , "The Development of a Dual Economy",*Economic Journal*,71,1961.

[35] Kennedy,E. , "Approaches to Linking Agriculture and Nutrition Programs", *Health Policy and Planning*,3,1980.

[36] Kennedy,P. M. , Milligan,L. P. , "The Degradation and Utilization of Endogenous Urea in the Gastrointestinal Tract of Ruminants:A Review",*Canadian Journal of Animal Science*,2,1980.

[37] Lee,L. , Yu,J. , "Estimation of Spatial Autoregressive Panel Data Models with Fixed Effects",*Journal* of Econometrics,2,2010.

[38] Leibenstein,H. , *Towards a Theory of Demographic-economic Development*, Princeton University,1951.

[39] Lerner,D. ,*The passing of traditional Society*,New York,Free Press,1958.

[40] Lewis,A. , "Economic Development with Unlimited Supplies of Labor",*The Manchester School*,2,1954.

[41] Lin,J. Y. , "Public Research Resource Allocation in Chinese Agriculture:A Test of Induced Technological Innovation Hypotheses",*Economic Development and Cultural Change*,1,1991.

[42] Luther,T. ,Stanley,R. ,Thompson,*Agricultural Policy for the 21st Century*, Lowa State Press,4,2002.

[43] Mauricio,R. B. , Jon,H. , "Planting Hybrids,Keeping Landraces:Agricultural Modernization and Tradition among Small-scale Maize Farmers in Chiapas,Mexico",*World Development*,8,2011.

[44] Md,M. ,Parves,R. , "Urbanization and sustainability:challenges and strategies for sustainable urban development in Bangladesh",*Environ Dev Sustain*,13,2011.

[45] Mellor,J. W. , *The Economics of Agricultural Development*,Ithaca:Connell University Press,1966.

[46] Michael,B. ,"Structural Changes in the Agricultural Industries:How do We Measure,Analyze and Understand them",*American Journal of Agricultural Economics*,5,1999.

[47] Mullen,J. ,"Productivity Growth and the Returns from Public Investment in R&D in Australian Broadacre Agriculture",*Australian Journal of Agricultural and Resource Economics*,4,2007.

[48] Murakami,N. ,"Rural Industrialization and the Role of Human Capital:An Analysis of Back to Business in Henan Province",*Journal of Henan University (Social Science)*,2,2011.

[49] Myers,R. H. ,"Modernization Effect upon Exports of Agricultural Produce:South Korea Comment",*American Journal of Agricultural Economics*,1,1971.

[50] North,D. C. ,*Institutions,Institutional change and Economic Performance*. Cambridge University Press,1990.

[51] Oliner,S. D. ,Sichel,D. E. ,"The Resurgence of Growth in the Late 1990s:Is Information Technology the Story?" *The Journal of Economic Perspectives*,4,2000.

[52] Otsuka,K. ,"Food Insecurity,Income Inequality,and the Changing Comparative Advantage in World Agriculture",*Agricultural Economics*,44,2013.

[53] Parra-López,C. ,Groot,J. C. J. ,Carmona-Torres,C. ,"Integrating Public Demands into Model-based Design for Multifunctional Agriculture:An Application to Intensive Dutch Dairy Landscapes",*Ecological Economics*,4,2008.

[54] Posner,M. V. ,"International Trade and Technical Change",*Oxford Economic Papers*,3,1961.

[55] Prändl-Zika,V. ,"From Subsistence Farming Towards a Multifunctional Agriculture:Sustainability in the Chinese Rural Reality",*Journal of Environmental Management*,2,2008.

[56] Rajesh, B. T., Yuji, M., "Land Evaluation for Peri-urban Agriculture Using AnalyticalHierarchical Process and Geographic InformationSystem Techniques: A Case Study of Hanoi", *Land Use Policy*, 2, 2008.

[57] Ravallion, M., Chen, S., Sangraula, P., "New Evidence on the Urbanization of Global Poverty", *Population and Development Review*, 4, 2007.

[58] Rezaei, M. K., Karami, E., "A Multiple Criteria Evaluation of Sustainable Agricultural Development Models Using AHP", *Environment, Development and Sustainability*, 4, 2008.

[59] Rodrik, D., Subramanian, A., "The Primacy of Institutions", *Finance and Development*, 2, 2003.

[60] Romer, P. M., "Endogenous Technological Change", National Bureau of Economic Research, 1990.

[61] Ruttan, V. W., Hayami, Y., "Toward a Theory of Induced Institutional Innovation", *The Journal of Development Studies*, 4, 1984.

[62] Sovani, N. V., "The Analysis ofOver-Urbanization", *Economic Development and Cultural Change*, 2, 1964.

[63] Steven, A., "Ecological Modernization of the Agriculture Industry in Southern Sweden: Reducing Emissions to the Baltic Sea", *Journal of Cleaner Production*, 12, 2004.

[64] Stiroh, K. J., "Information Technology and the US Productivity Revival: What do the Industry Data Say?" *The American Economic Review*, 5, 2002.

[65] Timmer, C. P., "The Agricultural Transformation", *Handbook of Development Economics*, 1, 1988.

[66] Todaro, M. P., "Income Expectations, Rural-Urban Migration and Employment in Africa", *International Labor Review*, 135, 1971.

[67] Turyareeba, P. J., "Renewable Energy: Its Contribution to Improved Standards of Living and Modernization of Agriculture in Uganda", *Renewable Energy*, 3, 2001.

［68］Twomey,M.J.,Helwege,A.,*Modernization and Stagnation:Latin American agriculture into the 1990s*,Greenwood Press Inc.,2001.

［69］Vaneeckhaute,C.,Meers,E.,Michels,E.,"Ecological and Economic Benefits of the Application of Bio-based Mineral Fertilizers in Modern Agriculture",*Biomass and Bioenergy*,49,2013.

［70］Vernon,R.,"International Investment and International Trade in the Product Cycle",*The Quarterly Journal of Economics*,2,1966.

［71］Von,S.,"Sustainability in Agriculture—An Evaluation of Principal Goal-oriented Concepts to close the Gap between Theory and Practice",*Agriculture,Ecosystems & Environment*,2,2001.

［72］Waldron,S.,Brown,C.,Longworth,J.,"A Critique of High-value Supply Chains As a Means of Modernizing Agriculture in China:The Case of the Beef Industry",*Food Policy*,5,2010.

［73］Weber,M.,*Economy and Society:An Outline of Interpretive Sociology*,University of California Press,1978.

［74］Wertz,J.R.,"A Newtonian Big-bang Hierarchical Cosmological Model",*The Astrophysical Journal*,164,1971.

［75］Yang,X.,Borland,J.,"A Microeconomic Mechanism for Economic Growth",*Journal of Political Economy*,3,1991.

［76］Zhang,K,H.,Song,S.,"Rural-urban Migration and Urbanization in China:Evidence from Time-series and Cross-section Analyses",*China Economic Review*,4,2003.

［77］包宗顺:《国外农业现代化借鉴研究》,《世界经济与政治论坛》2008年第5期。

［78］北京天则经济研究所:《土地流转与农业现代化》,《管理世界》2010年第7期。

［79］蔡昉、王德文:《比较优势差异、变化及其对地区差异的影响》,《中国社会科学》2002年第6期。

［80］ 蔡昉：《比较优势与农业发展政策》，《经济研究》1994 年第 6 期。

［81］ 蔡昉：《从比较优势与贸易利益看中国的粮食供求问题》，《国际经济评论》1997 年第 1 期。

［82］ 蔡昉：《中国劳动力市场发育与就业变化》，《经济研究》2007 年第 7 期。

［83］ 蔡银莺、王晓霞等：《居民参与农地保护的认知程度及支付意愿研究——以湖北省为例》，《中国农村观察》2006 年第 6 期。

［84］ 蔡源元：《我国的农业地域专业化生产》，《经济研究》1979 年第 11 期。

［85］ 曹俊杰：《我国农业信息化建设存在问题及对策》，《经济纵横》2007 年第 7 期。

［86］ 曹阳、胡继亮：《中国土地家庭承包制度下的农业机械化——基于中国 17 省（区、市）的调查数据》，《中国农村经济》2010 年第 10 期。

［87］ 钞小静、任保平：《中国经济增长质量的时序变化与地区差异分析》，《经济研究》2011 年第 11 期。

［88］ 陈斌开、林毅夫：《重工业优先发展战略、城市化和城乡工资差距》，《南开经济研究》2010 年第 1 期。

［89］ 陈道勇：《世界化肥生产和消费趋势》，《甘肃农业科技》1981 年第 3 期。

［90］ 陈佳贵、黄群慧：《工业发展、国情变化与经济现代化战略——中国成为工业大国的国情分析》，《中国社会科学》2005 年第 4 期。

［91］ 陈佳贵等：《中国地区工业化进程的综合评价和特征分析》，《经济研究》2006 年第 6 期。

［92］ 陈建军、陈国亮等：《新经济地理学视角下的生产性服务业集聚及其影响因素研究——来自中国 222 个城市的经验证据》，《管理世界》2009 年第 4 期。

［93］ 陈锴：《农业结构调整、农业多功能性与农民收入变化——基于长三角苏、浙、沪地区的实证研究》，《经济问题》2011 年第 11 期。

［94］陈孟平：《农业现代化与制度创新》，《北京社会科学》2001 年第 3 期。

［95］陈孟平：《农业现代化与政府行为》，《北京社会科学》2003 年第 1 期。

［96］陈锡文：《"十五"期间农业、农村发展思路和政策建议》，《管理世界》2001 年第 1 期。

［97］陈锡文：《推动城乡发展一体化》，《求是》2012 年第 23 期。

［98］陈锡文：《中国特色农业现代化的几个主要问题》，《改革》2012 年第 10 期。

［99］陈锡文：《走中国特色农业现代化道路》，《求是》2007 年第 22 期。

［100］陈晓华：《坚持走中国特色农业现代化道路》，《农业经济问题》2009 年第 10 期。

［101］陈永志、黄丽萍：《农村土地使用权流转的动力、条件及路径选择》，《经济学家》2007 年第 1 期。

［102］陈钊、陆铭等：《中国人力资本和教育发展的地区差异：对于面板数据的估算》，《世界经济》2004 年第 12 期。

［103］陈至发、桑晓晴：《农村人力资本供求非均衡特征与农业现代化》，《农业现代化研究》2002 年第 4 期。

［104］陈志峰等：《工业化、城镇化与农业现代化"三化同步"发展的内在机制和相关关系研究》，《农业现代化》2012 年第 3 期。

［105］城镇化进程中农村劳动力转移问题研究课题组：《城镇化进程中农村劳动力转移：战略抉择和政策思路》，《中国农村经济》2011 年第 6 期。

［106］程霖、毕艳峰：《近代中国传统农业转型问题的探索——基于农业机械化视角》，《财经研究》2009 年第 8 期。

［107］程志强、程序：《农业现代化指标体系的设计》，《农业技术经济》2003 年第 2 期。

［108］崔凯、冯献：《"四化"演进轨迹：1950—2012 年》，《改革》2013

年第 7 期。

[109] 戴思锐：《计量经济学》，中国农业出版社 2009 年版。

[110] 单豪杰：《中国资本存量 K 的再估算：1952—2006》，《数量经济技术经济研究》2008 年第 10 期。

[111] 单玉丽：《福建农业现代化水平评估与发展构想》，《农业现代化》1998 年第 3 期。

[112] 邓大才：《农业发展的制度障碍：表现、根源与解决思路》，《经济评论》2001 年第 5 期。

[113] 邓宗兵：《中国农业全要素生产率增长及影响因素研究》，西南大学 2010 年博士学位论文。

[114] 董先安：《浅释中国地区收入差距》，《经济研究》2004 年第 9 期。

[115] 樊胜根：《科研投资、投入质量以及中国农业科研投资的经济报酬》，《中国农村经济》1997 年第 2 期。

[116] 范从来：《工业化与农业资金积累研究》，《南京大学学报（哲学·人文科学·社会科学)》1994 年第 2 期。

[117] 范国庆：《略论工业反哺农业的长效措施》，《社会科学辑刊》2006 年第 6 期。

[118] 冯海发：《亦论兼业化农业的历史命运——与陆一香同志商榷》，《中国农村经济》1988 年第 11 期。

[119] 傅晨：《广东省农业现代化发展水平评价：1999—2007》，《农业经济问题》2010 年第 5 期。

[120] 傅晨：《基本实现农业现代化涵义与标准的理论探讨》，《中国农村经济》2001 年第 12 期。

[121] 高帆：《分工演进与中国农业发展的路径选择》，《学习与探索》2009 年第 1 期。

[122] 高帆：《论二元经济结构的转化趋向》，《经济研究》2005 年第 9 期。

[123] 高铁梅：《计量经济分析方法与建模》，清华大学出版社 2009 年版。

[124] 高万龙：《加快贫困地区信息化推动农业现代化》，《中国科技论坛》

2004 年第 3 期。

[125] 谷文晓：《遵循客观规律推进农业现代化》，《宏观经济研究》2000年第 8 期。

[126] 顾焕章、王培志：《论农业现代化的涵义及其发展》，《江苏社会科学》1997 年第 1 期。

[127] 顾巍、唐启国等：《农业现代化内涵的再界定》，《现代化农业》2000年第 12 期。

[128] 顾益康：《西部大开发接轨东部大市场——对新世纪中国东西部合作开发的战略思考》，《求是》2000 年第 10 期。

[129] 郭红东、蒋文华：《影响农户参与专业合作经济组织行为的因素分析——基于对浙江省农户的实证研究》，《中国农村经济》2004 年第5 期。

[130] 郭剑雄、李志俊：《劳动力选择转移条件下的农业发展机制》，《经济研究》2009 年第 5 期。

[131] 郭剑雄、鲁永刚：《人力资本门槛与农业增长的多重均衡：理论与中国的经验证据》，《清华大学学报（哲学社会科学版)》2011 年第6 期。

[132] 郭剑雄：《城镇化与农业结构调整的相关性分析》，《财经问题研究》2002 年第 3 期。

[133] 郭剑雄：《人力资本、生育率与内生农业发展——兼论进入工业化中期阶段后的农业发展动力》，《南京大学学报》2006 年第 4 期。

[134] 郭剑雄：《人力资本的稳态转变与农业发展》，《西北大学学报（哲学社会科学版)》2005 年第 1 期。

[135] 韩俊：《中国农业现代化六大问题》，《时事报告》2012 年第 3 期。

[136] 韩长赋：《大力推进农业产业化促进城乡发展一体化》，《经济日报》2013 年 1 月 11 日。

[137] 韩长赋：《加快发展现代农业》，《人民日报》2010 年 11 月 22 日。

[138] 韩长赋：《加快推进农业现代化努力实现"三化"同步发展》，《求

是》2011 年第 19 期。

[139] 郝亚光：《从男耕女织到男工女耕："农业女性化"产生的缘由——以生产社会化为分析视角》，《社会主义研究》2012 年第 2 期。

[140] 郝云宏、雷原：《农村现代化的基本涵义与衡量指标》，《甘肃社会科学》1999 年第 4 期。

[141] 何传启：《世界现代化的事实和原理》，《现代化的机遇与挑战——第八期中国现代化研究论坛论文集》2010 年第 8 期。

[142] 何传启：《中国现代化报告——农业现代化研究》，北京大学出版社 2012 年版。

[143] 何江、张馨之：《中国省区收入分布演进的空间—时间分析》，《南方经济》2006 年第 12 期。

[144] 何忠伟：《农村城镇化与农业结构调整协调发展的实证研究》，《农业经济问题》2004 年第 11 期。

[145] 贺振华：《农业兼业的一个分析框架》，《中国农村观察》2005 年第 1 期。

[146] 洪银兴：《工业和城市反哺农业、农村的路径研究——长三角地区实践的理论思考》，《经济研究》2007 年第 8 期。

[147] 洪银兴：《中国特色农业现代化和农业发展方式转变》，《经济学动态》2008 年第 6 期。

[148] 侯满平：《黄淮海平原农业结构调整及农业发展战略研究》，中国农业大学 2004 年博士学位论文。

[149] 胡鞍钢、吴群刚：《农业企业化：中国农村现代化的重要途径》，《农业经济问题》2001 年第 1 期。

[150] 胡恒洋、刘苏社等：《关于现代农业建设的认识和政策建议》，《宏观经济管理》2007 年第 2 期。

[151] 胡红霞：《试论西部贫困地区农村劳动力转移与人才回流》，《经济问题探索》2009 年第 1 期。

[152] 胡晓鹏：《从分工到模块化：经济系统演进的思考》，《中国工业经

济》2004 年第 9 期。

[153] 胡新萍等：《从广西—东盟农业比较优势看农业现代化》，《广东农业科学》2013 年第 12 期。

[154] 黄斌、胡晔：《基于"三化"视角的农村金融体系研究》，《农村经济》2012 年第 4 期。

[155] 黄季焜：《六十年中国农业的发展和三十年改革奇迹——技术进步、制度创新和市场改革》，《农业技术经济》2010 年第 1 期。

[156] 黄佩民、吕国英等：《农用工业、基础设施建设与现代农业发展》，《管理世界》1995 年第 5 期。

[157] 黄庆华、姜松等：《发达国家农业现代化模式选择与重庆市战略取向》，《农业经济问题》2013 年第 4 期。

[158] 黄群慧：《中国工业化进程：阶段、特征与前景》，《经济与管理》2013 年第 7 期。

[159] 黄少安、刘明宇：《农地产权冲突、经济绩效与土地制度创新差异化原则——〈农村土地承包法〉的法与经济学分析》，《财经问题研究》2008 年第 4 期。

[160] 黄少鹏：《农业标准化是我国现代化农业发展的重要支撑——以安徽农业标准化工作成效为例》，《中国农村经济》2002 年第 5 期。

[161] 黄胜忠、林坚等：《农民合作社治理机制及其绩效实证分析》，《中国农村经济》2008 年第 3 期。

[162] 黄祖辉、林坚等：《农业现代化：理论、进程与途径》，中国农业出版社 2003 年版。

[163] 黄祖辉等：《谁是农业结构调整的主体？——农户行为及决策分析》，中国农业出版社 2005 年版。

[164] 霍夫曼：《工业化的阶段和类型》，中国对外翻译出版社 1980 年版。

[165] 冀县卿、钱忠好：《改革 30 年中国农地产权结构变迁：产权视角的分析》，《南京社会科学》2010 年第 10 期。

[166] 简新华、黄锟：《中国城镇化水平和速度的实证分析与前景预测》，

《经济研究》2010 年第 3 期。

[167] 姜松、王钊：《农民专业合作社、联合经营与农业经济增长——中国经验证据实证》，《财贸研究》2013 年第 4 期。

[168] 姜松、王钊：《农民专业合作社联合经营经济效应及实现条件》，《广东商学院学报》2013 年第 3 期。

[169] 姜松、王钊等：《不同土地流转模式经济效应及位序》，《中国土地科学》2013 年第 8 期。

[170] 姜松、王钊等：《粮食生产中科技进步速度及贡献研究——基于1985—2010 年省级面板数据》，《农业技术经济》2012 年第 10 期。

[171] 姜松：《重庆市统筹城乡发展制约因素及推进路径研究》，西南大学2011 年硕士学位论文。

[172] 姜松等：《中国财政金融支农协同效率及其演化规律》，《软科学》2013 年第 2 期。

[173] 蒋伏新：《体制现代化与中国特色的农业现代化》，《江海学刊》1995 年第 5 期。

[174] 蒋和平、崔凯：《我国粮食主产区农业现代化指标体系的构建和测算及发展水平评价》，《农业现代化研究》2011 年第 6 期。

[175] 蒋和平、黄德林：《中国农业现代化发展水平的定量综合评价》，《农业现代化研究》2006 年第 2 期。

[176] 蒋和平、辛岭等：《中国农业现代化发展阶段的评价》，《科技与经济》2006 年第 4 期。

[177] 蒋金荷：《我国高新技术产业同构性与集聚的实证分析》，《数量经济技术经济研究》2005 年第 12 期。

[178] 蒋俊毅：《农业现代化与农民增收：一个新的理论框架》，《农村经济》2008 年第 6 期。

[179] 靳明：《绿色农业产业成长研究》，西北农林科技大学 2006 年博士学位论文。

[180] 康芒斯：《制度经济学》，商务印书馆 2006 年版。

［181］康芸、李晓鸣：《试论农业现代化的内涵和政策选择》，《中国农村经济》2000 年第 9 期。

［182］柯炳生：《对推进我国基本实现农业现代化的几点认识》，《中国农村经济》2000 年第 9 期。

［183］柯炳生：《关于加快推进现代农业建设的若干思考》，《农业经济问题》2007 年第 3 期。

［184］蓝庆新、彭一然：《论"工业化、信息化、城镇化、农业现代化"的关联机制和发展策略》，《理论学刊》2013 年第 5 期。

［185］雷俊忠、饶开宇等：《中国农业现代化建设的理论与实践》，电子科技大学出版社 2011 年版。

［186］雷玲：《西部地区农业现代化发展评价研究》，西北农林科技大学 2012 年博士学位论文。

［187］李二超、韩洁：《"四化"同步发展的内在机理、战略途径与制度创新》，《改革》2013 年第 7 期。

［188］李国祥、陈劲松：《粮食减产与粮食安全》，《中国农村经济》2001 年第 4 期。

［189］李国祥：《农业结构调整对农民增收的效应分析》，《中国农村经济》2005 年第 5 期。

［190］李纪生：《不同投资结构的农业科研投资生产率增长效应——基于空间面板模型的实证分析》，《软科学》2011 年第 7 期。

［191］李佳、杨世武：《分工抑制与农民的经济合作》，《学术探索》2012 年第 7 期。

［192］李建军：《金融业与经济发展的协调性研究》，中国金融出版社 2011 年版。

［193］李婧、谭清美等：《中国区域创新生产的空间计量分析》，《管理世界》2010 年第 7 期。

［194］李良生：《云南农业现代化面临的挑战与机遇》，《云南社会科学》2000 年第 6 期。

［195］李全喜：《基于 Logistic 回归分析的我国物流产业成长研究》，《软科学》2012 年第 9 期。

［196］李溦、冯海发：《农业剩余与工业化的资本积累》，《中国农村经济》1993 年第 3 期。

［197］李雪灵：《风险投资支撑环境作用机理研究》，吉林大学 2005 年博士学位论文。

［198］李燕琼：《农业现代化进程中技术进步重点的选择》，《农业技术经济》1997 年第 6 期。

［199］李燕琼：《我国传统农业现代化的困境与路径突破》，《经济学家》2007 年第 5 期。

［200］李应博、乔忠：《我国农业信息资源配置问题探索》，《中国农村经济》2004 年第 7 期。

［201］李应中：《比较优势原理及其在农业上的运用》，《中国农业资源与区划》2003 年第 2 期。

［202］李云才、刘卫平等：《中国农村现代化研究》，湖南人民出版社 2004 年版。

［203］厉为民：《比较优势和高效农业》，《农业技术经济》1994 年第 4 期。

［204］林凌、刘世庆：《审视西部大开发》，《改革》2003 年第 4 期。

［205］林毅夫、沈明高：《关于我国科技投入的选择》，《科学学研究》1991 年第 3 期。

［206］林毅夫：《发展战略、自生能力和经济收敛》，《经济学（季刊）》2002 年第 2 期。

［207］林毅夫：《制度、技术与中国农业发展》，格致出版社 1992 年版。

［208］林政：《美国农地开发规模化的经济分析及启示》，《国际经贸探索》2004 年第 5 期。

［209］凌耀初：《中国县域经济发展分析》，《上海经济研究》2003 年第 12 期。

［210］刘超：《农业机械化的系统分析》，《江西农业大学学报》2002 年第

5 期。

[211] 刘明宇、芮明杰等:《生产性服务价值链嵌入与制造业升级的协同演进关系研究》,《中国工业经济》2010 年第 8 期。

[212] 刘明宇:《分工抑制与农民的制度性贫困》,《农业经济问题》2002 年第 2 期。

[213] 刘胜龙、王亚华等:《西部大开发成效与中国区域经济收敛》,《经济研究》2009 年第 9 期。

[214] 刘世洪、许世卫:《中国农村信息化测评方法研究》,《中国农业科学》2008 年第 4 期。

[215] 刘树、张玲:《我国各省专利发展的有效性的 DEA 模型分析》,《统计研究》2006 年第 8 期。

[216] 刘晓越:《农业现代化评价指标体系》,《中国统计》2004 年第 2 期。

[217] 刘巽浩:《能原教旨主义对农业现代化的冲击》,《农业经济问题》2003 年第 10 期。

[218] 刘彦随、龙花楼:《中国农业地理与乡村发展研究进展及展望——建所 70 周年农业与乡村地理研究回顾与前瞻》,《地理科学进展》2011 年第 4 期。

[219] 刘彦随、陆大道:《中国农业结构调整基本态势与区域效应》,《地理学报》2003 年第 3 期。

[220] 龙方等:《自然灾害对中国粮食产量影响的实证分析——以稻谷为例》,《中国农村经济》2011 年第 5 期。

[221] 卢海元:《实物换保障:完善城镇化机制的政策选择》,中国社会科学院 2002 年博士学位论文。

[222] 陆际恩:《农村城市化是解决农业现代化问题的关键》,《经济体制改革》2001 年第 5 期。

[223] 罗正英、罗正东:《县域政府在农业产业结构调整中的作用——来自云南省昆明市东川区的实证分析》,《中国农村经济》2004 年第 12 期。

[224] 吕小萍：《提高中国农村人力资本存量水平的路径选择》，《社会科学战线》2010 年第 6 期。

[225] 马强、王道龙：《内蒙古现代农业发展水平分析》，《中国农业资源与区划》2012 年第 4 期。

[226] 马子红：《基于成本视角的区际产业转移动因分析》，《财贸经济》2006 第 8 期。

[227] 毛飞、孔祥智：《中国农业现代化总体态势和未来取向》，《改革》2012 年第 10 期。

[228] 梅方权：《农业信息化带动农业现代化的战略分析》，《中国农村经济》2001 年第 12 期。

[229] 梅方权：《我国农业现代化的发展阶段和战略选择》，《农村改革与发展》2000 年第 2 期。

[230] 孟俊杰、田建明等：《河南省"三化"同步发展水平测度研究》，《农业技术经济》2012 年第 8 期。

[231] 闵耀良：《知识经济与农业现代化》，《中国农村经济》2001 年第 1 期。

[232] 聂华林：《中国西部三农问题报告》，中国社会科学出版社 2006 年版。

[233] 牛若峰：《农业产业化：真正的农村产业革命》，《农业经济问题》1998 年第 2 期。

[234] 牛若峰：《农业产业化经营发展的观察和评论》，《农业经济问题》2006 年第 3 期。

[235] 牛若峰：《要全面理解和正确把握农业现代化》，《农业经济问题》1999 年第 10 期。

[236] 牛若峰：《中国农业现代化走什么道理》，《中国农村经济》2001 年第 1 期。

[237] 农业部软科学委员会课题组：《中国农业发展新阶段》，中国农业出版社 2000 年版。

[238] 欧阳小迅、黄福华：《我国农产品流通效率的度量及其决定因素：2000—2009》，《农业技术经济》2011 年第 2 期。

[239] 恰亚诺夫：《农民经济组织》，中央编译出版社 1996 年版。

[240] 钱忠好：《非农就业是否必然导致农地流转——基于家庭内部分工的理论分析及其对中国农户兼业化的解释》，《中国农村经济》2008 年第 10 期。

[241] 渠敬东、周飞舟等：《从总体支配到技术治理——基于中国 30 年改革经验的社会学分析》，《中国社会科学》2009 年第 6 期。

[242] 瞿虎渠：《科技进步：粮食生产中的重要支撑》，《求是》2010 年第 5 期。

[243] 曲凌夫：《论我国农业机械化的发展》，《农业经济》2010 年第 8 期。

[244] 任保平、史耀疆：《制度分析方法及其应用》，《西北大学学报（哲学社会科学版)》2000 年第 4 期。

[245] 任保平：《西部二元工业化及其协调发展》，《财经科学》2004 年第 1 期。

[246] 邵帅、齐中英：《西部地区的能源开发与经济增长——基于"资源诅咒"假说的实证分析》，《经济研究》2008 年第 4 期。

[247] 申远：《呼伦贝尔市生态城市发展模式研究》，中央民族大学 2012 年博士学位论文。

[248] 沈越：《"三农"问题的根本出路在于城市化》，《当代经济研究》2002 年第 2 期。

[249] 宋洪远、赵海：《我国同步推进工业化、城镇化和农业现代化面临的挑战与选择》，《经济社会体制比较》2012 年第 3 期。

[250] 速水·佑次郎、弗农·拉坦：《农业发展的国际分析》，中国社会科学出版社 2000 年版。

[251] 孙能利：《省域农业竞争力比较研究》，华中农业大学 2012 年博士学位论文。

[252] 孙晓良：《乡镇企业发展与农村劳动力转移规律探析》，《经济问题探

索》1988 年第 7 期。

[253] 唐华骏等：《西南地区农业跨越式发展战略》，《中国农业资源与区划》2001 年第 4 期。

[254] 田向利：《我国农村经济社会协调发展研究》，天津大学 2004 年博士学位论文。

[255] 万宝瑞：《农业现代化与可持续发展》，中国农业出版社 2001 年版。

[256] 万广华、陆铭等：《全球化与地区间收入差距：来自中国的证据》，《中国社会科学》2005 年第 3 期。

[257] 汪斌、余冬筠：《中国信息化的经济结构效应分析——基于计量模型的实证研究》，《中国工业经济》2004 年第 7 期。

[258] 汪小平：《中国农业劳动生产率增长的特点与路径分析》，《数量经济技术经济研究》2007 年第 4 期。

[259] 王斌、余冬筠：《中国信息化结构效应分析——基于计量模型的实证研究》，《中国工业经济》2004 年第 7 期。

[260] 王广慧、张世伟：《教育对农村劳动力流动和收入的影响》，《中国农村经济》2008 年第 9 期。

[261] 王国敏、罗静：《我国西部特色农业现代化道路的实现模式》，《农村经济》2010 年第 4 期。

[262] 王慧敏：《流域可持续发展理论与方法》，河海大学出版社 2006 年版。

[263] 王树春：《农田水利设施建设制度的变迁与匹配性分析》，《天津商学院学报》2007 年第 11 期。

[264] 王万山：《国外农业现代化的主要模式和共同规律》，《调研世界》2005 年第 5 期。

[265] 王学真等：《农业国际化对农业现代化的影响》，《中国农村经济》2006 年第 5 期。

[266] 王钊等：《西部农村工业化与城镇化互动协调发展研究》，陕西科学技术出版社 2006 年版。

[267] 王祖强：《农业结构调整与农业现代化》，《浙江社会科学》2001 年第 2 期。

[268] 温涛等：《财政金融政策的总体效应与时空差异——基于中国省际面板数据的研究》，《农业技术经济》2011 年第 1 期。

[269] 温铁军等：《值得反思的现代农业问题》，《中国农业经济学会第八次会员代表大会暨 2007 年学术年会论文集》，2007 年。

[270] 温铁军等：《中国农业发展方向的转变和政策导向：基于国际比较研究的视角》，《农业经济问题》2010 年第 10 期。

[271] 吴丰华、白永秀：《城乡发展一体化：战略特征、战略内容、战略目标》，《学术月刊》2013 年第 4 期。

[272] 吴晓华：《实施城乡协调发展政策加快二元经济结构转换》，《宏观经济研究》2009 年第 1 期。

[273] 吴一平、芮明：《收入分配不平等对刑事犯罪的影响》，《经济学（季刊）》2010 年第 1 期。

[274] 伍山林：《WTO 环境下农民、农村与农业发展模式论略》，《财经研究》2004 年第 1 期。

[275] 武力、温瑞：《1949 年以来中国工业化的"轻、重"之辩》，《经济研究》2006 年第 9 期。

[276] 西奥多·W. 舒尔茨：《改造传统农业》，商务印书馆 2006 年版。

[277] 夏春萍、刘文清：《农业现代化与城镇化、工业化协调发展关系的实证研究》，《农业技术经济》2012 年第 5 期。

[278] 夏英、牛若峰：《农业产业一体化理论及国际经验》，《农业经济问题》1996 年第 12 期。

[279] 向国成、韩绍凤：《农户兼业化：基于分工视角的分析》，《中国农村经济》2005 年第 8 期。

[280] 谢杰：《工业化、城镇化在农业现代化进程中的门槛效应》，《农业技术经济》2012 年第 4 期。

[281] 谢康、肖静华等：《中国工业化与信息化融合质量：理论与实证》，

《经济研究》2012 年第 1 期。

[282] 辛岭、蒋和平：《我国农业现代化发展水平指标评价体系的构建和测算》，《农业现代化研究》2010 年第 6 期。

[283] 徐大伟、段珊珊等：《"三化"同步发展的内在机制与互动关系研究——基于协同学和机制设计理论》，《农业经济问题》2012 年第 2 期。

[284] 徐现祥、周吉梅等：《中国省区三次产业资本存量估算》，《统计研究》2007 年第 5 期。

[285] 徐星明、杨万江：《我国农业现代化进程评价》，《农业现代化》2000 年第 5 期。

[286] 许抄军、罗能生等：《我国城市化动力机制研究进展》，《城市问题》2007 年第 8 期。

[287] 薛亮：《从规模经营看中国特色农业现代化道路》，《农业经济问题》2008 年第 6 期。

[288] 严奉宪：《中西部地区农业可持续发展的经济学分析》，中国农业出版社 2005 年版。

[289] 杨栋：《加速上海市郊区城市化途径研究》，同济大学 2008 年博士学位论文。

[290] 杨鹏、朱琰洁等：《中国实现"四化同步"的挑战：目标 VS 制度》，《农业经济问题》2013 年第 11 期。

[291] 杨尚飞：《西部农村劳动力转移与农村发展问题研究》，兰州大学 2011 年博士学位论文。

[292] 杨素群：《农业经营适度规模解析》，《唯实》1998 年第 3 期。

[293] 杨万里：《沿海地区农业现代化测评研究》，《数量经济技术经济研究》1999 年第 8 期。

[294] 叶普万、白跃世：《农业现代化问题研究述评——兼谈中国农业现代化的路径选择》，《当代经济科学》2002 年第 5 期。

[295] 易纲：《中国改革开放三十年的利率市场化进程》，《金融研究》2009

年第 7 期。

[296] 易军、张春花:《北方沿海地区农业现代化进程的定量评价》,《中国软科学》2005 年第 1 期。

[297] 殷晓岚:《20 世纪苏南农业与农村变迁研究》,南京农业大学 2004 年博士学位论文。

[298] 殷祚云:《Logistic 曲线拟合方法研究》,《数理统计与管理》2002 年第 1 期。

[299] 尹成杰:《关于"三化同步"推进的理性思考与对策》,《农业经济问题》2011 年第 11 期。

[300] 尹成杰:《新阶段加快建设现代农业的思考与建议》,《农村工作通讯》2012 年第 15 期。

[301] 余新平、熊晶白等:《中国农村金融发展与农民收入增长》,《中国农村经济》2010 年第 6 期。

[302] 袁文坤:《西部农村信息化的现状与思考》,《社会科学研究》2011 年第 3 期。

[303] 早见次雄、费农·拉坦:《农业发展:国际前景》,商务印书馆 1993 年版。

[304] 詹懿:《转变经济发展方式背景下的西部特色农产品加工业发展研究》,《经济问题探索》2012 年第 7 期。

[305] 张闯、夏春玉:《农产品流通渠道:权力结构与组织体系的构建》,《农业经济问题》2005 年第 7 期。

[306] 张丁、万蕾:《农户土地经营权流转的影响因素分析——基于 2004 年的 15 省(区)的调查》,《中国农村经济》2007 年第 2 期。

[307] 张冬平、黄祖辉:《农业现代化进程与农业科技关系透视》,《中国农村经济》2002 年第 11 期。

[308] 张海燕:《民族地区农产品营销渠道存在的问题及对策》,《中央民族大学学报(哲学社会科学版)》2010 年第 6 期。

[309] 张合林、郝寿义:《城乡统一土地市场制度创新及政策建议》,《中国

软科学》2007 年第 2 期。

［310］张红凤、周峰等：《环境保护与经济发展双赢的规制绩效实证研究》，《经济研究》2009 年第 3 期。

［311］张红宇：《城镇化进程中农村劳动力转移：战略抉择和政策思路》，《中国农村经济》2011 年第 6 期。

［312］张军、刘志彪等：《产业链定位、分工与集聚如何影响企业创新——基于江苏省制造业企业问卷调查的实证研究》，《中国工业经济》2007 年第 7 期。

［313］张军：《现代农业的基本特征与发展重点》，《农村经济》2011 年第 8 期。

［314］张培刚：《农业与工业化（中下合卷）农业国工业化问题再论》，华中科技大学出版社 2002 年版。

［315］张启良：《我国收入差距持续扩大的模型解释》，《统计研究》2010 年第 12 期。

［316］张峭、王克：《我国农业自然灾害风险评估与区划》，《中国农业资源与区划》2011 年第 3 期。

［317］张晓山：《农民专业合作社的发展趋势探析》，《管理世界》2009 年第 5 期。

［318］张晓山：《走中国特色农业现代化道路是历史发展的必然要求》，《农村工作通讯》2007 年第 12 期。

［319］张晓旭、冯宗宪：《中国人均 GDP 的空间相关与地区收敛：1978—2003》，《经济学（季刊）》2008 年第 2 期。

［320］张瑛：《略论加速农业生产区域化》，《管理世界》1991 年第 3 期。

［321］章琳、徐柏园：《农业的商品化与农业的机械化》，《经济研究》1987 年第 1 期。

［322］赵军翔：《论我国农村兼业问题》，《世界经济文汇》1988 年第 2 期。

［323］赵天荣：《农村金融监管的理论必然与现实制约——基于我国农村金融新格局的思考》，《农业经济问题》2007 年第 10 期。

[324] 郑林庄:《农业现代化的目标是提高农业生产效率》,《经济研究》1980 年第 6 期。

[325] 郑有贵、李成贵:《中央一号文件与中国农村改革》,安徽人民出版社 2008 年版。

[326] 中共中央政策研究室农村组:《江泽民总书记视察农村》,中国农业出版社 1998 年版。

[327] 中国经济增长和宏观稳定课题组:《城市化、产业效率与经济增长》,《经济研究》2009 年第 10 期。

[328] 钟读仁:《经济文化落后国家社会主义农业现代化道路的艰辛探索》,《理论学刊》2001 年第 1 期。

[329] 钟甫宁、何军:《增加农民收入的关键:扩大非农就业机会》,《农业经济问题》2007 年第 1 期。

[330] 周洁红、黄祖辉:《农业现代化评论与综述——内涵、标准与特性》,《农业经济》2002 年第 11 期。

[331] 周鹏:《区域农产品比较优势再造论》,《农业经济问题》2008 年第 3 期。

[332] 周强:《推进"四化两型"建设加快湖南科学发展》,《求是》2011 年第 16 期。

[333] 周申、易苗:《经济开放对国内劳动力流动影响的新经济地理学解析》,《中南财经政法大学学报》2010 年第 6 期。

[334] 周业安、冯兴元等:《地方政府竞争与市场秩序的重构》,《中国社会科学》2004 年第 1 期。

[335] 周业安、赵坚毅:《市场化、经济结构变迁和政府经济结构政策转型——中国经验》,《管理世界》2004 年第 5 期。

[336] 周战强、乔志敏:《工业化、城镇化与农业现代化》,《城市发展研究》2012 年第 10 期。

[337] 朱道华、冯海发:《市场经济条件下农业现代化发展的若干规律》,《中国农村观察》1994 年第 2 期。

［338］朱建平：《应用多元统计分析》，科学出版社 2006 年版。

［339］朱莉芬、黄季焜：《城镇化对耕地影响的研究》，《经济研究》2007 年第 2 期。

［340］朱文：《新农村建设中农村集体土地流转制度改革与创新》，《农村经济》2007 年第 9 期。

［341］朱玉春、杨瑞：《西北地区节水农业的问题、影响因素及对策》，《开发研究》2006 年第 1 期。

［342］庄卫民：《试论农业现代化的发展趋势》，《农业经济问题》2001 年第 6 期。

图 表 索 引

第七章

责任编辑:陈　登

图书在版编目(CIP)数据

中国西部农业现代化演进过程及机理研究/姜松 著.
 －北京:人民出版社,2015.6
ISBN 978－7－01－014867－0

Ⅰ.①中… Ⅱ.①姜… Ⅲ.①农业现代化-研究-西北地区②农业现代化-研究-西南地区 Ⅳ.①F320.1

中国版本图书馆 CIP 数据核字(2015)第 106909 号

中国西部农业现代化演进过程及机理研究
ZHONGGUO XIBU NONGYE XIANDAIHUA YANJIN GUOCHENG JI JILI YANJIU

姜　松　著

人民出版社 出版发行
(100706　北京市东城区隆福寺街 99 号)

北京集惠印刷有限责任公司印刷　新华书店经销

2015 年 6 月第 1 版　2015 年 6 月北京第 1 次印刷
开本:710 毫米×1000 毫米 1/16　印张:20.75
字数:294 千字

ISBN 978－7－01－014867－0　定价:48.00 元

邮购地址 100706　北京市东城区隆福寺街 99 号
人民东方图书销售中心　电话 (010)65250042　65289539